산방일기 2

보통사람의 지혜

| 산방(山房)에서 지혜의 길을 묻다 |

박래훈 수필집

Edia

책머리에

보통 사람으로 사는 것

모양이 아무리 아름다운 꽃이라도 향기가 없으면 벌과 나비가 날아들지 않으며, 아무리 용모가 빼어난 사람이라도 인품이 훌륭하지 않으면 사람이 따르지 않는다. 그래서 꽃은 향기로 말하고 사람은 인격으로 말하는 것이다.

용모의 흐트러짐은 거울에 비추어 바로 잡을 수 있지만 인격의 흐트러짐은 단시일에 그 무엇으로도 바로 잡을 수 없는 것이다. 오직 책을 읽으면 가능해진다. 책은 마음을 밝히는 등불이요 거울인 것이다. 인격은 선천적으로 타고나는 용모와 달라서 후천적인 수양(修養)에 의하여 만들어지는 것이다. 선인(先人)들의 숨결을 가까이 느끼면서 나도 고매(高邁)한 인격의 소유자가 되고자 끊임없는 정진(精進)이 필요하다.

사람은 서로 영향을 주고받는다. 사람은 혼자서 성장할 수 없으며 혼자서 타락할 수도 없다. 자기에게 맞는 사람을 찾는다는 것은 인생에 있어서 대단히 중요한 일이다. 좋은 사람을 만나서 그의 훌륭한 모습을 배워야 한다.

배움의 첫 단계는 모방을 하는 것이다. 모방하는 것을 두려워해서는 안 된다. 사람은 누구든지 좋은 것을 모방하면서 성장해 간다. 뛰어난 예술가나 작가도 처음에는 모두 모방함으로써 자기의 예술 세계를 형성해 갔다. 게다가 사람은 아무리 흉내를 내도 꼭 같은 사람이 될 수 없는 법이므로, 그 바탕 위에서 창의성을 발휘하며 노력을 기울이면서 발전해 나가는 것이다. 따라서 뛰어난 사람을 모방하는 습관은 좋은 일이다. 인류가 진보해온 것은 선인(先人)들의 업적을 이어받아 왔기 때문이다. 학습은 모방이란 사실을 잊지 말아야 할 것이다.

요즘 젊은이들이 '소확행(小確幸)'이란 단어를 자주 사용한다. "소소하게 작은 것이지만 확실한 행복"의 약칭으로 사용하는 줄임말인데 이 말은 일본의 소설가이자 번역가인 무라카미 하루키가 레이먼드 카버의 단편소설 《A Small, Good Thing》을 번역하면서 따온 신조어이다. '어떤 경우에는 적은 소비로도 확실한 행복이 되어 돌아온다.'는 뜻으로 이용되기도 한다. 소확행은 주로 젊은이들이 자신만의 게임이나 취미로 인해 기쁨을 느낄 때 사용한다.

나는 이 소확행을 글자 그대로 생각해 보았다, 우리 삶 속에서 큰 것보다 작은 것들이 훨씬 많다. 아주 작지만, 또는 흔하지만, 우리가 어떤 일을 깊이 주의하지 않고 대충 넘어가는 간과(看過)하는 습성으로 행복의 기회를 잃어버리는 경우가 너무 많다. 작은 것에 감사하고, 작은 것을 소중하게 생각하면서 살아간다면 그 행복은 나로 인하여 시작되기도 하고 나의 작은 빛이 이 어두운 사회를 밝히기도 하고 또 더 멀리, 더 오래 비추지 않을까?

우리나라 경제가 G7을 넘어 경제 부국의 선진국이 되었다. 외국 사람들이 이 사실을 우리보다 먼저 알고 인정하고 있다. 특히 코로나19로 전 세계가 감염병에 시달리는 위기 속에서 이룬 큰 성과물이자 위대한 금자탑이다. 그러나 국가의 경제가 부해지면서 거기에 알맞은 건강한 사회가 이루어져야 하지 않겠는가? 크게 염려되는 것은 근본적인 도덕성의 문제가 아닌가 하는 생각이다. 뿌리 깊은 나무가 사철 푸른 것과 같다. 그러나 작금의 시대는 뿌리 없는 나무처럼 정신적으로 메말라 가고 있다. 도덕적이고, 윤리적이고, 예의와 체면을 따질 여유를 갖추지 못하고 정직한 삶조차 건너뛰고 경제적인 풍요가 최고의 선이 되어버린 사회에서 우리는 살고 있다.

돈에만 중심이 되면서 여타의 가치들은 쉽게 무시되곤 한다. 그래서 사람들은 어떻게 사는 것이 가장 행복할 수 있을까를 고민하며 살아야 마땅한데도 그런 고민을 하지 않고 돈을 버는 일에만 목표를 두고 살고 있다. 우리 삶에 있어서 가장 필요한 기초적인 가치, 도덕의 목마름을 망각하며 살고 있다.

경제 중심의 사회가 낳은 피해는 심각하다. 정직한 사람이 바보 취급당하고 있다. 도덕적 해이와 거짓말, 각종 로비와 공직자의 부패, 각종 특혜와 비윤리적인 이권 개입, 일반 시민의 도덕 불감증 등이 경제 논리에 가려 어느 정도의 비도덕은 묵인할 수 있다는, 근거가 빈약한 관용이 사회 저변에 광범위하게 퍼져 있다.

경제 중심의 사회, 도덕적 갈증을 채워야 한다. 보다 근본적인 도덕적 논쟁과 토론이 이뤄지지 않고 있다. 경제가 화두(話頭)인 시대, 경제적 풍요가 최고의 선이 되어버린 상황에서 여타의 가치들이 쉽게 무시되곤 한다. 그래서 사람들은 자연스레 가장 기초적인 가치, 도덕의 목마름을 호소한다.

지금 우리는 유례없이 빠른 속도로 100세 시대를 맞이하고 있다. 하지만 '행복'과 '성장'에 관한 우리의 기준이 달라진 시대상을 따라잡을 수 있을 지 의문이다. 아직도 행복을 얻는 지름길이 금(金)수저를 물고 태어났어야 보장될 것처럼 여기는 자들이 생각보다 많다. 참으로 '어리석기 한이 없는 인생들의 푸념이거니,' 하면서도 나도 모르게 내 꿈이 함몰되고 목표도 세우지 못하고 어두움에 묻혀가고 있는 것은 아닌가 생각된다.

아니다! 보장되지 않는 삶의 영역이지만 우리 중, 누군가 성실하게 사는 자가 분명히 있을 것이다. 바로 거기서 '행복의 조건'을 재구축할 수 있다는 확신을 가지기에 충분하다는 생각을 하게 된다. 우리는 그 속에 새로운 신뢰의 빛을 입히자. 보장되지 않는 삶의 영역에 '행복의 조건'을 재구축할 수 있다는 확신을 가지고 남은 인생을 행복하게 살아보자.

나는 몸과 마음의 건강을 증진하여 삶의 질을 높이는 것을 소명(召命)으로 삼고 활동하고 싶다. 삶의 질을 높이는 것은 나이 든 사람들만의 문제가 아니라 사람이라면 누구나, 특히 성인이라면 주체 의식을 가지고 끊임없이 목표로 삼아 적극적인 삶을 살아야 하는 것이다.

온 세상이 코로나19 감염병으로 장장 2년이 넘도록 큰 몸살을 앓고 있다. 큰 고통과 시련 속에 지각변동(地殼變動)으로 세상이 뒤집히는 것처럼 희망을 잃고 슬픔에 젖어있는 이들에게 위로의 한마디를 전하고 싶다.

"이 또한 지나가리라(This, too shall Pass away)"

이 말은 다윗이 궁중 세공인들을 불러 "나를 위하여 반지를 만들어라, 내가 승리를 거둘 때 너무 기뻐하여 교만하지 않게 하고, 내가 어려운 일 당하여 시련에 처할 때 좌절하거나 절망하지 않고, 용기와 희망을 줄 수 있는 문구를 새겨야 한다."고 지시한 내용에서 비롯된다. 세공인은 무슨 문구를 새기면 좋을까 고민하다가 솔로몬을 찾아가 간절하게 부탁한다. 솔로몬은 간결한 말 한마디로 "이 또한 지나가리라"로 대답한다. 흐르는 시간과 같은 의미로 슬픔도 기쁨도 '지나간다.' 캄캄한 어둠도 해가 뜨면 어둠은 사라지고 밝은 날을 맞이하게 된다. 지금은 캄캄함이 더할 것 같은 여명의 시간이다. 곧 날이 새어 밝은 해가 떠오를 것이다.

나는 서로 조화(調和)를 이루는 삶을 살고 싶었다. 부지런하고 정직하게 땀 흘려 일해 먹고 살고자 했다. 내게 소득의 여유가 생긴다면 이웃 사람들의 부족한 부분을 마음 쓰며 상부상조를 이루고 함께 누리며 살기를 원했다. 여가와 휴식의 즐거움도 함께 누리면서 사는 것을 빼놓을 수 없다. 다양함과 복잡함, 혼란 따위를 멀리 하고 단순함을 추구하고자 했다. 서로를 다독이며, 함께 하는 일에 서두르지 않고 속도를 내는 것에서 벗어나 평온한 속도로 나아가고 싶었다.

2022년 4월 보은 산방에서

박 래 훈

목차

03 영혼의 진수

04 소박함의 비판적인 측면

05 생명의 의미는 누가 부여하는가?

10 근대 세계의 탄생

11 현대 전쟁의 역사와 미래

01

평생 누릴 행복을 찾기엔 아직 늦지 않다

활기차게 살면 삶이 행복해진다

잘 늙어가는 삶은 어떤 것일까?

행복은 사랑하는 사람과 함께 사는 것

성인의 발달 과정

건강하게 나이 들기

신체건강 유무를 스스로 진단해본다

사진 | 오세용 사관

활기차게 살면 삶이 행복해진다

여러 연구 결과에 따르면 인위적으로 만들어낸 미소조차도 행복의 감정을 불러 일으킨다고 한다. 최근에 실시된 어떤 조사에 따르면 보톡스를 맞은 사람들이 화(火)를 훨씬 덜 내는 경향이 있다는데, 그 이유는 화난 표정을 지을 수 없기 때문이란다. 철학자이자 심리학자인 윌리엄 제임스는 나음과 같이 설명하고 있다.

> "행동이 느낌을 따르는 듯 보이지만, 실은 행동과 느낌은 함께 작용한다. 따라서 의지보다 훨씬 구체적인 행동을 통제하면 느낌을 간접적으로 통제할 수 있다."

이 조언은 우리 감정을 바꾸면 행동도 바꿀 수 있다는 말을 확실히 뒷받침해준다. 비록 '느낄 때까지 가장하라'는 전략이 감상적으로 들릴지 모르지만, 나는 그것이 엄청난 효과가 있다는 사실을 체험했다. 기운이 없을 때 나는 역(易)으로 더욱 활기차게 행동한다.

인간은 현재보다 미래가 좀 더 행복할 것으로 생각하는 경향이 있다. 행복에는 기대감이 매우 중요하다. 하지만 이 개념의 공식은 없다. 그냥 설명할 수도 없다.

'행복은 미덕도 기쁨도 이도 저도 아니다. 그것은 단지 성장이다. 성장할 때 비로소 행복을 느낀다.' 현대의 연구자들도 같은 주장을 한다.

'행복은 목표에 도달하는 것이 아니라 그것에 도달하려 애쓰는 과정이다. 다시 말해서 성장하고 자라나는 그것이 행복을 가져다준다.'

주방에 새로 냉장고를 들여놓은 후 행복을 느낀다. 하지만 좋은 기분이 얼마 지나지 않아 당연한 것으로 느껴지고 그것에 대한 별반 다른 행복을 못 느낀다. 새 자동차나, 새 직급, 또는 새로 산 에어컨 같은 것은 감흥이 이내 사라지게 한다. 성장의 분위기가 그것을 상쇄시킨다.

그러나 정원을 가꾸는 일은 새싹이 돋아날 때마다 신비한 기쁨으로 다가온다. 성장은 영적인 면에서도 매우 중요한데 물질적인 성장도 역시 기쁜 것으로 생각한다. 많은 사람들이 행복은 돈으로 살 수 있는 것이 아니라고 말하지만 솔직히 작년보다 올해 더 많은 돈을 가질 수 있다면 그걸 마다할 사람이 어디 있겠는가?

나는 지난해 4월, 비 오는 어느 날 아침, 무심히 창밖을 내다보니 봄비가 내려 방울방울 부딪히며 미끄러지는 것을 바라보다 불현듯 나의 세월이 미끄러지듯 멀리 흘러가고 있다는 것을 깨닫게 되었다. 바로 '내가 삶을 허비하고 있구나.'하는 생각이 들었다. 도대체 내 삶에서 진정으로 원하는 것이 무엇일까? 아, 정말 행복해지고 싶은데…' 그동안 나는 행복이 소중하다고 생각하면서도 정작 무엇이 나를 행복하게 해주는지, 구체적으로 생각해 본 적이 없었다.

그럼에도 나는 행복하다고 느낄 만한 여건을 두루 갖추고 있다. '아, 내가 아름다운 세상에서 행복하게 살고 있음에 주여, 감사합니다. 약간의 아쉬움이 있다면, 이 사실을 조금만 더 일찍 알았더라면…' 하는 생각이 내 머릿속에 떠오른다. 왜 그때는 내가 그렇게 어리석었지, 지금처럼 관용하고 참을 걸. 좀 더 지혜롭지 못했을까? 씁쓸한 생각 속에 미안한 마음, 후회스런 마음이 떠오른다. 그러니 이제라도 진지(眞智)하게 고민해 보자.

"어떻게 하면 평범한 일상에서 내 자신을 훈련을 잘할 수 있을까? 어떻게 하면 남편으로서, 아버지로서, 그리고 친구로서, 글을 쓰는 사람으로서 내가 그들을 껴안고 보듬으면서 모두가 편안하게 살 수는 없을까? 어떻게 하면 서로 격의 없이 지탱할 수 있는 격조 높은 인품을 가지고 살 수 있을까? 어떻게 하면 일상의 사소한 마찰을 좀 더 넓은 마음으로 바라보며 지낼 수 있을까?" 이러한 생각이 꼬리에 꼬리를 물고 내 마음에 흘러넘치는 동안, 나는 두 가지 사실을 깨달았다.

첫째, 내가 마땅히 행복을 누릴 만한 것을 소유하고 있음에도 불구하고 행복을 다 누리지 못했다. 이것은 마치 돈을 예금통장에 모으는 것처럼 행복도 모으는 일에만 열심한 것 같았다. 주어진 달란트를 땅속에 묻어 두는 자처럼 내가 가진 행복을 묻어 두고 살았다는 것이다. 행복의 범위가 너무 좁은 것이다. 나의 행복이 점점 더 넓어지도록 행복의 지경을 넓혀보자.

둘째, 이처럼 나도 모르게 고정관념이 되어버린 것을 스스로 바꾸려고 시도하지 않는 한 내 삶은 절대로 바뀌지 않는다는 것이었다. 지난 옛날 행복을 추억하고 그리워만 하지 말고, 제대로 행복해지기 위해서 나는 지금부터 내 삶에 새 옷을 입히고 전심전력을 다하리라.

내게 있어 행복이란 반드시 머나먼 곳이나 특별한 상황에서 발견되는 것이 아니었다. 마치 행복을 전해준다는 파랑새를 찾아 두 남매가 온 세상을 떠돌아다니다가 결국 집에 돌아가 그곳에서 파랑새를 발견하게 된다는 옛이야기처럼 행복은 여기, 내가 있는 곳에서 지금 당장 찾을 수 있어야 하는 것이다.

행복은 대단히 거창한 데서 이루어지기보다 땀 흘리고 감사하는 모습 속에서도 행복이 보인다. "지금 나는 원칙에 전념하는 성공적인 삶과 영적인 성장을 동시에 추구하고자 한다."

잘 늙어가는 삶은 어떤 것일까?

'행복이란 무엇인가'

아리스토텔레스는 "행복이 최고의 선이다."라고 말했다.

파스칼은 '인간은 모두 행복해지기를 원하며, 여기에 예외란 것은 없다. 사람마다 각기 다른 수단을 이용하기는 해도 모두 같은 목적지를 향해 가고 있다.'고 주장했다. 행복의 정의 과정에서 내가 찾아낸 또 하나의 중요한 결론은 '행복'의 반대는 '불행'이 아니고 '우울'이라는 사실이었다. 그러나 그 원인이나 치료법은 나의 범주를 넘어가는 것으로 전문가에게 맡기기로 하고 일단 접어두기로 하자.

그러나 나는 행복 수준을 향상시키는 것이 가능하고 '더 행복해지는 것이 무엇인지를 깨달아 확신하고 있다. 그래서 나 자신을 더욱 행복하게 만들 수 있는 구체적인 방법을 찾아보기로 했다. 내가 '행복에 관해 놀랄 만한 새로운 사실'은 이미 수천 년 동안 인간의 행복에 관한 주옥같은 진실이 이미 선인들을 통해 모두에게 알려져 있다. 중요한 말도 나올 만큼 다 나왔다. 이미 잘 익은 과일처럼 익어가고 있다. 에덴동산의 과일처럼 내가 골라서 따먹기만 하면 되는 것이다.

심지어 "행복의 법칙은 화학의 법칙만큼이나 확고하게 정립되어 있다."는 이 말조차도 영국의 철학자이자 수학자인 엘프리드 노스 화이트헤드가 했던 말이다. 비록 내가 그 법칙을 다 알지 못하지만 다른 누구도 아닌 '나 자신의 행복을 얻기 위한 길이라면 전심전력을 다하는 씨름 정도는 해봐야지 않겠는가?' 하는 것이 나의 지론이요 나만의 행복 공식을 세우는 비법이 될 것이다.

그것은 많은 현대인이 걱정하는 다이어트도 마찬가지이다. 누구나 다이어트의 비밀을 알고 있다. '적게 먹고 많이 운동하기.' 말은 쉽지만 지켜나가기가 만만치 않다. 따라서 나의 행복의 법칙을 꾸준히 실행할 수 있도록 세밀한 계획을 세우고 실천해 나가야 한다.

미국에 건국의 아버지라 불리는 벤저민 프랭클린은 자아실현의 수호성인 같은 사람이다. 그의 《자서전》 속에서 그는 '도덕적 완결에 도달하기 위해 대담하고 열정적인 프로젝트'의 일환으로 자기 삶의 덕목에 대한 목표를 세워놓았다. 그는 스스로 양성(養成)하기 원하는 덕목으로 절제, 침묵, 질서, 결단, 절약, 근면, 진실, 정의, 중용, 청결, 평온, 금욕, 겸손 등 열 세가지를 꼽고 도표를 만들어 요일마다 그 덕목을 적어 놓았다. 그리고 매일 그 열 세가지 덕목을 모두 성실하게 지켰는지를 살펴 점수를 매겼다.

도표를 만들어 원하는 바를 실행에 옮겼던 그 방식은 매우 현명했다. 사람들은 실천할 의무와 긍정적 가치가 따르는 구체적이고 평가가 가능한 행위로 목표를 세분화했을 때 실행 면에서 큰 진전을 보였다는 것이다.

아리스토텔레스에 따르면 행복은 '삶의 의미이자 목적이며, 인간 존재의 목표이자 종착점'이다. 또한 에피쿠로스는 이렇게 적고 있다.

> "우리는 행복을 얻기 위해 스스로 역량을 발휘하여야 한다. 만약 지금 그 행복을 누리고 있다면 모든 것을 가진 것이나 다름없고, 행여 갖지 못했다면 그것을 얻을 수 있도록 모든 역량을 쏟아 부어야 할 것이다."

사람들에게 무엇을 얻으려고 사는가? 하고 묻는다면, 대다수 사람들은 '행복을 얻기 위해 산다.'라고 대답한다. 그렇다면 우리가 어떻게 사는 것이 행복하게 사는 것일까? 행복의 길, 행복하게 사는 방법, 기본적으로 행복한 자가 갖추어야 할 자세, 행복한 삶의 수준 등을 깊이 생각해 보자. 행복의 길을 찾아 걷고 행복한 삶을 찾아야 할 것이다. 그런데 이 말들은 대개 어떤 소유의 의미보다 심리적인 것으로, 행복을 전제로 한 마음가짐에서 나오는 것임을 깨닫게 된다.

아내는 행복에 대해 "보통 사람으로 평범하게 사는 것"이라고 자주 말한다. 그러면서 "말은 쉽게 하지만 사실은 평범하게 보통으로 사는 것이 생각보다 훨씬 어렵다."고 말하기도 한다.

"평생 누릴 행복을 찾아가기에는 아직도 늦지 않았다." 로마의 철학자 세네카의 말이다. 그는 또 '사람이 삶을 배우려면 일생이 걸린다.' "늘 배우면서 살라"고도 말했다.

그렇다. 건강하게 살려면 병원 가는 것보다 배우는데 시간을 더 투자해야 한다. 내게는 공부가 돈보다 값진 희망과 행복을 만든다. 건강은 돈을 주고도 못 산다. '삶의 질'을 높이는 것은 비단 나이 든 사람만의 문제가 아니라 사람이라면 누구나 특히 성인의 문턱을 넘은 사람이라면 주체 의식을 가지고 끊임없이 건강과 행복을 목표로 삼아야 하는 것이다.

규칙적인 운동이 보약이다. 규칙적으로 운동하는 사람은 그렇지 않은 사람보다 훨씬 건강하고 명확하게 사고(思考)하고, 잠도 잘 자고, 치매에 걸릴 확률도 낮다.

건강을 목적으로 한다면 최소한 하루에 1만보 정도는 걸어야 하는데, 사실 그 정도의 운동량이면 대부분 사람이 비만에서 탈출할 수 있다는 글을 읽은 적이 있다. 걷기가 주는 또 다른 혜택을 생각나게 한다는 점이다. 니체는 '모든 위대한 사상은 산책에서 잉태되었다'고 했고, 그의 관찰은 여러 과학적 증거들로 뒷받침되고 있다. 운동을 통해 얻어질 수 있는 뇌의 화학작용은 명확한 사고가 가능하도록 돕는다. 사실 문밖에 나서는 것만으로도 머리가 맑아지고 활력이 샘솟는 것을 느껴본 적이 있을 것이다.

'건강하고 장수하려면 병원을 가는 것보다 배우는데 시간을 더 투자하라'는 조언을 하고 싶다. 나는 강력하게 설파한다. "공부가 돈보다 값진 희망과 행복을 만든다."는 말에 귀를 기울여야 할 것이다.

총체적으로 건강하고 행복한 삶의 원동력은 무엇인지 밝혀보고자 한다. 행복의 조건으로 은퇴할 즈음 신체적, 정신적으로 건강한 노후를 예견하는 일곱 가지 주요한 행복의 조건들을 꼽아본다. 고통에 대응하는 성숙한 자세는, 1. 교육 2. 안정된 결혼생활 3. 금주, 금연 4. 혈압, 당뇨 5. 운동 6. 알맞은 체중 7. 인간관계의 힘이다.

"행복하고 건강하게 나이 들어갈지를 결정짓는 것은 지적인 뛰어남이나 계급이 아니라 사회적 인간관계다." 행복의 조건에 따뜻한 인간관계는 필수다. 부모가 아니더라도 형제자매나 친척, 친구, 스승과 그런 관계를 맺을 수도 있다. 형제 자매간의 우애가 특히 더 큰 영향력을 끼친다.

어느 날 저녁 TV에서 장수 노인들의 훈훈한 이야기와 양로원에서 생활하면서 세상을 떠날 날만을 기다리는 노인들의 서글픈 이야기가 대비를 이루며 나란히 흘러나왔다. 스스로 무용지물이라 여기면서 노쇠한 몸을 이끌고 죽을 날만 기다리는 노인들, 이 노인들의 황폐한 인생을 조명하다가는, 곧바로 원기 왕성한 85세의 마라톤 선수나 CEO들, 젊음을 고스란히 간직한 노 작곡자들의 화려한 삶을 소개한다. 이 모든 것을 TV에 보여주는 것은 내가 어떤 인생을 살 것인가를 선택하고 용기 있게 도전하라는 뜻이 아니겠는가?

현대 의학이 가져다준 장수라는 선물은 인간에게 저주일까? 아니면 축복일까? 우리는 이 질문에 대한 답을 찾아보고자 한다.

1874년, 앙리 아미엘(Henri Amilel:스위스 철학자, 시인)은 "어떻게 하면 잘 늙어 가는지를 아는 것이야말로 가장 으뜸가는 지혜요, 삶이라는 위대한 예술에서 가장 어려운 장(章)이다."라고 말했다. 그로부터 한 세기가 훌쩍 지나 80세가 넘게 사는 사람들이 점점 더 많아지면서 앙리 아미엘의 성찰이 그 어느 때보다 절실하게 다가오는 이때, 우리는 누구로부터 그 지혜를 얻어야 할 지 결정해야 한다.

살다 보면 나의 인생의 역할 모델로 삼을 만한 80대 노인들을 만날 때가 많이 있다. 혈기 왕성하고 적극적으로 살아가는 할아버지 할머니들을 만날 때마다 그들이 그렇게 살아온 비결이 무엇인지, 그들이 지닌 힘의 원천은 무엇인지, 그들의 과거가 우리의 미래에 어떻게 투영될지 궁금해진다. 물론 정답이란 없다. 하지만 성공적으로 나이 들어간다는 것이 어떤 것인지 이해하려면 노인들에게 진지하게 자문을 구해야 한다. 인구 통계학자들 말대로라면 지금 우리나라 성인들은 평균 85세 이상 살 수 있다고 한다. 그게 사실이라면, 은퇴 후 85세까지 즐겁게 살아갈 방법을 터득하기 위해서 저마다 이상적인 모델을 찾아야 할 것이다. 또 50세에 행복한 결혼생활을 하고 있다면 80세에도 행복한 노년을 누릴 수 있다는 통계 보고가 있다. 그들은 대개 은퇴하고 나서도 창조적 삶을 누리고 있다.

그러면서 성인 발달 연구가들의 말에 의하면 은퇴하고 나서도 즐겁고 창조적인 삶을 누려라. 그리고 오래된 친구를 잃더라도 젊은 친구들을 사귀는 법을 배우라. 그러면 수입을 늘리는 것보다 한층 더 즐겁게 살 수 있다.

객관적으로 신체 건강이 양호한 것보다 주관적으로 스스로 건강 상태가 좋다고 느끼는 것이 성공적인 노화에 훨씬 더 중요한 요소이다. 다시 말해 스스로 자신이 병자라고 느끼지 않는 한 아프더라도 남이 생각하는 것만큼 고통스럽지 않을 수 있다.

성인 발달 연구가들은 '성공적인 노화'란 어떤 것이며, '그것은 어떻게 이룰 수 있는지에 대해 깊은 연구가 필요하다.'고 말한다. '성공적인 노화'(succesful aging)라는 말자체가 모순된다고 반박할 사람도 있을지 모른다. 옛날부터 불로장생(不老長生)은 인간 모두의 꿈이 아니었던가? "나는 불로불사 하는 황제로 영원히 이 나라를 다스릴 것이다!" 불로불사를 꿈꾸던 진시황은 과연 얼마나 오래 살았을까?

진시황은 기원전 210년에 나라를 살핀다는 명목으로 길을 나섰다가 병을 얻어 죽었다. 그의 나이 고작 50세, 게다가 객사(客死)하였다. '노화'라는 말은 '상실' '쇠퇴' '죽음'을 연상시키는 반면 '성공'은 '획득' '승리' 열정적인 삶을 연상시키므로 그럴 법도 하다. 그러나 정신 질환을 앓지 않으면서 노년을 보내는 대다수의 노인들은 죽음이 임박한 마지막 몇 달 전까지는 소박한 행복을 누리며 산다. 이런 노인들은 다른 연령대에 비해 우울증에 시달리는 일이 적으며, 치명적인 병에 걸리기 전까지는 건강 상태도 비교적 양호하다. 그러므로 '성공적인 노화'가 모순된 어법이라고 볼 수는 없다.

노년을 바라보는 관점은 늙은 나무를 대하는 태도와 일맥상통하지 않을까? 늙은 나무를 보면서 어떤 것은 더 이상 가지치기할 잔가지가 없다고 애석해 하지만, 어떤 나무는 그 간결한 곡선미에 찬사를 보낸다. 언제

닥쳐올지 모르는 사멸(死滅)에 대한 공포는 어디에나 늘 존재한다. 그러나 봄이 오면 서리 맞은 떡갈나무에 새싹이 움트 듯 생명이 유지되는 한 노년에도 계속해서 성장과 쇠퇴가 반복된다. 총체적으로 건강하고 행복한 삶의 무엇일까?

사랑하고 존경하는 우리 할머니 할아버지 모습을 보노라면 자연의 한 모습처럼 별반 욕심 없이 사는 것 같다. '이럭저럭 세상을 살다보니 내가 그냥 살아져서 이렇게 살고 있는 것이야.' '장수 비법이 어디 있어 그저 즐겁게 살면 되는 것이지.' 아주 평안하고 쉽게 말씀하시지만 좀 더 자세히 들여다보면 분명 그들의 삶 속에는 우리가 미처 알아내지 못한, '놀라운 활력이 숨어 있을 것이다'라는 생각을 해본다.

물론 말년에 이르러 '고작 내가 이런 꼴을 보려고 여태 살았나?' 하고 한탄하게 될까 두려워하는 이들도 있을 것이다. 그러나 장수하는 노인들 대다수는 자신의 생명을 사랑하며 건강하게 살아간다. 누구에게나 다가오는 노화라는 피할 수 없는 위기를 잘 극복해 나가면서 끊임없이 새로운 삶을 창조해내는 것처럼 보인다. 본인들도 그 사실에 스스로 놀라고 옆에서 그 모습을 지켜보는 우리도 마찬가지로 놀라워하지 않을 수 없다. 그들은 슬픔과 상실, 패배의 순간에도 얼마든지 자기 삶에서 훌륭한 가치를 찾아낼 수 있다고 우리에게 확신을 불어넣어 준다. 그들은 힘겨운 일을 당해도 기가 꺾이지 않았다. 오히려 사람들이 왜 그렇게 살고 싶어 하는지를 결코 잊지 않는다.

행복은 사랑하는 사람과 함께 사는 것

미국의 신학자 라인홀드 니버(Reinhold Niebulhr)는 《도덕적 인간과 비도덕적》에서 "주여, 우리가 바꿀 수 없는 것을 받아들이는 평정을 주시고, 우리가 바꿀 수 있는 것을 바꾸는 용기를 주소서, 이 두 가지를 구별하는 지혜를 주시옵소서."라고 말했다. 그는 '평온의 기도를 성실하게 지킨 덕분에 평생 동안 용기와 인내심을 지닐 수 있었다.'고 전하면서 "인생은 수많은 장(場)들로 채워진 책 한 권이나 마찬가지"라고 말했다. 인생의 한 장이 끝나면 반드시 다음 장으로 넘어가야 하며, "늙는다는 것도 그리 나쁘지만은 않다"고 말했다.

나의 고희 감사예배 겸 출판기념회(2011년 11월) 때 어떤 지인이 "지난 40년 동안 가장 절친한 친구가 누구였는지"를 나에게 질문을 했다. 나는 순식간에 많은 친구들의 얼굴이 떠올랐다. 그들보다 더 절친한 친구가 누구일까? 생각해보다가 "나의 집사람이 바로 나의 가장 절친한 친구요."라고 대답했다. 우리 부부는 이제 결혼 50주년을 넘게 살았다. 우리는 나이가 들어갈수록 점점 더 행복해지는 듯하다. 나는 노년에 이르러 내가 무엇을 하고 있는지 알게 되었고, 다른 사람을 존중할 줄 알며 비교적 안정된 삶에 평정심을 잃지 않고 살고 있는 것이 아닐까? 하는 생각이다.

우선 자족할 수 있는 삶으로 가정의 기반을 갖추고 사랑하는 아내와 건강하게 살고 있다. 옛날과 다른 것은 내 인생의 저울추가 지금까지는 내게로 쏠려 있었다. 그러나 이제는 그 무게 중심이 내 중심이 아니라 사랑하는 아내에게로 자연스럽게 이동되었음을 깨닫게 되었다. 우리 내외는 보통 사람으로 평범하게 살기로 다짐한 바도 있지만 사실은 별로 특별나게 자랑할 만한 것이 없다. 새벽기도를 다녀와서 아침 식사를 하고 아내와 함께 운동 삼아 산책을 한다. 걷기 운동을 매일 만보(萬步)정도를 걷는다.

구세군돈암영문(교회)를 담임할 때 내 나이 50세가 되니 체중이 83kg이 넘어 몸의 무게를 느끼게 되었다. '다이어트(diet)를 해야겠다.' 하는 결심으로 새벽기도를 마치고 가까이 있는 한성대학교를 가로질러 성벽을 따라 한 시간쯤 걸었다. 매일 그 길을 하루도 빠지지 않고 걷고 있었는데, 하루는 어떤 분이 '사관님, 사관님'하고 나를 부르고 있었다. "좀 쉬었다 가시지요." 가까이 가서 보니 다른 교회에 출석하는 병원 원장님으로 몇 번을 만나서 대화를 나누었던 적이 있는 분이었다.

"사관님, 지금 다이어트 하시려고 매일 운동하는 것이지요." '예 그렇습니다.'

"새벽에 운동하시면 밥맛도 좋고 소화도 잘 돼서 오히려 살이 더 찔 것 같은데요, 한 가지 팁을 드릴까요? 이제부터는 식사량을 줄여야 됩니다. 무조건 반으로 줄이시고 밤 9시 이후로는 일절 야식을 금하셔야 합니다. 그리고 음료수 특히 탄산수를 멀리 하셔야 합니다."

나는 그 날 이후 돈암동 집을 출발해서 성균관대학교 후문으로 들어가 정문으로 나와서 혜화동 사거리를 지나 삼선역을 거쳐 집으로 돌아오는 코스로 매일 두 시간 정도 10㎞를 사랑하는 아내와 함께 빠른 걸음으로 걸었다. 다이어트를 시작한지 3년이 지나니 나의 몸무게가 83㎏에서 18㎏ 감량되어 65㎏으로, 벌써 25년이 지났지만 그 체중을 지키며 여전히 산책을 겸한 걷기운동을 하고 있다.

지금은 귀향하여 고향에서 남은 여생을 서로 의지하고 있다. 양산 팔경이 있는 금강 둘레 길을 걸으면서 많은 사람과 마주친다. 처음 보는 낯선 사람을 만나면 반갑게 인사를 주고받는다. '안녕하세요', '반갑습니다', '수고 하세요' 등의 간단한 인사를 웃는 얼굴로 나눈다.

잠깐 쉬었다 가려고 쉼터에 들어서는데 젊은이들을 만났다. '두 분 같이 사세요?' '방도 한 방 쓰시고요?' '보기에 참 좋으세요.' '인상이 좋으세요' '너무 행복해 보여요.' '우리도 두 분처럼 늙어가면 좋겠어요.' 이런 소리를 들으면 우리의 기분은 한층 업(up)된다. "여보, 저 젊은이들이 왜 한방 쓰느냐고 묻지?" 아내는 머리가 검고, 나는 백발이라고 이상한 생각을 하는 것은 아니겠지!

한 가지 분명해지는 것은 우리는 어떤 어려움도 잘 극복하고 긍정적으로 늙어간다는 것이다. 우리라고 걱정이 없고 문제가 생기지 않고 순탄하기만 할까만은 어떤 변화나 질병, 갈등 상황에 부딪히더라도 얼마든지 적극적으로 헤쳐나갈 수 있을 것 같은 자신감이 든다.

바로 긍정적 노화란, 사랑하며 일하며 어제까지 알지 못했던 사실을 배우고, 사랑하는 이들과 함께 남은 시간을 소중히 보내는 것이 아닐까?

긍정적인 노년의 삶, 그렇지 못한 사람의 차이는 무엇일까? 나라고 그 차이를 알 수는 없지만, 한 번쯤 그 차이에 대해 생각해 보는 것도 가치 있는 일이라고 확신한다. 또한 성공적이지 못한 노년의 차이에 대해서도 그냥 간과할 수 없는 결론을 유념하여야 할 것이다. 바로 즐거움을 누릴 줄 아는 여유가 있는가, 없는가가 아닐까? 나는 그것이야말로 우리가 살아가면서 잊지 말아야 할 가장 중요한 요소라고 생각한다. '삶은 즐길 필요가 있다!'

내가 이 글을 쓰면서 성공적인 노년이란 용어를 쓸 때 이 책을 읽는 여러분은 늘 '즐거움'이라는 말을 떠올릴 수 있으면 좋겠다. 머리로 말하는 것보다 입으로 말하는 것이 훨씬 생동감이 있다. 분명 성공적인 노년에 이르는 길은 수 없이 많을 것이며 어느 한 가지 길이 옳다고 말할 수는 없을 것이다. 그러나 목표는 분명하다. 앞으로 나에게 주어진 여정을 어떻게 하면 즐겁게 만들 수 있겠는가 하는 것이 우리의 물음에 초점이 아니겠는가? 우리는 어떻게 늙어갈 것인가. 긍정적인 노화란, 사랑하고 일하며 이제까지 알지 못했던 사실을 배우고 사랑하는 이들과 함께 남은 시간을 소중히 보내는 것이 아닐까 하는 생각이다.

성인의 발달 과정

성인의 발달과정 전문가의 말을 빌려 여섯 가지 연속적 과업을 먼저 소개하고자 한다.

첫째, 청소년기에는 부모로부터 독립된 존재로 설수 있는 정체(正體)성을 확립해야 한다. 정체성이란 부모로부터 독립된 자기만의 생각, 즉 자기만의 가치, 정치적 견해, 열정, 취향 등을 가지는 것이다. 그런 다음에야 비로소 삶의 다음 단계인 친밀감으로 나아가고, 배우자의 정서적 결속을 맺고 친밀하게 지낼 수 있을 것이다.

정체성은 가족으로부터 사회, 경제, 주거, 이념적으로 완전히 독립한 뒤에 확립된다. 완전한 독립은 내면화 과정을 통해, 그리고 현대생활에 적응하는 능력을 키움으로써 성취할 수 있다. 정체성은 자기중심주의의 산물이 아니므로 단순히 가정을 박차고 나오거나 가족을 떠나 결혼을 한다고 해서 이루어지는 것이 아니다. 가족 중심의 가치에서 벗어나 자신만의 가치를 세우는 것은 무작정 가정을 뛰쳐나오는 것과는 엄연히 다르다. 그러한 분리, 개별화 과정은 평생 동안 끊임없이 반복될 것이다.

간혹 50세까지도 정체성을 확립하지 못한 이들이 있다. 그 나이가 되어서도 가정, 부모로부터 독립하지 못하고 중년이 되어서도 일을 통해 성취감을 맛보지 못하며, 친구관계도 지속적으로 유지하지 못하는 것이다.

둘째, '친밀감'을 발전시켜야 한다. 이제 갓 성인이 된 이들의 입장에서 보면, 다른 사람과 함께 서로 의지하고 돕고 헌신하면서 살면 만족스럽게 10년 또는 그 이상을 어울려 살아간다는 것이다. 우선 그 임무를 성취하려면 자신만의 세계에서 벗어나 다른 사람에게까지 관심을 확대해야 할 것이다. 친밀감은 마치 자전거 타기처럼 일단 한번 몸에 익히기만 하면 그 뒤로는 특별히 노력하지 않아도 계속 유지해 나갈 수 있다. 친밀감은 문화와 시대에 따라 매우 다른 양상으로 성취되는 듯 보이지만 대부분의 온혈동물들이 그렇듯 인간도 결국은 결혼하고 자식 낳고 대를 잇기 위해 짝을 짓는다는 점에서 비슷한 양상을 띤다고 볼 수 있다.

셋째, '직업적 안정'이다 이 과업을 이루려면 개인의 정체성을 확립하는 데서 더 나아가 일의 세계에서 사회적 정체성을 확립해야 한다. 사막 한가운데서는 취미는 가질 수 있어도 직업은 가질 수 없다. 직업은 다른 사람과의 관계를 전제로 성립되기 때문이다. 성격의 심각한 결함이 있어 평생 직장생활을 하지 못하는 사람들도 분명 적지 않다. 이제까지는 우리가 직업적 안정에 대해 말할 때, 자기 정체성과 직업의 정체성을 명확하게 구별하지 않을 때가 많았다. 그러나 나는 '일' 또는 취미가 '직업'으로 변화되는 데에는 만족, 보상, 역량, 헌신이라는 네 가지 결정적 기준이 존재한다고 믿는다. 그 기준으로 본다면 '아내와 엄마', 최근에는 '남편과 아빠'의 역할도 직업이라고 볼 수 있다. 때로는 직업적 안정을 이루는 과정이 '이기적'

인 것처럼 보이기도 한다. 그러나 그런 '이기심'조차 없는 사람이라면 자아마저 상실하고 말 것이다.

넷째는 다음 세대를 헌신적으로 지도할 만한 능력을 갖추었을 때 비로소 성인으로서 성취되는 과업이다. 처음 세 가지 성인 성장의 과업을 성취함으로써 완성된 '자아'를 과감히 내던질 수 있는 능력을 소유하며 사는 것이다. 친밀감이 상호의존적인 관계를 형성할 수 있는 능력을 기반으로 성취되듯이 생산성은 자기보다 나이 어린 사람들을 보살피는 동시에 다른 사람의 자율성을 존중하면서 상호관계를 형성할 수 있는 능력을 기반으로 성취된다. 생산성은 공동체 형성을 의미하며 사회 각 분야에서 젊은이들을 상담하고 지도하는 과정에서 성취할 수 있다. 연구한 바에 따르면, 30세에서 45세 사이에 개인적인 성취에 대한 요구가 상대적으로 낮아지는 대신 공동체나 인간관계를 위한 욕구는 커지기 시작한다. 다른 사람에게 공감을 얻는 지도력을, 갖추려고 노력하다 보면, 지도자의 위치에 오른다는 것이 단순히 자기 발전에 그치는 것이 아님을 깨달을 것이다. 생산성의 과업을 훌륭하게 성취해 낸 사람이 그러지 못한 사람보다 70대에 이르러 삶의 즐거움을 누리게 될 가능성이 훨씬 더 높을 것이다.

다섯째, 다음 세대에게 과거의 전통을 물려주는 의미의 책임자가 되어 과거와 미래를 연결시킬 수 있어야 한다.

여섯째, 자기의 쌓아온 과업을 완성함으로써 개인의 삶은 물론 온 세상의 평온함과 조화로움을 추구해야 한다.

총체적으로 건강하고 행복한 삶의 원동력은 무엇인가? 생각해 본다. 행복의 조건은 '인생의 고통에 어떻게 대응하는가?'에 달렸다. '사람들이 겪는 고통이 얼마나 많고 적은가'보다는, '그 고통에 어떻게 대처하는가'가 중요하다.

예를 들어, 우리 몸에 상처가 나면 몸 안에서 평형을 유지하고자 하는 반응에 따라 피가 응고된다. 이와 마찬가지로, 크고 작은 도전에 직면할 때마다 의식적이든 무의식중이든 우리의 몸은 방어 수비(defence)를 하게 된다. 혈액의 응고라는 현상 덕분에 과다 출혈로 인한 사망을 막을 수도 있는 반면 그것이 관상동맥을 막으면 심장마비로 이어지기도 한다. 때문에 방어 수단이 우리를 구원할 수도, 나락으로 이끌 수도 있다. 가장 건강하지 못한 '정신병적(paychotic)' 방어에서부터 '미성숙한 방어' '신경증적인 방어' '성숙한 방어'등에 이르는 여러 가지 분류가 있다. 암과 심장병을 함께 앓다 세상을 떠난 저명한 언론가 고(故) 마빈 배럿(marvin Baret)은 78세에 노년에 대해 다음과 같이 썼다.

> "노년은 끝없이 아득하게 펼쳐진 평원에 서 있는 것과 같았다. 눈앞에 보이는 것이라고는 아무것도 없고 걸어온 발자취마저 사라져버렸다. 그저 그곳에 할 말을 잃고 놀란 채로 서 있을 뿐이다. 스무 살 이후로는 한 번도 느껴보지 못했던 그 막막함과 공포에 질린 채로 말이다."

맬컴 카울리는《여든에 바라보는 세상》에서 그 텅 빈 풍경을 채워 넣어 보려고 시도했다.

> 노년에는
> 약상자속에 약병 수가 점점 늘어난다.
> 손에서 발가락까지 거리가 점점 멀어진다.
> 오후가 되면 어김없이 낮잠을 잔다.
> 뼈마디가 쑤시고 아프다.
> 밤 운전은 더 이상 엄두도 못 낸다.
> 신발을 짝짝이로 신는다.

카울리의 우울한 관점과 달리, 배우이자 주부, 작가, 심리상담가였던 그의 아내는 플로리다 스콧 맥스웰은 노년에 대해 매우 다른 입장을 취했다. 그녀는 83세에 《내 인생의 척도》라는 저서에서 다음과 같은 글을 남겼다.

> "노년은 매우 강렬하고 다양한 경험들로 가득 차 있다. 노년은 기나긴 패배인 동시에 승리다. 나의 70대는 매우 즐겁고 평화로웠으며 80대는 열정으로 가득 차 있다. 나의 열정은 나이가 들수록 점점 더 강렬해진다."

나는 "행복하게 노년에 이르는 방법을 다음 세대에 전해주는 것도 매우 중요한 일이라고 생각한다. 우리가 늘 옳은 것은 아니지만 경험을 통해 얻은 확신들은 분명 소중한 가치가 있다. 그것이야말로 우리가 다음 세대에게 남겨줄 수 있는 가장 소중한 유산이다."

은퇴하고 나서 가장 좋은 점이 무엇인지 묻자, "늘 무슨 일인가 해야만 한다는 부담감에 시달리지 않아도 되는 것"이라고 대답했다.

은퇴하고서 가장 나빠진 것은 무엇인가? 책임감이 없어졌다. 그리고 빼놓을 수 없는 것이 건강이다. 나의 건강을 스스로 잘 챙기는 것이 나의 가장 큰 책임이다.

대를 이어 물려줄 유산이 있다면 되도록 죽은 뒤가 아니라 죽기 전에 물려주어야 한다고 생각했다. 죽음의 순간에 이르러서도 스러져 가는 자기 삶에서 '새로운 성취감'을 발견해 낼 줄 알았다. 우리가 후대에 전하는 유산이란 한낱 유언장 조각으로 머무는 것이 아니라 우리의 삶에 바친 노력과 희망 속에 남는 것을 주어야 할 것이다.

어떤 집단에든 사망률이라는 게 있다. 세 명중 한 명이 암에 걸리고, 다섯 명중 한 명은 심장병에 걸린다. 하지만 나는 다행히 그 위험의 지뢰밭을 잘 피해 왔다고 하지만 사실은 누구든지 죽기 마련이다. 인간은 불멸하지 않은 것이다.

셰익스피어의 《리어왕》에서 현명하고 성숙한 에드거는 리어왕에게 이렇게 조언한다. "사람은 모름지기 견뎌야 한다. 이 세상에서 태어날 때나, 이 세상을 떠날 때 무르익는 것이 가장 중요하다."

고통스러운 생의 마지막 나날을 어떻게 보내야 하는가? "젊음은 아름답지만 노년은 찬란하다. 젊은이는 불을 보지만, 나이든 사람은 그 불길 속에서 빛을 본다."고 했던 빅토르 위고의 낙관적인 전망에서 위안을 찾아야 하는가? 아니면 "노년은 망각일 뿐이며 남은 것은 아무 것도 없다."는 셰익스피어의 비관론을 인정해야 하는가?

한스 진서(HansZinsser)는 《쥐와 이의 역사》의 저자이자 공중위생학 분야의 선구자였고 전염병 퇴치를 위해 혼신을 바친 하버드 대학의 교수인 자기가 백혈병으로 죽어가고 있다는 사실을 알고 있었다. 그는 지나온 과거를 되돌아보면서 자서전을 써 내려갔다. "조금 쇠약해진 듯도 하지만 근본적으로 달라진 것은 아무것도 없다. 쇠약한 육체는 내가 죽는 그 순간 나와 함께 소멸해 버릴 테지만, 나의 정신, 나의 영혼, 나의 생각, 나의 사랑은 영원히 살아남을 것이다."

노화과정에서 역경에 부딪히더라도 그는 결코 신을 원망하거나 건강을 탓하지 않았다. 그는 자기의 삶을 그대로 받아들였고 책임을 다했으며, 그 덕분에 겸허한 마음으로 삶에 감사할 수 있었다. 병에 걸리자 그는 죽음이 다가오고 있다는 경고를 미리 받은 것에 오히려 감사했다. 그와 같은 심정을 그가 남긴 마지막 시에 고스란히 녹아들어 있다.

죽음은 먹이를 덮치는 맹수처럼 그렇게

부지불식간에 다가오지 않았다.
친절하게도 미리 죽음의 순간을 준비할 수 있도록
죽기 전에 남은 이들을 위로 할 수 있도록
죽음을 미리 경고를 해주었다.
아름다운 여름이 지나고 가을 햇살이 비추면
하늘에서처럼 우리 마음에도 따스함이 감돌고
사랑으로 뿌린 씨앗이 여물어 풍작을 이룬다.
그리고 겨울이 찾아오면 나는 세상을 떠날 것이다.
죽은 뒤에는 당신의 가슴속에서
고요와 평온을 찾으리니
당신이 나를 가장 사랑해 주었던 바로 그때처럼.

죽음은 마치 겨울 정원과도 같이 끝이 아니라 하나의 새로운 시작이다. 겨울 정원처럼 사람들에게 변함없는 사랑을 받을 수 있다면 우리는 죽은 뒤에도 계속 살아남을 수 있을 것이다. 행복의 조건은 '인생의 고통을 어떻게 대응하는가에 달렸다.'

건강하게 나이 들기

"어떻게 늙어가야 하는지 아는 것이야말로 가장 으뜸가는 지혜요, 삶이라는 위대한 예술에서 가장 어려운 장(章)이다."

통계청 발표(2021년 7월 20일)에 의하면 한국인의 기대 수명은 83.3세(남자 80.3세, 여자 86.3세)로 여자가 남자보다 6년을 더 장수한다. 한국은 OECD 국가 중 일본 다음으로 장수하는 나라이다. 한 가지 우리가 유념해야 할 것은 한국인의 건강수명은 65세이다. 이 말은 한국인은 죽기 전 상당수가 17년을 병치레를 하고 건강하지 못한 몸으로 골골하며 살다 죽는다는 것이다.

"아침에 나를 일어나고 싶도록 만드는 가장 중요한 요인은 무엇인가?"라는 질문을 한다. 나는 단순하게 대답을 한다.

"새로운 하루를 맞이하는 것이 늘 감사하지 않은가? 또 오늘이 내 남은 생애에 가장 젊은 날이기에 새 날이 기대가 된다. 큰 변화를 못 느끼며 살면서 건강한 몸으로 일하고 또 즐거운 마음으로 이야기를 나누며 산책을 한다. 아내와 오순도순 손잡고 가면서 인생의 여러 가지 삶을 서로 주고받으면서 이야기한다. 평생을 같이 살아 온 날이지만 몰랐던 일들을 배우고 경험하면서 새로운 것을 느끼면서 살고 있으니 행복하고 즐겁다."

50년을 같이 살면서 뭐 그날이 그날이지 하면서 살고 있는 보통사람이지만 굉장한 특권을 누리면서 사는 것처럼 내 삶에 빛이 난다.

긍정적으로 나이 들어간다는 기쁨과 사랑, 그리고 이제까지 알지 못했던 무언가를 배우는 것이라고 생각한다. 그러나 나는 '오래도록 사는 것'이 인생의 가장 큰 목적으로 삼는 장수의 신봉자는 아니다. 몸에 좋다는 것을 연구하고(?) 찾아 먹는 것을 건강의 우선으로 살아온 사람들이 우리 주위에는 생각보다 많다. 사람마다 주어진 수명은 다르지만 신체적으로 건강하게 나이가 들어가는 길에 숨어 있는 지뢰밭을 뚫고 지나가야 할 것이다. 죽음과 신체적인 무능이란 결코 정상적이지 않는 것, 불의의 교통사고, 몹쓸 전염병처럼 가능한 피해 가야만 하는 것일 때가 더 많다. 그러므로 건강하게 나이 드는 것에는 사회적, 정서적인 것만이 아니라 신체적 건강을 유지해야 한다. 신체와 정신 두 가지를 모두 건강하게 유지하기란 쉬운 일이 아니다.

'건강하게 나이 든다.'는 개념 자체가 뜬구름 잡는 것일지도 모른다. 잘 늙어간다는 것은 어쩌면 지극히 주관적 판단에 달려 있는 좀처럼 실현하기 어려운 것이 아닐까? 노년에 이르면 삶이 자기가 원하는 대로 흘러가는 일이 드물다. 그러므로 건강한 노화를 정의하기란 결코 간단한 일이 아니다.

나이가 들면 근력이 점점 떨어지는 것은 피할 수 없는 현상이다. 그러나 그 양상은 개인에 따라 제각기 다르게 나타난다. 사람은 자기 나이에 생물학적으로 젊을 수도 있고 늙을 수도 있다. 노화가 진행되면서 병이 들기도 하고 생물학적 쇠퇴를 직접 몸으로 느끼게 된다. 그러나 자기 관리를 철저히 하고 늘 의욕적으로 생활하며 절친한 친구를 곁에 두고 정신 건강을 유지한다면, 실제로는 '병에 걸렸지만' '아픔을 모르고' 살아 갈수도 있다.

정신적 건강은 신체적 건강보다 더 측정하기가 어렵지만 노화 과정에서 빼놓을 수 없는 중요한 요소다. 아흔이 넘어서도 늘 활기차게 생활하고 등산까지 하는 사람들도 있다. 거기에 늘 절친한 친구들과 밝게 지낸다면 더 바랄 것이 없을 것이다. 따라서 우울하거나 병에 걸리지 않는 것을 두고 건강한 노화라고 할 수 있듯이, 삶에는 만족하는 동시에 활력이 넘치는 것도 역시 건강한 노화라고 할 수 있다.

건강하다는 것이 과연 어떤 의미인가를 먼저 이해할 필요가 있다. 의사로부터 병에 걸렸다고 진단 받는 것과 내가 아침에 잠자리에서 일어날 때 스스로 아프다는 것 사이에 엄청난 차이가 있다.

1948년 '세계보건기구'(WHO) 창립자들은 "건강이란 신체적, 정신적 사회적으로 완전하고 행복한 상태를 말하며, 단순히 질병에 걸리지 않은 상태만을 지칭하는 것이 아니다"라고 정의하였다. 미국의 역대 대통령 중에 존 F. 케네디와 드와이트 아이젠하워는 대통령직을 수행할 당시 모두 질병을 앓고 있었다. 그러나 그들 자신은 물론 다른 어느 누구도 그들을 두고 아픈 사람이라고 말하지 않았다. 특히 미국의 32대 대통령 루스벨트는(소아마비) 불구인 몸을 이끌고도 13년 동안이나 정력적으로 대통령직을 수행했다. 그는 중증 장애인이었지만 세계 대공황을 극복했다. 또한 제 2차 세계대전을 연합국 승리로 이끈 훌륭한 지도자였다. 그러나 그의 주변에는 당시 나이가 루스벨트보다 훨씬 적었어도 하루 대부분 하루를 침대에 누워 불행하게 보내는 사람이 많았다. 그런 사실에 비춰 볼 때, 노화과정에서 각 개인이 느끼는 주관적 건강이 객관적으로 들어나는 신체건강만큼이나 중요하다는 것을 알 수 있다. '행복하고 건강한 삶', '불행하고 병약한 삶'이 어떤 식으로 대조를 이루는지 분명하게 알 수 있을 것이다.

인생 말년을 불행하게 사는 것은 경제적 빈곤이 아니라 사랑의 빈곤이다. 101세 된 노인이 이렇게 말했다. "나이가 들수록 가족 간에 서로 친밀하게 지내는 것 이상으로 더 좋은 게 어디 있겠소. 서로 의지하고 도움을 주고 받으면서 말이지, 나이가 들수록 돈보다는 곁에 함께 있어 줄 사람이 필요해요"라고 말했다.

인생에서 성공의 문을 열어주는 열쇠는 돈이 아니라 자기 관리와 사랑이기 때문이다. 때로는 사랑을 만들어 줄 줄 아는 사람에게 돈이 따를 수도 있다. 부모의 사회적 지위나 계급이 아니라 부모의 진정한 사랑과 보살핌이 노년의 경제 수준을 결정짓는 지표가 될 수도 있다.

신체건강 유무를 스스로 진단해본다

정신적 상태를 제외하고 일반적으로 4등급으로 신체건강 상태를 평가해본다.

1등급은 심각한 병을 앓지 않은 경우,

2등급은 병을 앓고 있으나 수명 단축이나 신체장애로까지 확대되지 않은 경우, 이를 테면 녹내장이나 고혈압, 관절염을 앓고 있는 경우가 이에 해당한다.

3등급에 해당하는 자는 치유가 불가능하고 생명에 위협이 되는 만성질환을 앓고 있고 병이 점차 진행되고 있으며 수명이 단축 될 수도 있는 결국 일상생활에 까지 불편해지겠지만, 그렇다고 완전히 신체적 무능 상태라 보기는 어려운 경우가 이에 속한다.

4등급은 마지막으로 불치의 병을 앓고 있으며, 심각한 신체적 무능 상태인 경우이다. 다발성 경화증이나 만성 출혈성 심장발작, 심각한 고관절

질환이 이에 해당한다.

신체 건강은 다분히 주관적인 성격을 지닌 것이므로 그 평가 또한 쉽지 않다. 사람들에게 자신의 건강에 대한 주관적인 평가를 내려 보라고 할 경우, 우울증에 걸린 사람이라면 건강상태가 비교적 매우 양호하면서도 자신의 건강 상태가 몹시 나쁘다고 푸념을 늘어놓을 것이다. 반면 쾌활하고 참을성이 많은 사람이라면 병을 앓고 있으면서도 자신의 건강이 아주 양호한 상태라고 믿을 것이다. 의사로부터 건강이 심각한 상태라는 진단을 받더라도 그 사실을 부인할 것이다. 그 이유는 그들이 참을성이 많아서라기보다는 그 사실을 현실 그대로 받아들이기가 쉽지 않기 때문이다.

몸에 아픔을 느끼면서도 그냥 참고 병원 가기를 주저하다가 결국 병을 스스로 키우는 사람들도 있다. 관절염이나 우울증과 같은 병을 앓고 있는 사람들의 경우, 전문의가 심각한 무능 상태라고 분류하지 않았는데도 자기 스스로 신체적 무능 상태라고 판단할 수도 있다. 그런 사람 중에는 병원 가기를 즐겨하듯 매일 일과로 삼는 이들도 있다.

또한 대부분의 활동을 예전처럼 거뜬히 할 수 있다고 믿고 있는 이들도 있다 객관적으로 보면 신체적인 무능에는 사고력, 판단력과 같은 영역도 포함되어 있다. 뇌졸중이나 알츠하이머병에 걸린 사람들은 사고력과 판단력을 상실한다. 그 병을 앓고 있는 이들은 대부분 신체적인 활동 능력까지 상실해 버린다고 생각하고 있다. 그러나 75세에도 몸의 활력을 그대로 유지하는 사람들은 정신적으로도 매우 건강한 상태이기 때문이다. 치매성에도 안전이 예상된다. 75세까지도 여전히 행복한 삶을 유지해 온 사람은 80세에도 행복하고 건강한 삶을 누릴 것으로 판단한다.

삶의 즐거움이란 무엇인가? 매일 아침 눈을 뜨면서 살아 있다는 것만으로도 경이와 행복을 느끼는 이들도 있다. "나는 사랑하는 아내와 행복하게 살고 있다. 신체적으로는 심각한 병으로 오랫동안 입원해 본 적이 없었으니 50년 전과 달라진 것이 없이 여전하다."

현재 삶에서 가장 의미있는 일이 무엇이냐고 물어오는 이들이 있다. 그 질문을 받을 때마다 나는 내 앞에 펼쳐진 인생의 새로운 장, 내 인생에서 가장 멋진 부분을 즐기는 일이라고 대답한다. 나는 매일 아침 잠자리에서 일어날 때마다 앞으로 더 많은 곳을 가볼 수 있고 더 할 일이 남아 있고 또 내일을 보게 되리라는 생각에 흐뭇하다. 앞으로 얼마나 시간이 남아 있을지 모르지만, 아직도 이 세상엔 할 일이 너무 많다. 사랑하는 사람도 너무 많다. 나는 산을 사랑하고 넓은 들을 사랑한다. 여행을 좋아한다. 가보고 싶은 곳도 많다.

나는 건강한 노화를 생각하는 중 '행복하고 건강한 삶'으로 평가할 여덟 가지 항목을 소개한다. 이것은 자신 스스로를 주관적으로 점수를 매길 수 있는 것으로

1. 결혼하여 부부 생활을 원만하게 하고 있는가?
2. 수입과 직결된 직업, 또는 매월 고정된 수입이 있는가?
3. 자녀들의 건강 및 생활은 여전하고 부모가 된 우리와 다정하게 지내는가,
4. 친구관계는 원만한가?
5. 종교 활동을 잘하고 있는가?
6. 꾸준한 운동을 하고 있는가?
7. 여가 생활, 취미 봉사활동 등을 잘하고 있는가?
8. 매주 체크 하는 것으로 체중, 혈압, 혈당을 체크하고, 이상 유무를 확인하고 있는가?

행복하고 건강한 이들은 자신의 삶에 만족할만한 대답을 할 수 있으면 감사하고 행복하게 여겨도 충분할 것이다. 불행하게도 좋은 점수로 스스로를 평가할 수 없다면 지금부터 새롭게 건강관리를 잘하여야 할 것이다.

은퇴하고 나서 가장 먼저 해야 할 일은 새로운 출발을 위해서 자만심을 버리고 지난 시절의 추억담을 잊어버린 사람처럼, 내가 말은 적게 하고 나의 귀를 열고 후배들의 이야기를 잘 들어주는 방법을 배워야 할 것이다. 그리고 자존심을 지키는 방법을 배우는 것이다.

이것을 위해 꼭 필요한 것이 교육이다. 이제라도 책을 읽어 배움을 통해 맛보는 즐거움을 가진다면 노년의 심리적인 건강에 중요한 영향을 끼친다. 뿐만 아니라 사물을 새롭게 인식하는 능력은 노년에 이른 이들에게 젊음과 같은 활력을 선사해 준다.

우리는 평생교육을, 은퇴하고서 잠시 잃어버리고 살지 않았는가? 이제 잠에서 깨어 일어나듯이 '평생교육을 실현하자' 이 말은 죽을 때까지 '누구를 가르치자'하는 말이 아니라 늦었다 생각을 말고 '이제라도 내 스스로가 나를 위해 배우는 교육을 시작하자.'는 것이다. 더 이상 사회에서 중요한 역할을 해내지 못하고 거동이 불편할지라도, 관절염으로 고생하고 있다 하더라도 배우는 일에 참여하고 창조성을 발휘하며, 새로운 것을 터득하고 새로운 친구를 사귄다면, 아침마다 잠자리에서 일어나는 것이 즐거울 것이다.

노년에 신체 건강에 영향을 끼치는 교육의 요소는 유년시절 가정에서 배운 소득이 아니라 자기 관리와 인내심이다. 첫째, 어느 정도 앞일을 생각하는 사람이라면 가능한 교육을 많이 받고 싶어 하며 자기 관리에 충실하다. 둘째, 사람들은 교육받음으로써 자기 삶의 진로를 스스로 결정할 수 있다고 믿는다. 교육을 많이 받을수록 개인의 행동이 어떤 결과를 가져올지를 편안하게 이해할 것이다. 활기차고 건강한 노년은 뜻밖의 행운이나 유전자가 아니라 우리 스스로가 결정하는 것이다.

80세까지 살 수 있다 하더라도 그때까지 '정상적인' 노화를 거치며 살 수 있을지 염려될 것이다. 어떤 보고에 의하면 남자는 20세부터 성교 능력이 쇠퇴하기 시작한다는 것이다. 그러므로 사람들이 노년이 되면 누구나 성생활을 할 수 없을 것이라고 걱정한다. 그러나 시몬드 보부아르라는 사람은 88세 노인이 90세 아내와 일주일에 한 번 이상 성관계를 가진다는 얘기를 하면서 희망을 선사한다. 건강하게 살아온 이들이라면 75세에서 80세 사이에 평균 1개월에 한 번 정도 성관계를 가질 것이다. 그러나 성생활은 기준을 딱히 정할 수 있는 것이 아니다. 무슨 일이든 개인차가 있는 것이니 심각한 생각을 하지 말자. 또 그것이 인생에 으뜸가는 쾌락이 못 되는 것이다. 누가 자랑스럽게 이야기 한다고 해도 그 시한은 몇 년에 불과하다. 다른 것, 좋은 것이 얼마나 많은가? 그 중 하나를 찾아서 즐거움을 누려보자.

사람들은 생명의 불꽃이 계속 타오르고 있는 상황에서도 생존 자체에 대한 염려를 거듭한다. 신체가 쇠약해지면 정신마저 놓아버리는 게 아닌가 걱정하기도 한다.

사람이 나이가 들수록 뇌세포가 줄어드는 것은 사실이지만 뇌세포는 각자의 경험에 따라 달라질 수 있다. 오래된 뇌를 가지고 있다는 것은 오래된 차를 소유한 것이나 다름없다. '평균적인' 노인의 상태를 가정한다는 것은 20년 된 차의 평균적인 상태를 가정하는 것만큼이나 오해의 소지가 크다. 차의 수명은 어디까지나 운전 습관과 관리에 달려 있다. 오래된 차들이 덜그덕 거리고 볼썽사나운 꼴이 되어 폐차 지경에 이르는 이유는 수

명이 오래 되어서가 아니라 사고나 관리 소홀 때문이다. 인간 역시 마찬가지이다. 인간의 노쇠 역시 사고나 질병 때문인 경우가 많다.

건강한 80세 노인의 뇌는 젊은이의 뇌가 할 수 있는 거의 모든 일을 할 수 있다. 그러나 젊은이에 비해 시간은 조금 더 많이 걸릴 것이다. 대개 쉰 살이 넘으면 밤샘 작업이나 이름 외우기 등이 점점 더 어려워진다. 그러나 그런 제약들이 있는 데도 에마뉴엘 칸트는 57세에 처음으로 철학에 관한 저서를 집필하였으며, 윌 듀랜트는 83세에 역사 부문에서 프리쳐상을 획득했고, 프랭크 로이드 라이트는 90세에 뉴욕에 있는 구겐하임 미술관을 설계했다. 우리나라 김형석(1920년 7월 6일생, 철학자, 연세대학교 명예교수) 교수는 올해 102세가 되었음에도 왕성하게 학문을 연구하고 강연으로 여전히 인기를 누리고 있으며 존경을 받고 있다.

나이가 들수록 점점 더 이름 외우기가 어려워지는 건 사실이지만 건망증과 실어증은 30세부터 이미 시작된다고 한다. 하지만, 알츠하이머병과는 아무 관련도 없다고 한다. 그러나 이름이 떠오르지 않는 것 말고도 걱정되는 일들이 많다. 70세가 넘으면 전화번호도 잘 외워지지 않으며 차들이 빽빽하게 주차된 주차장에서 자기 차를 어디에 세워놓았는지 기억나지 않을 때가 많아진다. 나이가 들어갈수록 공간 기억력이나 감정이 개입되지 않은 단순 암기력이 떨어지는 것은 피할 수 없는 사실이다.

노화는 가능한 뒤로 돌아가고 싶은 노쇠 과정이 아니라, 생기 넘치는 삶의 한 과정이다. 우리 민족이 전통적으로 노인을 공경하는 것은 오랜 삶을 살아 힘이 없는 육신을 보고자 하는 것이 아니다. 나이가 들수록 점점 더 지혜로워지면서 깨달음을 지니고 현명해진 삶 속에 고단할 수도 있는 인생의 무게를 버티면서 이루어낸 깊은 성찰을 듣고 배우는 면에서 우리 곁에 오래 있으시기를 바라는 마음에서일 것이다.

나는 우연히 젊은 지인들로부터 지혜에 관해 정의가 될 만한 아주 훌륭한 두 가지 말을 들은 적이 있다. “지혜는 풍부한 경험의 산물이며, 다른 사람과 진정한 의사소통을 하면서 축적된 것이다.” 또 한마디는 “판단을 내려야 하거나 다른 사람과 의견 충돌이 생길 경우, 균형 있는 시각을 갖게 될 때까지 기꺼이 한 발짝 뒤로 물러서서 기다릴 줄 아는 능력”이 바로 지혜라고 말했다. 노년과 지혜는 어떤 연관성이 있느냐고 묻자 몇몇 사람은 젊은 시절보다 지금이 훨씬 지혜로워졌다고 대답하면서 그 지혜를 다음과 같이 말했다.

다른 사람에 대한 이해,
모순과 아이러니를 이해할 수 있는 능력과 참을성,
감성과 이성의 조화,
자기중심주의에서 벗어난 자기 인식,
다른 사람의 말에 귀 기울일 줄 아는 능력,
균형 있는 시각, 삶에 대한 폭 넓은 이해,
사물의 양면성에 대한 인식,
인내, 삶의 아이러니에 대한 깊은 이해,
주변 사물과 사람에 대한 호기심,
세상과 연관성 인식이 노인의 지혜로부터 나온다.

지혜의 가장 두드러진 특성은 무엇인가? 사람들은 저마다 지혜의 정의를 다르게 내린다. 그러나 지혜를 정의하는 언어는 각자 다를지 모르나 포괄된 뜻은 모두 동일하다. 지혜는 매우 다양한 측면을 지닌다. 그중에서 바로 성숙, 지식, 경험, 지적, 정서적, 이해력을 꼽을 수 있다. 지혜가 성공적인 노화의 필수 요소라는 데에는 누구나 동의할 것이다. 그렇다면 나이가 들수록 지혜로워진다고 보는 이유는 무엇인가?

첫째는, 나이가 들수록 경험의 폭이 넓어진다는 점이다. 우리는 노련한 판사, 야구감독, 고위 외교관, 국제조직의 지도자가 되려면 수십 년간의 경험이 뒷받침되어야 한다. 나이가 들어갈수록 좀 더 폭넓은 관점으로 삶을 조망하는 것이 가능해지기 때문이다.

둘째 또 다른 이유로는 다른 사람과 공감을 불러일으킬 수 있는 지혜는 어느 정도 세월이 흐른 뒤에야 비로소 체득되기 때문이다. 톨스토이는 아내 소냐 곁을 뛰쳐나와 망령든 노인 행색으로 기차역에서 죽음을 맞았을 때보다는《전쟁과 평화》를 집필 중이던 30대 후반이 더 현명했을지도 모른다. 그러나 우리의 기억 속에 남아있는 모습은 바로 노년의 톨스토이이다. 토마스 제퍼슨, 아인슈타인 역시 젊은 시절에도 현명했지만 우리 마음속에는 노인이 된 간디와 제퍼슨, 아인슈타인의 인상이 훨씬 더 강하게 남아 있다.

윈스턴 처칠의 명언이다.

"여러 면에서 볼 때 우리 모두는 젊은 시절보다 나이든 뒤에 더 행복해진다. 젊을 때보다 노인은 점점 더 현명해진다."

02
소박하고 단순한 삶

사진 | 오세용 사관

소박하고 단순한 삶

소박하고 단순한 삶은 어릴 적부터 배웠던 것으로 사람은 '모름지기 근검절약하면서 살아야 된다.'는 교훈을 늘 마음속에 간직하고 평생을 살아왔다. 소박한 삶은 곧 나의 삶의 기준이자, 뛰어넘을 수 없는 한계이자 범위였다. 지금도 '보통 사람으로 사는 것' '단순하고 소박하게 사는 것'이 허락된 내 인생의 전부가 되기를 바란다.

과거 수천 년 동안 동서고금을 통해서 명성을 얻은 이들은 대체로 소박함과 단순한 삶을 살면서 그 삶을 권장하고 칭송해 왔다. 철학자와 성인은 물론 시인과 비평가, 선지자 등 이른바 '현인'이라고 일컬어진 이들은 예외 없이 소박함과 단순함이 가치 있고, 사치와 낭비는 비판받아 마땅하다고 주장했다.

오늘날에도 그러한 생각은 통념처럼 받아들여지고 있다. 매년 쏟아지는 신간들은 더 절약해야 한다고 우리를 다그치고 아끼고 저축하는 갖가지

방법들을 제시하며. 소비주의를 비판하고 단순한 삶의 기쁨과 효용에 찬사를 보낸다. 블로그나 인터넷 매체들에는 심플라이프, 소박함, 미니멀리즘, 느리게 살기 등 이야기가 넘쳐난다. 전통적으로 소박함과 단순함은 도덕적 개념으로, 정확하게 말하면 덕, 지혜, 행동의 가치가 직결된 하나의 도덕적인 지향점을 내포하고 있다. 이는 사치, 낭비, 물질주의 소비주의, 일중독, 경쟁, 다수의 현대인들이 살아가는 삶의 방식을 비판적으로 수용한다. 나아가 도덕적인 완결성이나 정신적인 건강, 공동체, 자급자족하는 삶, 자연에 감사하는 마음 같은 가치를 대인적인 이상으로 제시하기도 한다.

소박한 단순함을 주장하는 책들이 수없이 쏟아져 나오는 현상을 가리켜 어떤 이들은 '오늘날 삶의 가치와 방식이 근본적으로 변하고 있다'고 주장할지도 모른다. 하지만 천 년 전의 철학자들도 같은 이야기를 했지만 세상은 크게 바뀌지 않았다는 사실에 비추어볼 때 그러한 주장들은 설득력이 없다. 겉으로 누구나 소박함과 단순함의 이념을 동경한다고 말하지만 주변의 정치인들을 살펴보면 단순한 삶이 좋은 삶이라는 원칙에 부합하는 정책을 추진하는 경우는 많지 않았다. 정치인들의 공약이나 정부 사업은 오히려 생산과 소비를 증대시킬 뿐이고 지속적인 경제성장의 가치는 당연한 것으로 받아들여진다. 입으로 떠들어대는 문학적 수사가 아닌 실질적인 행위만으로 판단해보면 오늘날 대다수의 사람들은 지역과 국가를 막론하고 소박함보다는 사치를 통해 더 큰 행복을 얻고 있는 듯하다.

이러한 모순을 이해하는 한 가지 방법은 인간의 성향은 본래 그런 것으로 치부할 수도 있다. 하지만 문제는 그렇게 간단하지 않다. 시종일관 소박하게 살거나 오로지 사치스러운 생활만 고집하는 사람은 없을뿐더러, 교과서적인 삶과 현실의 삶은 다르고, 우리가 옳다고 믿는 지혜와 우리가 만들어 가는 문화는 다르다. 이러한 간극(間隙)은 좋은 삶을 구성하는 상반된 두 입장 사이의 뿌리 깊은 갈등을 보여준다. 물론 그 입장들은 인류의 사상사와 문화사의 양대 전통이기도 하다.

가톨릭교회의 피정 프로그램 중에 3분 안에 치르는 시험이 있다. 이 시험을 치르기 위해 시험지를 받아 들면 첫머리에 '끝까지 다 읽어보고 문제를 푸시오'라고 씌어있다. 그런데도 사람들은 끝까지 다 읽어보지도 않고 열심히 문제를 푼다. 시험지 끝에 '끝까지 읽어 보시느라고 수고하셨습니다. 이제 더 이상 문제를 풀 필요는 없습니다. 시험지에 이름만 쓰십시오.'라고 되어 있는데 말이다. 사람들은 이렇게 옆 사람이 열심히 문제를 푼다는 이유로 자기도 따라서 서둘러 문제를 푼다. 그것은 남들이 다 탄다는 이유로 목적지도 모르고 기차에 타는 것과 똑같은 일이다.

나는 몇 년 전 이런 일을 겪었다. 아내와 나는 가끔 대전으로 나들이를 하는데 기차를 이용한다. 집에서 승용차를 한 10분 타고 영동역 앞에 있는 하상주차장에 주차를 시켜놓고 무궁화호 기차를 타고 간다. 우리 국가에서 노인들 대접이 극진해서 기차 요금을 30%를 할인해주고 지하철은 무임승차의 특혜를 받게 하니 얼마나 감사한지, 대전 갈 때마다 늘 기분이 좋다. 볼일을 다 보고 대전역으로 가보니 준비한 기차표 시간이 한 시간이나 넘게 기다려야 했다. 그래서 역무원에게 문의했더니 무궁화호는 좀 더 기다려야 하고, 새마을호가 영동에 정차하는 것이 지금 있으니 그것을 이용하는 것이 좋겠다고 친절하게 알려 주어 새마을호 차표를 바꾸어 들고 서둘러서 플랫폼에 나오니 벌써 기차가 와 있는 것이 아닌가? 얼른 기차에 오르고 좌석을 찾아 앉으려 하니, 이런 낭패가 다 있나? 우리가 타고 있는 기차는 새마을호가 아니라 KTX였다. 승무원을 불러 우리가 실수하여 기차를 잘못 탄 연유를 마치 죄인 같은 심정으로 말하니, 승무원이 "이 기차는 영동역에서는 정차하지 않고 동대구역에서 내리셔야 합니다. 동대구역에 내리셔서 안내를 받으시고 다시 올라오셔서 영동역에서 내리시면 되겠습니다.”

그날 우리는 40분이면 충분 할 것을 5시간을 허비했다. 그러나 시간을 허비했다는 생각보다 승무원들의 친절한 배려에 기차여행을 잘했다는 생각으로 오히려 감사했다. 그러나 남들이 다 탄다고 아무 생각 없이 목적지도 모르고 기차에 올라타는 일이 또 있어서는 안 되겠다. “한번 실수를 내 스스로를 너그럽게 여겨 용납하거니와 또다시 이런 일이 있다면 그때는 용서 없이 망측스런 치매노인으로 일벌백계 하겠노라” 스스로를 엄하게 꾸짖었다.

> 시간의 금덩어리
>
> 한 소년이 고향에 살면서 호수에 조약돌을 던지면서 수제비를 뜨는 놀이로 하루해를 보내곤 했다. 소년은 그렇게 호수에 돌을 던지면서 고향에서 평생을 살았다. 그런데 어느 날 조약돌을 무심코 던지는데, 햇살에 비친 돌멩이가 반짝 빛이 났다. 깜짝 놀라 자세히 살펴보고 생각해보니 그것은 금덩어리인 것 같았다. 소년은 그동안 돌멩이가 아닌 금덩어리를 호수에 던진 것이었다. 그것은 바로 시간이라는 금덩어리였다.

시간의 소중함을 나타내는 이 우화를 어릴 때부터 알고 있었지만 지금까지 잊지 않고 있는 것은 내가 바로 그 소년이기 때문이 아닌가? 나도 이 나이가 되도록 ‘세 살 버릇 여든까지 간다.’고 지금도 금덩어리를 돌덩어리인 줄 알고 아무 곳에나 내던지고 살아오지 않았는가? 도대체 시간 귀중한지 모르고 허비하며 살면서 인생의 허무를 입에 달고 있으니 언제 철이 들 것인가? 부끄러운 인생은 면해야 되겠는데….

겸소하고 소박한 삶

근검절약을 설명하는 가장 명료하고 익숙한 것은 경제적인 개념이다. 이는 수많은 속담에도 일관된 의미로 등장한다.

낭비가 없으면 부족한 것도 없다.
한 푼 아낀 것은 한 푼을 번 것이다.
함부로 낭비하면 가난이 오게 된다.
푼돈을 아끼면 큰돈은 저절로 보인다.

경제적인 분별력을 보이며 검약을 실천한 인물 중 한사람을 소개한다면 벤저민 프랭클린(Benjamin Franklin)이다. 그는 전형적인 자수성가형 인물이다. 형이 운영하던 보스턴의 인쇄소에서 견습공으로 일하다가 누구와도 상의하지 않고 필라델피아로 떠난 17세의 그는 무일푼 떠돌이였다. 하지만

40세 무렵에 부유한 삶을 누리는 베스트 셀러 작가가 되어 있었다. 84세의 일기로 세상을 떠났을 때 그는 사업가이자 작가, 정치가, 외교가, 과학자, 발명가, 자선가로 당대를 대표하는 명사의 반열에 올라 있었다.

그의 자서전에는 매우 흥미로운 이야기가 실려 있는데 성공하기 위해서는 13가지 덕목을 함양(涵養)해야 한다는 주장이었다. 그중에 다섯 번째가 바로 소박함이다. 그가 규정한 소박함은 "돈을 쓰지 않고 자신과 타인을 이롭게 하는 일, 즉 낭비하지 않는 일"이었다. 하지만 프랭클린도 내면의 덕목을 함양하면서 어려움을 호소하거나 불만을 토로하는 경우가 있었는데, 소박함을 실천하는데 있어서도 마찬가지였다. 그와 관련한 아내 데버리와의 일화가 있다.

> 나처럼 아내도 근면함과 검소함을 추구하려는 성향이 있다… 우리는 게으른 하인을 들이지 않았고, 식탁은 간소하고 단출하게 차렸으며, 가구를 사는데 돈을 쓰지 않았다. 오랫동안 아침식사는 차 없이 빵과 우유만으로 했고, 값싼 토기접시에 백랍 스푼을 사용했다.

프랭클린은 "아무리 확고한 원칙을 세웠어도 집안으로 스며드는 사치"를 막을 수 없었다며 한 가지 재미있는 사례를 든다.

> 어느 날 아내 데버리가 아침식사에 고급스런 식기를 내놓았다. 그 이유는 "남편도 이웃들처럼 은 숟가락과 중국 도자기접시를 쓸 자격이 된다"고 생각했기 때문이었다.

프랭클린은 그러한 사치를 누릴 수도 있지만 일치감치 몸에 밴 검소하고 근면한 습관을 실천하며 여생을 살았다.

〈부자가 되는 방법(The Way To Wealth)〉이라는 에세이를 통해서 프랭클린은 소박함에 관한 명언을 남겼는데, 대부분 내면의 힘에 의지하며 살며 낭비와 사치를 경계해야 한다는 조언이다. 예를 들면 다음과 같다.

입이 호사스러우면 의지가 약해진다.
사치에 빠지면 거지꼴을 못 면한다.
바보는 잔칫상을 차리고 현명한 사람은 그것을 먹는다.
옷치장만 좋아하는 사람은 반드시 재앙을 맞이한다.
허영심과 상의하기 전에 지갑과 상의하라
열심히 벌고 열심히 아끼라
당신을 납을 금으로 바꾸어 줄 마법사의 돌은 그것뿐이다.

프랭클린은 "빚을 지는 일은 슬픔을 짊어지는 일과도 같다."는 말로 빚의 위험을 경고했다. 빚은 "인간을 억압할 뿐 아니라 심지어 빚진 자들을 노예로 만든다."고 생각했기 때문이다. 오늘날에도 사람들은 부채를 안고 살아가는데, 그 원인은 대체로 신용카드와 학자금대출 및 주택담보대출이다. 하지만 18~19세기가 되면서 학자금대출의 빚을 진다는 것은 생각보다 훨씬 끔찍한 일이었다. 디킨스(Charles Dickens)가 살던 런던에는 빚을 갚지 못한 자들이 수감되는 감옥과 노역장이 따로 있어 많은 사람들의 삶에 긴 그림자를 드리웠다. 빅토리아시대에 쓰인 소설에는 재산을 탕진한 뒤 최하층으로 전락한 주인공들이 흔히 등장한다. 디킨스의 소설 《데이비드 코퍼필드(David Copperfield)》의 등장인물 미코바나, 트롤로프(Anthony Trollope)의 소설 《지금 우리가 사는 법(The Way We Live New)》에 나오는 귀족 페릭스 카버리가 대표적 예라고 할 수 있다.

그런데 이처럼 경제적 분별력을 가지고 분수에 맞게 살아야 한다는 소박함의 담론은 우리에게 너무 익숙한데다 그다지 달갑지도 않다. 부모에게 물려받은 재산도 없고 특별한 직장도 재능도 없는 사람에게 검약을 실천하는 일은 어쩌면 너무 당연한 일이다. 물론 집을 사거나 학비를 내거나 사업자금을 마련하기 위해, 혹은 거주지에서 퇴거당할 위기와 갑작스러운 질병, 사고가 발생하는 등의 상황에서 빚을 내는 것은 불가피한 일일 수 있다. 하지만 일반적인 경우라면 벤저민 프랭클린의 조언은 분명히 유효하다. 이를테면 "사소한 지출에 유의 하라. 작은 누수가 범선을 가라앉힌다."

그런데 프랭클린처럼 경제 분별만은 아닐 것이다. 그가 주장하는 검약은 실천하기 어렵지 않고 당위성도 분명하다 그보다 더 흥미로운 문제는 오히려 소박함의 철학을 옹호하는 이들이 실천했던 단순한 삶에 수반된 부가적인 의미들이다.

수수한 삶

수수하게 산다는 것은 대체로 지출을 줄이고 자원을 아끼는 생활 방식을 의미한다. 대부분의 현인들이 그러한 삶을 실천하기 쉽다고 주장했던 이유는 생활에 필요한 물자가 적었고 쉽게 구할 수 없었기 때문이다.

가난한 삶에 최소한의 필수 요소는 무엇이었을까? 생존에 필요한 물과 음식, 그리고 몸을 보호할 옷과 주거 공간이면 충분했을 것이다. 물론 편의를 위해 각종 연장이나 도구가 필요했을 수도 있을 것이다. 행복을 위해서는 우정이 필요하다는 에피쿠로스 철학자들의 가르침처럼 인간관계도 매우 중요했을 것이다. 이웃집은 물론 한 동네가 친 동기간처럼 옹기종기 모여서 정다운 마음을 나누며 살았던 것이다.

많은 사람들이 자신은 수수한 생활을 하고 있다고 믿는다. 행여 지금 분수가 약간 넘치더라도 마음만 먹으면 얼마든지 그렇게 할 수 있다고 생각한다. 소박함을 실천하는 마음가짐에 특별한 전략이 필요한 것은 아니지만, 오늘날 홍수처럼 쏟아지는 잡지와 책에는 생활비를 아낌으로써 수수한 삶을 사는 방법에 대한 수많은 정보가 나열되어 있다. 새것보다는 중고품을 이용하라, 다른 사람을 의식하기보다 당신 자신을 위해 소비하라, 주요 생필품은 할인할 때 사서 비축하라, 할인 쿠폰을 모아라, 채소를 직접 재배하라, 잦은 외식을 피하라 등등 이러한 충고는 대체로 시대를 초월한 교훈을 주지만 사회가 변하고 기술이 발전함에 따라 의미가 축소되고 때로는 설득력과 호소력이 반감하기도 한다.

뭔가가 고장 나면 새것을 구입하기 보다는 수리해서 사용하는 것이 경제적인 시절이 있었다. 사람들은 양말과 이불을 깁고 비디오플레이어를 고쳐 썼다. 하지만 한 시간 노동에 대한 최소 임금이면 양말 여섯 켤레를 살 수 있고 가전제품을 수리할 돈으로 신제품을 구입할 수 있는 시대가 되자, 이전의 경제 관념은 시대착오적인 것이 되고 말았다. 이렇듯 물건을 일회용품으로 쓰고 버리는 것은 부를 대하는 태도와 관련이 있다. 요컨대 수수한 삶을 강조하는 이야기들의 밑바탕에는 소박함과 단순함의 가치가 놓여 있지만, 그 가치를 실현하는 방법은 시대에 따라 달라질 수 있는 것이다. 수수한 삶의 수준이 예전 같지 않다. 그러나 우리는 예전에 입에 겨우 풀칠하며 허름한 옷을 입고 단칸방에 지내던 가난한 시절을 회상하며 신나게 이야기한다. 그렇게 호기롭게 자신의 이야기를 드러낸다. 이만한 추억, 이만한 향수(鄕愁)가 내게 있었다는 것이 내게는 얼마나 귀한가?

그럼에도 불구하고 '그때 그 시절로 돌아가자' 한다면 사람들은 정신적으로 문제 있는 사람으로 여길 것이다. 결국 사람들이 생각하는 '수수함'이나 '기본' 혹은 '필수' 등의 개념도 시간과 장소에 따라 달라진다. 모든 개념은 상대적이기 때문이다.

자급자족

자급자족을 문자 그대로 해석하면 오로지 스스로 생산한 것에만 의지해서 살아간다는 말이다. 누구든지 삶에 필요한 수단을 제공해주는 환경에 의존해 살아가야 한다는 것이다. 그러나 자세히 살펴보면 어떤 생명체도 완벽하게 자급자족할 수는 없다. 하찮게 여기는 작은 식물도 서로 의존해 사는 공생의 삶을 살고 있다. 그러나 자급자족하는 삶이 타인으로부터 더 독립적이거나 덜 독립적일 수는 있다. 그렇기에 자급자족은 언제나 정도의 문제가 된다.

소박한 삶을 실천했던 고대의 현인들은 대체로 자족하는 삶을 칭송하지만 그 지향점이 모두 같았던 것은 아니다. 자급자족과 대비되는 개념이 의존이라고 한다면, 의존에는 두 종류가 있다. 다른 사람의 후원이나 보호에 의존하는 것과, 누군가의 기술과 서비스에 의존하는 것이다. 직접적으로 배관공을 불러 수리 서비스를 맡기거나, 간접적으로 다른 사람이 생산한 제품을 사용하며 타인의 기술을 누리는 것이다.

에피쿠로스(Epikuros)나 세네카 같은 그리스 로마 철학자들이 말한 자급자족이란 첫 번째 종류의 의존에 대비되는 개념으로, 그들은 타인의 후원을 얻는 것의 위험성을 크게 우려했다. 그들에게 자족한다는 것은 무엇보다 다른 사람들의 호의나 선의를 기대하지 않는다는 의미였다. 인류의 역사를 보건대, 지위가 높은 사람의 호의를 얻으면 성공가도가 보장되거나 최소한 가난과 핍박에서 벗어날 수 있었다. 하지만 거기에는 대가가 따른다. 그렇게 얻은 부와 명예가 얼핏 지인의 순수한 호의 때문인 것처럼 보이지만, 사실은 그렇지 않았다. 호의를 입은 사람은 베푼 사람의 눈치를 살펴야 하고 때로는 환심을 사야 하며 자신에게 하달되는 명령을 받들어 수행해야 한다. 한번 종속적인 관계가 맺어지면 그 관계망에 몸 담고 있는 사람은 생각과 말과 행위가 구속을 받게 된다. 그런데 그 모든 관계를 끊고 속박에서 벗어난다면 그것은 진정한 자유라고 부를 수 있다. 에피쿠로스가 "자급자족의 가장 큰 선물은 자유이다"라고 말한 이유이다.

소박함의 전통 개념과 자족하는 삶의 모습이 드러나 있다. 사람이 자신의 고유한 생각과 느낌을 간직하고 살아가는 일이 얼마나 중요한지 그들은 보여준다. 그런데 사회에서 노동의 분업이 증가하고 업무가 기계화됨에 따라 인간이 자연에서 멀어지게 되었고 삶의 의미를 구원하는 인간의 본연의 행위로부터 멀리 떨어진 낯선 곳을 갈망하기도 했다.

오늘날 자족하는 삶은 정도의 문제가 되었다. 공동체와 조직에 소속되지 않고 살아갈 수 있는 사람은 많지 않을뿐더러, 사람이 모인 곳에서는 누구나 협력하여 일을 도모해야 하고 분업화된 역할에 충실해야 한다. 소박함의 미덕을 보여주는 가장 유명한 사례로 등장하는 인물이 소설 속 주인공인 '로빈슨 크루소'(영국의 작가 다니엘 디프의 장편소설(1719)로, 그는 근대 이후 문학에 나타난 최초의 위대한 영웅이자, 거의 완벽한 자급자족을 실천한 소설 속의 인물이다. 적어도 프라이데이를 만나 하인으로 삼기 전까지는 그렇다. 물론 난파한 배에서 건져 올린 몇 가지 도구와 자재를 사용했기에 완전 자급자족이라고 볼 수는 없지만 문명세계와 완전 차단되었다는 점에서 28년 동안 자급자족에 매우 근접한 삶을 살았다고 할 수 있다. 이 작품에서 주목해 볼 부분은, 빵 만드는 방법을 고민하던 크루소가 곡물들이 어떻게 재배되는 지 전혀 몰랐던 자신의 무지에 대해 탄식하는 부분이다.

> 그때까지 나는 전혀 알지 못했다. 옥수수를 어떻게 갈아서 가루로 만드는지, 실상 어떻게 씻고 다듬는지도, 가루로 만든다 해도, 어떻게 반죽을 만드는지조차도 몰랐다. 반죽을 만든다 해도 어떻게 굽는지도… 그것은 작은 경이였다. 몇 가지 재료를 모아서 가공하고 다듬고 모양을 내어 한 덩이의 빵으로 내는 일. 그 신비롭고도 복잡한 과정을 전부 알고 있는 사람은 없을 것이다.

크루소가 오로지 자신의 기지와 노동만으로 생존을 위해 분투하고 결과적으로 원하는 바를 이룬 모습은, 각 개인의 창의력을 가지고 열심히 일하면 자신만의 부를 이룰 수 있다는 자급자족에 대한 또 다른 은유(隱喩)인 셈이다. 소설 속에서 크루소는 모든 일을 홀로 수행해야 했다. 스스로 사냥꾼이 되어야 했고, 농부가 되어야 했으며 가축을 기르고 집을 짓고 목수 일을 하고 배를 만들었으며 순수 옷을 지었다. 그는 파수꾼이자 작가이기도 했다. 이러한 모습은 자본주의가 부상하면서 노동이 분업화되고 전문화된 당대인들의 삶과 극명히 대비되었다. 때문에 작품 속 크루소의 삶은 이후 많은 사람들에게 영감을 주었다. 교육 분야의 역작이라 할 수 있는

《에밀 Emile》에서 장자크 루소는 열두 살 전에 읽어도 좋을 유일한 소설로 《로빈슨 크루소》를 꼽았다. 이 소설이 자족한 삶의 가치를 잘 형상화했다는 이유에서였다.

자족하는 삶은 필연적으로 검소한 삶으로 귀결된다. 모든 일은 스스로 행하면 타인에게 비용을 지불 할 필요가 없기 때문이다. 따라서 검소한 삶을 다룬 자기계발서들은 스스로 할 수 있는 갖가지 일들을 소개하기도 한다. 텃밭에서 채소를 가꾸고 빵을 반죽해서 굽는다든지 책장 한두 개를 만들어 본다든지 연장통을 만드는 등 자족은 가능하다. 그러한 활동은 돈을 아끼는 것과는 거리가 있지만, 행위 자체로도 의미가 있기 때문에 폄훼(貶毁)될 일은 아니다.

자족하는 삶과 소박한 삶의 관계를 구체적으로 생각해 보면 양자에 큰 연관성이 없다는 사실을 알 수 있다. 어쩌면 자족함이라는 것은 단순한 삶을 바라보는 전통적인 개념이거나 사람들이 회상하는 낭만의 일부일 수 있다. 그런데 한 가지 분명한 사실은 우리가 문명의 이기를 적절히 사용하면 삶이 훨씬 편하고 단순해진다는 사실이다. 옷이나 이불을 세탁할 세탁기를 사용하는 것과 손으로 하는 경우, 어느 쪽이 더 쉬운가? 잔가지를 모으거나 장작을 패서 아궁이에 지피는 것과 가스레인지의 점화 손잡이를 돌리는 것을 비교하면 어떤가? 메시지를 전하기 위해 마을 반대편까지 걸어갔다 오는 일과 전화기를 거는 일은 어떤가? 만일 우리가 사회 기반 시설이나 과학 기술에 의존하지 않은 채 단순한 삶을 꾸려가고자 한다면 필연적으로 자족하는 삶을 살아야 한다. 하지만 그에 대한 대가로 우리는 남보다 힘겹고 고되고 지루하면서도 고립된 삶을 살아야 할 것이다. 결국 누구를 의존하는 유아기 때의 유치함을 버리고 상부상조하는 나의 기술이 자급자족하는 삶에 여러모로 도움을 주고받는다는 사실은 부인할 수 없다.

자연을 가까이 하는 삶

단순한 삶을 주장하는 사람들과 소박한 삶을 추구하는 사람들은 '자연적인 것은 결코 나쁘거나 부끄러운 것이 될 수 없다'고 주장한다. 기록에 따르면 견유학파 철학자 디오게네스는 공공장소에서 대소변을 보는 일마저 자연스럽게 여겼다. 스토아학파의 철학자들도 자연을 중요한 가치로 여겼다. 마르쿠스 아우렐리우스는 "자연은 인공에 비해 언제나 우월하다"라고 단언했다. 이들은 자연과 조화를 이루는 삶의 중요성을 강조했고 주변 환경과 불화를 일으키기보다는 주어진 섭리에 순응하고자 했다.

다소 추상적인 이야기일 수 있으나 이들에게 가장 중요한 원칙은 자연의 질서를 거스르거나 애통해 하지 않고 받아들일 줄 아는 용기였다. 예를 들어 나이가 들고 죽는 것도 삶의 일부이다. 그러므로 슬퍼하기보다 계절의 순환이나 밤낮의 교차처럼 자연의 순리로 여겨야 한다. 실제로 스토아학파 철학자들은 자연을 관조(觀照)하고 관찰하는 일을 가장 큰 즐거움으로 여겼다. 자연을 향유 하는 일은 세네카는 물론, 자산을 모두 처분하고 외딴 섬으로 들어갔던 스토아 철학자 무소니우스(Musonius)에게도 중요한 일이었으며, 비단 철학자들뿐이 아니라 어떤 사람이라도 마음으로 자연을 받아들인다면 행복에 이를 수 있을 것이다.

오늘날의 자연 친화라는 개념은 급격한 산업화와 도시화가 진행되던 18~19세기의 낭만주의 문예운동으로부터 영향을 받은 것이다. 낭만주의 시인들과 작가들은 그러한 시대적인 분위기에 반발하여 오히려 몸과 맘을 자연에 의탁했고, 자연과 함께하는 일을 중요하게 생각했다. 윌리엄 워즈워스(William Wordsworth)는 그런 마음을 시를 통해 함축적으로 표현했다.

봄의 숲을 넘실대는 두근거리는 마음
인간의 가르침보다 위대한 그것
선과 악을 모두 품은 그것
세상 현인들의 가르침보다 위대한 그것

근대 이후 도시의 인공적이고 세련된 생활에서 벗어난 자연을 가까이 하며 시골의 단순한 삶을 살고자 했던 인물 가운데 가장 잘 알려진 이는 아마도 헨리 데이비드 소로일 것이다. 그는 1845년 미국 매사추세츠 주 콩코드에 있는 월든 호숫가로 이주하여 친구 랠프월도 에머슨의 소유인 땅에 오두막을 짓고 2년 남짓 혼자서 기거했다. 그때의 경험에서 나온 문학적인 성과가 《월든: 숲속의 삶(Walden: or, life in Woods)》이다. 이 책은 일기 형식으로 쓰여졌지만 자연 관찰기이면서 철학적 수상록이고 사회 비판적인 평문이기도 하다. 어떤 이들은 소로가 숲속에 살면서도 가족과 친구들과의 접촉을 유지했고 지인들을 방문해 식사를 했다는 점을 들어 그의 실험이 《월든》 독자들의 주장처럼 치열하지 못했다고 비판하기도 했다. 하지만 소로는 그런 사실을 숨기지 않았다. 그의 삶을 통한 실험이 극단적이지 않았다고 해서 그 내용이 덜 흥미롭거나 가치가 덜한 것이 아니었기 때문이다. 그의 삶은 그를 비판하는 그 누구보다 자급자족하는 삶이었고 경제적으로 소박한 삶이었으며 자연을 가까이 하는 삶이었다.

《월든: 숲속의 삶》이 그토록 기념비적인 작품이 된 이유 중 하나는, 자연을 가까이 하는 삶이 자신에게 왜 중요하며 자연과 조화를 이루며 사는 삶이 왜 좋은 삶인지, 섬세한 묘사와 자신만의 문체를 통해 여실히 보여 주었기 때문이다. 그 자신의 의지대로 살아보기 위해 호숫가로 이주한 것은 단지 주거지와 직업을 새로이 선택하여 삶을 즐겼다는 것만을 의미하지 않는다. 만일 누군가가 "생의 깊은 것을 들여다보고 삶의 정수를 맛보기를 원한다면" 자연을 가까이하는 삶은 반드시 필요한 일이었다.

《월든》의 산문은 시 같은 문장들은 태양이 떠오르고 모기가 왱왱거리는 자연의 소리를 통해, 자연의 풍경소리를 통해 위안과 즐거움, 기쁨, 감사함 등의 다양한 정서를 표현하며 삶 자체에 대한 경외심을 일깨우고 있다. 다음의 인용문에 그 특유의 정서가 드러난다.

> 그런 때가 있다. 어느 여름날 아침. 습관처럼 목욕을 마치고 볕이 잘 드는 문간에 앉아 정오가 될 때까지 시간을 보낸다. 소나무와 물푸레나무, 옻나무에 둘러 쌓인 채 나는 꿈결 같은 상념에 빠져 든다. 새들이 지저귀거나 조용히 집 안으로 날아 들어와 날갯짓을 해대지만 내가 만끽하는 고독과 정적을 깨뜨리지 못한다. 문뜩 서쪽 창문으로 노을이 스며들고 먼 곳을 지나는 나그네의 마차소리가 귓전에 들려오면 비로소 나는 훌쩍 지나버린 긴 시간을 느낀다. 그렇게 지낸

> 계절 동안 나의 마음은 훌쩍 자란 옥수숫대처럼 성장했고 그렇게 거둔 마음의 열매는 손으로 일구어 낸 그 어떤 것보다 값졌다.

다른 부분에서 소로는 행복이란 자연과 자신이 혼연일체가 되는 순간이라고 단언한다.

> 내가 경험한 바에 따르면 아무리 가난한 염세주의자나 가장 우울한 사람이라도 자연의 심연을 온전히 마주한다면 그 무엇보다 달콤하고 순결하고 용기를 북돋아주는 세상을 경험할 수 있다. 오감을 가진 사람이라 자연을 앞에 두고 결코 우울해질 수 없다. 건강하고 순결한 이들의 귀에는 거센 폭풍도 아이올로스(그리스 신화에 나오는 바람의 신(神))의 음악처럼 들릴 뿐이다.

우리는 아파트를 사기 위해 빚을 지고, 그 빚을 위해 우리의 인생을 저당 잡힌다. "소박하고 자주적인 인간은 어느 누구의 지시에 따라서도 일하지 않는다."고 말했다. 우리는 아파트에 대리석 타일을 깔고, 빈 벽에 대형 티브이를 놓고, 빈 공간에 가구와 잡동사니들을 채워놓기 위해 일을 한다. 나름 정성을 들이고 정을 붙이고 오래오래 살려고 하는 자는 별로 없다. 오직 아파트 값이 오르기만 바란다. 우리가 정말 아파트를 원하고 그 안에 쓰레기 잡동사니들을 채울 필요가 있는지는 잘 모르고 살았으니 꿈에 그리든 행복한 집을 그림으로도 그릴 수 없고 떠오르는 향수도 느낄 수도 없으니 도대체 어떤 인생을 원하며 내가 무엇을 이루며 사는 것인지 모르겠다.

소로는 2년 2개월 2일이라는 길지 않은 시간을 숲에서 보냈다. 소로우는 아일랜드에서 이주한 농부 존 필드와의 대화편에서 "자신은 1년 중 6주만 일해도 충분히 먹고 살 수 있었다"고 말했다. 그리고 그 길을 함께 걸어볼 생각이 있냐고 제안한다. 하지만 실패한다. 농부들은 농사를 잘 짓기 위해 소를 사고, 소를 사기 위해 일을 하고, 외양간을 짓기 위해 빚을 내고, 또 그 외양간에 소를 더 채우기 위해 일을 한다. 농부는 자신을 위해 일하지 않고 소를 위해서 일하는 것이다. 그렇다면 우리가 일하는 것은 우리 자신을 위해서일까? 아니면 아파트를 위해서일까? 돈을 벌려면 돈을 사랑하라고 유튜버들은 떳떳하게 말하고 있다. 하지만 인간의 가치체계는 하나가 들어오면 하나는 포기해야 한다는 사실도 알았으면 좋겠다.

소로는 1862년에 이르러 45년의 생을 마감 할 때까지 자연을 사랑하고 예찬하는 마음만은 한결 같았다. 소로는 토지 측량가로 일하면서 그는 콩고드 주변의 환경을 연구했고 강연을 하고 책을 출간하며 자신이 보고 듣고 느낀 것들을 사람들과 공유했다.

소로의 삶을 따라 하는 이들은 많지 않았다. 하지만 1862년 삶을 마감 할 때까지 자연을 사랑하고 예찬하는 마음은 한결 같았다. 자연과 맞닿고자 하는 갈망은 삶 속으로 파고들어 다양한 형태의 야외 활동으로 표현된다.

현대인들이 복잡하고 시끄러운 도시 속을 잠시 떠나 산과 들에서 캠핑을 즐기는 것도 같은 이유 때문일 것이다. 한가로운 시골에 별장이나 오두막을 두고 단순하고 쾌적하고 조용한 생활을 꿈꾸며 정원에 칩거하고 싶어 한다. 시골에 땅을 구입 할 여유가 없는 사람들이 집 주변 공터에 텃밭을 마련해 채소를 가꾸고 꽃을 가꾸며 큰 기쁨과 행복을 누리는 모습이, 멋진 풍경으로 아름답기 이를 데 없다.

나비야 청산 가자
범나비 너도 가자

백년도 다 못사는 주제에
가슴 속에 쌓였던 세진(世塵 아주 작은 먼지)을 깨끗이 떨쳐 버리고
고요한 산 속을 걸으니 마음이 그렇게도 상쾌할 수가 없었다.
무아(無我)의 세계는 바로 나의 마음속에 있는 것을,
왜 이제까지 헛된 굴레와 부질없는 욕망에 사로잡혀
번뇌만 거듭하여 왔는가.

生年不滿百(생년불만백) 백년도 다 못사는 주제에
常懷千歲憂(상회천세우) 천년의 근심을 안고
살아가는 것이 인생이라 했던가.
아침저녁으로 바라보던 그 산아요 그 물이건만
비어 있는 마음으로 바라보니

새삼스럽게 아름다워 보였다. 아아,
산과 물이 이렇게도 좋은 것을
이제까지는 왜 모르고 살아 왔던가.
문득 옛 詩 한 수가 머리에 떠오른다.

水綠山無厭(수록산무압) 물이 푸르러 산이 좋아하고
山淸水自親(산청수자친) 산이 푸르러 물이 좋아하네.
浩然山水裡(호연산수리) 시원스러운 산과 물 사이를
來往一閑人(래왕일한인) 한가한 나그네 홀로 오고 가누나.

누군가가 자기를 노래해 준 것 같았다.
산중에는 오가는 사람조차 없이
흐르는 물소리와 지저귀는 새소리만이
길손의 귀를 사뭇 싱그럽게 해 주고 있었다.
오늘 가다 싫으면 내일 가고,
동으로 가다 싫으면 서로 가면 그만인 무궤도(無軌道)의 여로(旅路),
물가에 털썩 앉아서 목청을 돋우어 옛 시조 한 수를 읊조려 본다.

나비야 청산 가자 범나비 너도 가자
가다가 저물거든 꽃에 들어 자고 가자
꽃에서 푸대접하거든 잎에서나 자고 가자.

그 누가 읊은 시조였던가.
선비 선암(仙庵) 유창(劉敞)의 〈유흥(幽興)〉이라는 제목의 시가 떠오른다.

한가한 구름 따라 숲속에 들어서니
솔바람 냇물소리 옷깃을 씻어주네
뜬 세상에 이 흥취를 아는 사람 그 누구랴
다만 저 산새만이 내 마음을 알아주리.

가도 가도 보이는 것은 산과 나무와 물 뿐이요,
들리는 것은 새소리와 물소리 바람소리뿐,
좀처럼 인가(人家)는 보이지 않는구나.

03

영혼의 진수

사진 | 오세용 사관

희로애락
(喜怒哀樂)

희로애락(喜怒哀樂)은 누구를 막론하고 어느 인생이든지 삶의 여정 속에 기쁨과 노여움, 슬픔과 즐거움이 교차되어 인생을 마칠 때까지 동반한다.

희로애락(喜怒哀樂), 요즘 기쁘고 화나고 슬프고 즐거운 마음 중 어떤 것이 내 마음에 고요함을 깨우고 있는가?

새해가 밝았다. 2022 임인(壬寅)년 정월 첫 주다. 영신(迎新)의 뜻대로 반갑게 새로운 첫걸음이 시작되었다. 좋은 덕담도 이미 오갔다. 요즘은 연하장보다 스마트폰의 이메일로 송구영신의 의미를 주고받는다. 특히 오랜 친구나 신뢰하는 지인들 간에 믿음의 징표로 지난해의 감사함과 성의를 표한다.

예로부터 사람의 감정을 크게 넷으로 구분하여 희로애락(喜怒哀樂)이라 규정하고 외부로부터 좋은 소식이나 경사가 생기면 누구나 기뻐하는 것이 희(喜)이고, 반대로 나쁜 소리나 좋지 않은 일을 당하면 화를 내며 성질을 내는 것이 로(怒)라 했고, 외부로부터 슬픈 소식이나 가슴 아픈 일을 당하면 애(哀)라 하였고, 외부로부터 기쁜 소식이나 좋은 일이 생기면 즐거워하여 락(樂)이라 하였다. 그래서 집안 간이나 마을 사이에 애경사(哀慶事)가 있으면 서로 상부상조하며 인정을 나누는 미풍양속(美風良俗)이 있어 공동체 의식이 자연히 싹터서 살맛 나는 세상을 만들며 살아갔었다.

코로나19, 세계를 뒤덮는 감염병으로 오늘날에 입을 마스크로 막고 거리를 두고 살아야 하는 세상이 되어 비대면이 익숙해지고 있다. 그러잖아도 우리 사회가 소통이 문제가 되어 인생의 회한(悔恨)을 느끼고, 나도 몰래 소외감을 갖고 체념한 듯이 씁쓸한 심정으로 살아가는 데에 익숙해지고 있다. 현대를 살아가는 사람들이 공통으로 느끼는 감정은 이래저래 자꾸만 정(情)이 메말라가고 있다. 이를 우려한 나머지 이미 각박해진 세상에서 사람답게 살아가야 할 방법과 길을 찾지만 이 또한 각양각색의 가치관과 복잡다단한 방법과 길이 있을 뿐이다. 그렇다고 나만의 길이 있는 것도 아니고 뾰족한 방법이 없이 정체성을 찾지 못하고 살아가는 자가 너무 많다. 지친 삶에 희망을 갖지 못하고 절망하는 사람, 안타깝게도 그 사람들은 최후의 수단으로 자살로 가고 있다. 참으로 슬픈 일이다. 금년에는 우리가 세계 자살률 1위라는 불명예를 벗어났으면 좋겠다. 더불어 이혼율도 출산율도 세계 꼴찌라는 자리를 던지고 G7으로 향한 선진국 자리가 더욱 든든해졌으면 좋겠다.

이런 점에서 예나 지금이나 정치인의 책임이 큰 것이다. 백성의 안락한 삶을 위한 정치가 아니면 그 정치는 허상이다. 지도자가 된다는 것은 개인의 명예가 아니라 국민과 나라 발전에 헌신하는 일로 바른 마음과 바른 정책을 펼쳐가는 사람이고, 일이 잘못되면 언제든지 책임을 지고 그 자리를 물러나 새 지도자가 나와서 백성을 이끌어 가도록 배려해야 한다.

내가 아니면 안 된다는 독선과 독재의 말로를 경험적으로 치룬 우리 국민이다. 또다시 그런 전철을 밟으면, 결국 혼란을 초래하여 많은 국민이 괴롭고 힘들게 된다. 꼭 국민으로부터 존경받는 대통령이 나왔으면 감사하겠다.

여기에서 근본을 다시 생각해 본다. 『중용(中庸)』에 "희로애락지미발(喜怒哀樂之未發)이라 했다. 즉 '기쁨과 노여움과 슬픔과 즐거움이 아직 나타나지 않은 평정심'의 상태가 안정된 상태라는 것이요, 희로애락이 질서를 잃고 뒤죽박죽이 되는 것이 아니라 정도에 맞으면 도(道)의 경지에 이르게 된다는 뜻으로, 평소에 안정된 마음으로 중용을 지키며 살면 어떤 경우가 되어도 지나치거나 모자람이 없이 중심을 잡을 수 있어서 인생길을 원만히 살아갈 수 있다는 말이다.

이에 미치지 못하면 각자 감정 내키는 대로 살게 되어 툭하면 상대와 싸우고 불상사가 일어나게 되어 언제든지 범죄자가 되거나 죄의식 속에 살아가게 된다. 아니면 사행심을 조장하는 도박행위에 빠지거나 음주에 중독이 되어 폐인이 되어 가족이나 주변 사람들의 눈살을 찌푸리게 한다. 우리 사회에서 흔히 볼 수 있는 안타까운 일들이다. 예전에는 예절과 예의를 가르치고 수신, 수행, 수도 등을 중시해서 사회문제가 상당수 미연에 방지되었으나 현대는 서구 문물의 영향으로 개인주의와 법치가 강조되어 사회문제가 나날이 증가 추세인지라 병원과 감옥이 만원 상태이다.

인간이면 누구나 마음에서 일어나는 희로애락 중에 가장 조심할 것은 성냄[怒]이라고 하겠다. 기쁨과 슬픔과 즐거움은 가족 간이나 사회구성원 간에 화목과 단합을 조성하는 윤활유 역할을 하지만 유독 성냄은 이와 반대로 불화와 반목을 조성하는 독소가 된다. 그래서 아무리 화가 나도 "시험을 참는 자에게 복이 온다."(성경 약 1:12)고 했다. '세 번 참으면 살인을 면한다.'하며 참을 인(忍)자를 강조하여 왔던 것이다. 그 덕으로 현대의 식자(識者)들은 유머를 사용하여 감정을 순화시켜가면서 소통과 화해를 추구한다. 희망의 임인(壬寅) 년에는 우리가 솔선하여 기쁨과 즐거움이 넘치는 가정과 사회가 되도록 유머, 풍자, 해학을 장려하여 서로 관용하고 부드러운 마음으로 거듭나기를 소원한다.

소박함과 단순한 삶을 즐기는 이들은 대부분 사치를 즐기거나 쾌락을 중요하게 여기며 사는 사람이 드물다. 금욕주의자들이나 청교도들은 쾌락(快樂)을 영성에 방해가 되는 것으로 보았고, 고대 스파르타인들은 쾌락이 전사의 기질을 무디게 한다고 여겼다.

소크라테스도 선한 사람이 진정한 행복을 누릴 수 있다고 믿었고, 우리가 누리는 쾌락이 인간의 선한 본성을 거스르지 않아야 한다고 생각했다. 또한 폭식이나 성적인 문란함 같은 단기적인 쾌락은 장기적으로 고통을 유발하기 때문에 옳지 않다고 주장했다.

금욕주의

즐거움(쾌락)과 대칭을 이루는 말은 금욕주의라고도 할 수 있을 것이다.

금욕주의(禁慾主義 ascetcism)란 진지한 마음으로 실천하는 단순한 삶이라고 할 수 있는데 대체로 도덕적이거나 종교적인 이유에서 지켜져 왔다. 금욕주의자들은 육체적인 쾌락과 안락함을 철저히 거부한다. 금욕주의라는 말은 훈련하고 연습한다는 뜻의 그리스어 '아스케시스(askseis)'에서 비롯됐는데, 이 단어는 실제로 경주를 위해 육상 선수들을 훈련시키는 국가기관이나 협회를 뜻하기도 했다. 고대에서 금욕주의가 단순한 삶을 의미하는 생활양식 중 하나였으며 많은 종교 집단에서 다양하다 할 정도의 금욕주의를 받아들였다. 예를 들어 인도의 자이나교는 영혼의 정화를 통해 해방을 얻을 수 있다고 믿는데, 영혼을 정화하기 위해서 금욕 생활과 생명을 죽이지 말아야 할 것을 강조한다. 자이나교에서 말하는 생명에는 살아있는 동식물은 물론 자연 상태의 모든 것을 포함한다. 시조인 마하비라는 극단적 고행과 무소유를 지향했는데 나체에 구걸에 필요한 식기조차 휴대하지 않았다고 한다.

이러한 금욕주의는 힌두교나 불교의 여러 분파에서 엄격히 수행되었고, 기독교의 수도원 공동체의 규율에도 많은 영향을 주었다. 예를 들어 프랑스의 카르투지오(Carthusian) 수도회 수도사들은 대화의 즐거움마저 포기하고 각자의 방에서 홀로 기거하며 수양을 했다. 유대교와 이슬람교도 물질주의를 배격했지만 극단적으로 치우치지는 않아 신이 허락한 삶의 여러 조건은 수긍하고 받아들였다. 그리고 이슬람교의 창시자 마호메트나 매우 엄격한 유대교의 일파인 하시디즘(Hasidism)의 창시자 바알 (Sem Tov Bal) 같은 인물은 단순한 삶을 철저히 실천한 인물로 존경을 받았다.

때때로 금욕주의는 섹스와 좋은 음식, 문화적 유흥을 금지하는 수준을 넘어섰다. 단식을 하고, 일부러 거친 의복을 입고 고행을 하는 가하면, 다리에 무거운 사슬을 감고 지내기도 했다. 그 목적은 세속에 대한 관심을 영적인 관심사로 직접 돌려놓는데 있었다. 비록 고행의 정도를 자랑으로 삼으며 경쟁적으로 금욕주의에 빠져들 위험이 상존했기에 결국 선한 목적을 그르친 어리석은 결과에 이른다고 말하는 자들도 생겨나고 있었다. 수도사들은 고행을 하는 가운데 깨달음을 얻고 인내심을 배양하며 자아를 회복하고자 했다.

많이 알려진 금욕주의자 가운데는 세례요한, 아시시의 성프란치스코(San Francesco), 간디(Mhandas K Gandhi)와 만년의 톨스토이(Lev Nikolaevich Tolstoi)가 있다. 서양철학의 전통에는 금욕주의를 주장하고 실천한 인물이 드물지만 스피노자(Spinoza)나 니체(Friedrch Wilheim Niezsche), 비트겐슈타인(Ludwig Wittgenstein) 같은 철학자들을 금욕주의로 볼 수 있는 이론을 주장하기도 했다.

비트겐슈타인의 경우 막대한 재산을 상속받았지만 형제들에게 전부 나누어 주었고, 타인의 경제적인 지원도 거부한 채 검약한 삶을 살았다. 알려진 바에 의하면 그는 청교도적인 성품을 가졌고 철학적 사유에 몰두하느라 여타의 것들에는 관심을 두지 않았다고 한다. 니체는 건강상의 문제로 30대의 젊은 나이에 바젤대학 교수직을 은퇴했을 때 가진 재산이 거의 없었다고 한다. 가구 딸린 작은 하숙방에 연금을 타서 근근이 생계를 꾸려가면서 '금욕적 이상(asketsch ideal)'에 대해 사유했다. 그의 고민은 삶의 방법론으로 구체화 되었는데, 세상과 세속적인 즐거움에서 벗어나는 형태로 체계화됐다. 때문에 후대의 철학자들은 그의 철학은 금욕주의의 일종으로 받아들이기도 했지만 풍족한 삶을 살았던 그들이 니체의 철학을 자신들의 입장에서 자의적으로 해석하는 측면이 없지 않았다.

특정한 시대의 특정한 지역에서는 금욕주의가 매우 대중적인 인기를 구하기도 했다. 예를 들어 자신들의 종교를 정립하고 포교하는 방식으로 고대 스파르타 같은 엄격한 금욕주의를 채택했다. 오늘날 근대화된 사회에서 엄격한 금욕주의는 몇몇 고립된 개인이나 소규모 종교단체들만이 실천하고 있는 것처럼 보인다. 하지만 실제로 현대사회 곳곳에서 '극기(克己)'라는 이름의 금욕이 여전히 남아있다. 사치스러운 물건을 꺼림직하게 여기고 값진 음식과 술을 죄악시하고 남녀의 육체관계를 은밀히 이야기할 때 우리는 이미 금욕주의를 표방하고 있는지 모른다. 물론 이러한 일부의 경우를 제외한다면 오늘날 금욕주의는 시대에 뒤떨어진 이야기임이 분명하다. 지금 이 순간에도 편안함과 고급함과 감각적인 기쁨으로 포장된 엄청난 양의 물건이 시장에서 판매되고 있다. 그리고 이런 물건이 유통되고 소비되는 시장은 매우 견고해 보인다.

순수한 삶의 영혼

순수하고 깨끗한 삶이 금욕주의의 지향점이라고 믿는 사람도 있으나 사실 이 두 가지는 철저히 구별된 개념이다. 순수란 말은 도덕적이고 영적인 결벽을 뜻하는 것으로 죄와 시기, 질투, 성적인 문란함, 혹은 타인에게 폐를 끼치는 일에 대한 유혹을 피하는 것까지 아우르는 의미로 사용된다. 또는 좀 더 육체에 비중을 둔 개념으로, 장신구 없는 순수한 옷차림이나 삭발을 한 머리 모양, 교리에 의해 정결하다고 여겨지는 음식에 만족하는 생활을 의미하기도 한다. 이처럼 겉으로 드러나는 모습은 일반적으로 보다 중요시 되는 내면의 순수함을 상징적으로 표현한다고 여겨졌다. 이러한 모습은 〈작은 선물(Simple Gifts)〉이라는 시(작자미상)에 잘 드러나 있다.

진정으로 단순함을 얻는다면
머리를 숙이고 허리를 굽혀도

부끄러울 것 없네.

이 노래는 세간의 조롱에 개의치 말고 삶의 단순함을 지켜내자는 뜻을 담고 있다. 수수하고 깨끗한 삶은 대체로 소박한 삶과 같은 의미로 받아들여지기 쉽다. 하지만 세상의 상식을 거부하고 배타적인 자족만을 추구하는 것이 오히려 삶을 복잡하게 만들기도 한다. 단적인 예로 수수함을 추구한 고대의 피타고라스학파 사람들은 콩을 먹지 않았고, 특정 종류의 물고기를 잡지 않았으며, 바닥에 떨어진 음식을 줍지 않았던 것으로 알려졌다. 하지만 오늘날 콩은 경작이 더럽지 않고 가격도 저렴한데다 몸에 좋은 건강식품이어서 소박한 식생활의 상징이 되다시피 했다. 그런가하면 시인 예이츠 William B. Yeats는 세상사를 훌훌 털어버리고 무릉도원 이니스프리 Innisfree의 호수 섬에 도착해 "진흙과 콩 줄기를 엮어" 오두막집을 짓고 사는 것을 상상했다. 소로가 월든 호숫가에 살았던 것과 별반 다르지 않았다.

내가 추구하는 수수한 삶의 영혼, 아주 맑을 것이다.

황지연못

강원도 태백시에 가면 시내 한복판에 낙동강의 발원지라는 황지연(黃止淵)이 있다. 물이 맑고 그 양이 또한 많아 어떻게 시내 한가운데에 이런 못이 있을까 하고 감탄사와 함께 의구심이 들 정도이다. 낙동강 1,300리의 발원지로 시내 중심부에 위치하며 이 못에서 솟아나는 물이 드넓은 영남평야를 도도히 흘러가게 된다. 연못의 둘레가 100m인 상지와 중지, 하지로 구분되며 매일 약 5,000톤의 물이 용출되어 상수도 취수원으로 이용되기도 하였다.

그런데 이 연못에는 다음과 같은 전설이 깃들어 있다.

옛날에 이곳에 황부자란 사람이 살고 있었다. 마을에 경작하는 농토와 산들이 대부분 황부자의 것이었고 소를 비롯한 가축들이 그 수를 헤아릴 수 없을 만큼 많은 큰 부자였다. 그러나 사람이 인정이 없고 야박하여 매사에 이익을 따지는 인색하다고 옹졸한 자로 소문이 나 있었다. 항상 자기 이익만 따지는 수전노(守錢奴)로 소문이 났었다.

하루는 어떤 노스님이 문을 두드렸다. "밥 한 그릇만 시주해주시면 감사하겠습니다." 배가 고파 지팡이에 의지하고서 시주를 비는 노승을 빤히 쳐다보던 황부자는, 스님을 외양간 옆으로 불러 세우고 바랑을 열어 소똥을 잔뜩 퍼 담으면서 이렇게 말했다.

"옛수, 스님에게 줄밥은 없고 똥은 많이 있으니 이거나 가져가구려!" 스님은 아무 말 하지 않고 조용히 그 집을 물러 나왔다. 그런데 처음부터 그 모양을 지켜보았던 며느리가 시아버지의 소행을 미안하게 여겨 몰래 스님의 뒤를 좇아가 밥 한 그릇을 건넸다.

"스님, 저희 시아버지가 본래 그런 분이오니 너무 괘념 마시고 이것을 드세요."

밥을 받아든 스님은 다음과 같이 말했다.

"고맙소, 이 집은 운이 다하여 이제 곧 멸망할 것입니다. 그대는 이 길로 어떠한 일이 있어도 뒤를 돌아보지 말고 이 집에서 멀리 달아나도록 하시오."

말을 마친 스님은 연기처럼 사라졌다.

며느리는 스님의 말을 듣고 등에 아기를 업은 것도 잊은 채 죽을힘을 다해 앞으로 내달렸다. 얼마쯤 갔을까, 갑자기 하늘이 갈라지는 듯, 벼락치는 소리가 들리자 깜짝 놀란 며느리는 그만 자신도 모르게 스님의 말을 잊고 뒤를 돌아보고 말았다. 그 순간 며느리는 등에 업은 아기와 함께 그 자리에서 돌이 되어버렸으며, 며느리를 따라가던 강아지 한 마리까지도 돌이 되어버렸다. 그렇게 돌들이 전설이 되어 지금까지 들려주고 있다. 천지가 진동하면서 황부자 집은 땅속으로 꺼져 큰 연못이 되었는데, 상지가 집터, 중지가 방앗간 터, 하지가 화장실 터라고 한다. 집터가 연못으로 변했다는 전설이 깃들어 있는 이곳은 한국 명수 100선 중의 한 곳이기도 하다.

황부자는 왜 부자가 되기를 원했던가? 그에게는 선한 목적도 없이 무조건 많은 재물만을 원했기에 그의 주변은 온통 가난한 사람들로 가득 찼어도 도와주고 선행을 행할 정신을 갖추지 못했던 것이다. 그 많은 재산을 아름다운 것을 이루기 위해 선을 베풀며 착하게 사는 행복한 인생이 되지 못하고 망하는가? 옛말에 '화무십일홍(花無十日紅) 아무리 아름다운 꽃이라도 열흘 붉을 꽃이 없고' '권불십년(權不十年)'이라, 아무리 큰 권세도 잠시잠간 허망하게 날아간다. '부자 집 재산 삼대를 넘지 못한다.'는 말이 왜 있겠는가? 허망한 인생 되지 않도록 삼가 조심하고 근신하며 살아야 하며 겸손하게 살아야 할 것이다.

> 옛말에 "악관(惡罐)이 약만(若滿)이면 천필(天必) 주지(誅之)니라"
> "나쁜 마음이 가득하면 하늘이 반드시 죽인다."는 말씀이다.

착하게 살면 손해 본다는 말은 착하지 못한 사람들이 지어낸 유언비어다. 쌓아놓은 재산이 천만금이라도 하는 짓이 짐승만 못하면 반드시 천벌을 면치 못하리라. 설사 본인이 천벌을 피하더라도 자손이 천벌을 대신하게 되리니 부디 황부자 같은 구두쇠 부자를 행여 본받지 말라. 그리고 착한 이웃을 어리석다 비웃지 말지어다.

상식이 앞서는 세상

"내가 '물봉'인가…."

김병호(80) 서전농원 회장의 부인인 김삼열(71) 여사는 최근 한 사적인 모임에 참석했다가 이내 불편한 마음으로 돌아왔다. 자신을 물봉(돈 대는 '물주'와 이용만 당하는 '봉'의 합성어)으로 여기는 기분이 들었다고 한다. 동아리 가입 권유에 응했지만, 막상 몇 차례 나가보니 찬조금을 기대하는 분위기가 느껴졌다. 두 사람은 지금까지 두 차례에 걸쳐 350억 원을 한국과학기술원(KAIST)에 기부했다. 알게 모르게 소문이 각 곳으로 퍼져 나갔던 모양이다.

기부 소식을 듣고 70년 만에 처음 본 친척이 급한 사정이 있으니 "1억만 주면 감사하겠다"고 사정을 했다. 이런 일이 빈번했다. 고액을 기부한 이후 김 회장 부부의 일상은 오히려 피곤해졌다. 언론을 통해 기부 소식이 알려지자 각종 사회·시민단체에서 '회원으로 모시고 싶다'는 연락이 왔다. 막상 가보면 기부금을 기대하는 분위기가 역력했다. 심지어 미국에서도 기부를 바라는 편지가 올 정도였다. 이런 일을 자주 겪다 보니 이제 김삼열 여사는 소소한 동호회에 회원으로 가입할 때조차 익명으로 가입한다.

김 회장이 운영하던 사업장에서도 불만이 나왔다. '수십 년간 일했는데 땅 한 평 안 나눠주더니 대학에 기부했다'는 것이다.

다른 고액 기부자들도 비슷한 일을 겪었다. KAIST에 기부한 A씨는 기부 이후 상속 문제로 가족 간 불화가 터졌다. B씨는 자녀들에게 일정 금액을 공평하게 나눠줬지만, 명절 때만 되면 여전히 '받은 돈이 적다'는 볼멘소리를 들어야 했다. C씨는 기부 행사에 초대한 손자가 불참하는 바람에 남몰래 눈물을 흘렸다. 수십 년간 한 번도 얼굴을 못 봤던 친척이 나타나 '1억원만 달라'고 요구하는 일도 있었다고 한다.

사람은 상식을 벗어난 일을 해서는 안 된다. 상식이라 함은 일반인, 보통사람이면 당연히 갖추어야 할 양심, 예의, 지식과 함께 옳고 그름을 이해하고, 판단하며 바른 삶을 사는 것을 말한다. 재물이라 하면 누구나 부지런히 땀 흘려 정직하게 일한 대가로 얻은 돈이 진정으로 내 것이 되는 것이고 그것이 나를 행복한 삶에 이르게 한다. 요즘 세상은 많이 배우고 똑똑해졌지만 공짜를 너무 좋아한다. 내 것이 아닌 남의 돈을 내 돈으로 착각하며 부정하게 살다가 인생을 망치는 자들이 너무 많은 세상이다. 피땀 흘려 평생을 바쳐 모은 재물을 인재 양성을 위해 기부한 그 인격에 감사하자.

젊은이들이여! 나도 저런 분들을 본받아 장래에 훌륭한 사람으로 살아야겠다. 이런 각오로 내 인생을 새 출발하는 계기가 된다면, 얼마나 좋을까? 비로소 이 나라의 장래가 밝지 않을까? 우리는 크게 기대를 가지고 살 수 있는 나라를 만들자.

규율에 따르는 삶

수도원에서는 수도사들이 마음을 정돈하기 쉽도록 하루 일과를 매우 단순하게 세운다고 한다. 언제 어디서 무엇을 할지, 무엇을 입고 무엇을 먹을지 고민하는 가운데서는 마음을 한곳에 집중하기 힘들기 때문이다. 그런데 규율은 일상의 번잡함을 걷어낸다는 것 이상의 의미를 가진다. 최근 보고된 심리학 보고에 따르면, 작은 일이라도 의사 결정을 하는 데 따르는 긴장은 우리의 의지력을 소모 시킨다. 때문에 일상을 규율로 정해 선택의 의지를 봉쇄하면 우리의 두뇌는 에너지 소모를 덜게 된다.

수도원보다 엄격한 규율을 요구하는 단체도 있다. 군대나 감옥(監獄) 등이 그 예다. 대부분 사람들이 수도원의 규율에 거부감을 느끼듯, 이러한 조직에서 강요되는 단순화된 생활 방식도 쉽게 일반에 수용되기 어려운 측면도 있다. 아무리 근심 걱정이 많아도 세상에 몸을 담고 자신에게 주어진 삶을 누리고 싶어 한다. 사람은 누구나 자신의 평범한 일상과 여가를 소중히 여기기 때문이다.

쇼펜하우어는 같은 맥락에서 이런 말을 남겼다. “지나치게 지루하지 않는다면 단순한 인간관계와 단조로운 일상이 우리를 가장 행복하게 한다.” 어느 모로 보나, 그는 자신이 말한 것을 실천하며 살았다. 1833년 프랑크푸르트에 정착하여 삶을 마감할 때까지 27년을 보내며, 쇼펜하우어는 존경해 마지않았던 칸트의 삶을 모범으로 삼아 일상의 규율을 철저히 준수했다. 쇼펜하우어는 까다로운 성향을 가진 전형적인 철학적 비관주의자였다. 하지만 규율이 없는 것보다는 있는 편이 그를 행복하게 했을 것이다. 많은 사람들이 기꺼이 정해진 일과를 따르며 제한된 일상에 만족한다. 온갖 일들에 얽매여 정신없이 바쁜 나날을 보내며 스트레스를 받느니 질서와 규칙의 틀에 안주하는 것이다. 심지어 그것이 자유와 선택을 희생하는 일이라고 할지라도 말이다.

경제적인 분별, 순수함, 자급자족 자연을 가까이 하고 단순한 쾌락을 누리는 것은 금욕주의, 규율이 있는 일상, 미학적인 단순함 같은 개념은 단순한 삶의 의미와 매우 깊은 관련이 있다. 그 중 어떤 것은 다른 것보다 소박함이란 이념에 매우 근접해 있다. 순수한 삶이 그 이념의 핵심이라면 미학적 단순함은 주변부적인 의미라고 할 수 있다. 이처럼 다양한 의미는 서로 구분될 수 있지만 많은 경우 서로 연관되고 중첩되기도 한다. 텃밭에서 채소를 재배하는 사람은 자연을 벗하는 기쁨을 누리는 와중에 자급자족하며 식비 지출을 줄여 수수하게 살 수 있다. 종교적인 공동체는 매일의 엄격한 규율을 따르는 금욕주의 생활 방식을 수용함으로써 정신적 가치를 추구함과 동시에 미학적으로 단순한 환경에서 노동을 통해 자급자족하는 생활을 할 수 있다. 그런데 단순함이란 삶의 가치는 간혹 갈등의 씨앗이 되기도 한다.

커다란 항아리나 관통을 거처로 삼았다고 세간에 알려져 있는데 아마도 궁핍해진 시대의 일이었을 것이다. 하지만 그런 생활 가운데서 그는, 잠자리나 은신처 따위에 개의치 않고 생쥐들의 모습에 오히려 깨달음을 얻고 궁핍을 관조할 수 있는 여유를 갖게 되었다. 몸에 두른 망토를 이부자리로 사용하고 음식은 보자기에 싸서 다니며, 언제 어디서든 먹고 싶으면 먹고 자고 싶으면 자고 마음 가는 대로 행했다.

디오게네스는 어떤 누군가의 질문에 이렇게 대답했다고 한다. "내 것이 아닌 것" 남에게 부담을 전가하기 위해 그런 행동을 한 것은 아니었다. 단지 그는 물질적인 것의 가치를 매우 낮게 생각했고, 특히 쉽게 얻을 수 있는 것이라면 더욱 하찮게 여겼다. 그의 도덕관념은 알렉산드로스(Alexandros) 대왕과의 만남을 묘사한 유명한 일화에서 명확히 드러났다. 제국의 황제가 몸소 디오게네스를 찾아갔을 때 그는 거리에서 흡족한 표정으로 햇볕을 쬐고 있었다. 알렉산더 대왕이 무엇이든지 원하는 것을 말하면 들어 주겠다고 하자, 그는 햇볕을 가리지 말아 달라고 말했다. 디오게네스는 신에게는 부족한 것이 없다고 가정한다면 부족함이 없는 사람이 신(神)에 가까울 것이라고 생각했고 신에게 다가기 위해 끊임없이 자신을 다스리며 한 여름의 뜨거운 흙바닥과 겨울의 한설을 견뎌냈다. 디오게네스는 자신의 철학을 삶 속에서 철저히 실천한 사람으로도 유명했다. 그에 관한 일화가 많이 전해지고 있다. 그는 자기가 느끼고 생각하는 것은 거리낌 없이 행동으로 옮기는 사람으로 유명했다. 예컨대 그는 환한 대낮에도 등불을 켜서 들고 다녔다고 한다. 진실된 사람, 정직한 사람을 찾기 위함이었다는 것이다.

한 번은 어떤 부자가 디오게네스의 명성을 듣고서 그를 자기의 집으로 초청했다. 그에게 자신의 집을 자랑하기 위해서였다. 과연 부자의 집은 으리으리했다. 정원도 온갖 기화요초로 깨끗하게 잘 손질되어 있었다. 집안은 각종 보석으로 사치스럽게 꾸며졌다. 부자는 보란 듯이 온갖 거드름을 피우면서 디오게네스를 이곳저곳으로 안내했다. 부자는 자기 집을 자랑하는데 여념이 없어서 초대를 한 디오게네스에게는 단 1분도 말할 수 있는 기회를 주지 않았다. 그 때였다. 별안간 디오게네스가 주위를 두리번두리번 하더니 자기의 가래침을 "퉤!"하고 부자의 얼굴에 뱉어버렸다. 명성 있는 철학자의 갑작스러운 행동에 부자가 얼마나 놀라고 당황했겠는가. 얼떨떨해 있는 부자에게 디오게네스는 이렇게 말했다.

> "정말 당신의 집은 너무 깨끗하고 아름답군요. 그래서 내가 아무리 둘러보아도 내 가래침을 뱉을 만한 적당한 장소가 발견되지 않았소. 단지 당신의 교만과 위선으로 가득한 더러운 얼굴이 내게는 쓰레기통처럼 보였소. 그래서 나는 어쩔 수 없이 내 가래침을 당신의 얼굴에 뱉을 수밖에 없었던 것이었소."

얼마나 통쾌한 말인가? '그래서'라는 말이 이런 연유로 생겨난 것이다. 정말 그 얼굴에 디오게네스의 침이라도 한 번 뱉어 주고 싶은 사람들을 자주 본다.

만일 오늘날 누군가가 디오게네스의 삶을 모방하려 한다면 사람들은 그를 정신적으로 문제 있는 사람으로 여길 것이다. 결국 사람들이 생각하는 '수수함'이나 '기본' 혹은 '필수' 등의 개념도 상대적이기 때문이다.

오늘날 서울 시민에게 필요한 삶의 '기본 요건'을 들자면, 전기와 수도는 물론 화장실과 냉난방시설, 편리한 주방, 스마트폰, 인터넷, 편의점 등 여러 가지가 필요할 것이다. 그러나 디오게네스 시대의 평균적인 아테네 시민에게 필요했던 삶의 기본 요건은 이보다 훨씬 적었을 것이다. 디오게네스는 매우 수수한 삶을 살았지만, 겉으로 드러나는 모습만을 보자면 별

다른 생계수단이 없이 자급자족을 못한 걸인일 뿐이다. 현대를 사는 누구에게 질문을 해보자.

"아테네의 유명한 철학자 디오게네스를 아시는지?"

"잘 알지요, 견유학파의 대표적인 철학자로 먼저 고통을 견디며 사는 법을 가르친 자이지요."

"존경합니까?

"예."

"그의 철학을 본받으며 그와 같은 삶을 살기를 원하십니까?"

"존경하고 싶은 마음은 있지만 그와 같은 삶은 거지 같은 삶이기에 단호히 거절합니다."

소박함을 실천하는 마음가짐에 특별한 전략이 필요하지는 않아 보이지만 오늘날 홍수처럼 쏟아지는 잡지와 책에 생활비를 아낌으로써 수수하게 삶을 사는 방법에 대한 수많은 정보가 나열되어 있다. 현인들이 한목소리로 낸 의견이 왜 이토록 많은 사람들로부터 외면받는가? 그 이유에 대해 사뮈엘 베게트 (Samuel Becetr)는 희곡 속 인물을 통해 "인간이 지극히 어리석은 종족이기 때문이다."라고 했다. 자신들이 진정으로 무엇을 원하는지, 지적으로 생각할 수 없고 생각하려 하지도 않기 때문에 무엇이 가장 흥미로운지도 모른다는 것이다. 이것은 실제로 많은 현인들이 말한 바와 같다. 《고르기아스》(2,500년 전 고대 그리스에서 활동했던 철학자이자 수사학자이다. 그는 '극단적인 회의론자'로 불리는 인물이다. 회의주의는 학문의 분야별로 상의한 입장)는 《국가》의 대화에서 플라톤은 부와 권력을 꿈꾸는 사람들은 어디에서 행복을 찾아야 하는지 모르는 이들이라고 비판했다.

예수도 같은 의미에서 지상에 재물을 쌓기에 여념이 없는 이들을 향해 "너희를 위하여 보물을 땅에 쌓아두지 말라 거기는 좀과 동록이 해하며 도둑이 구멍을 뚫고 도둑질 하느니라"(마태복음 6:19)고 말한 것처럼 그런 방식으로는 결코 행복해질 수 없다고 주장했다. 다시 말하면 사람들이 무엇이 자신을 행복하게 하는 지에 대해 그릇된 생각을 가지고 있기 때문에 단순한 삶을 거부한다는 것이다.

어리석을 뿐 아니라 위선적인 본능도 인간의 행복을 가로막는 요인이라고 주장하는 사람도 있다. 교회에서는 돈을 쫓지 말고, 이웃의 것을 탐내지 말고, 검소하게 살고 탐심에 젖어 살지 말라는 설교에 고개를 끄덕이면서 '아멘'으로 화답하지만, 교회 문을 벗어나면 이내 재테크에 열을 올리고 신용카드로 사치품을 구매한다.

예수의 신성을 믿는 독실한 기독교인들도 부와 소유를 경계하자는 설교는 쉽게 거부하고 만다. 하나님의 축복을 받는 것, 물질의 번영을 제일로 기대하고 있다. 그것이 가장 우선적인 축복으로 생각하고 순수한 영혼을 소유하려는 영적인 일은 간과하고 있다. 우리 사회에서 지위가 있고, 명예가 있는 상위 계층의 사람들이 소박한 삶을 지향하는 것 같으면서도 돈 앞에서 하루아침에 추악한 모습이 되어 나락(奈落, 지옥)으로 추락하는 것을 자주 본다. 믿음으로 영생을 얻고 천국을 소유하기보다는 현재의 천국을 돈으로 사고자 한다.

미(美)적 단순함

어떤 이들은 단순함을 미학적 가치의 측면에서 바라보는데, 단순한 삶을 명료하고 깔끔한 주거환경 속으로 끌어들여 그 가치를 구현하는 경우도 있다.

이런 주택을 상상해보라. 그리 높지 않은 지붕, 순백의 벽과 간소한 주방에 시장함을 곧 달래줄 음식을 할 수 있는 싱크대, 크지 않고 적당한 원목 식탁, 조금 오래된 소파와 TV, 달력이 걸려있고 그렇게 크지 않는 침대에는 흰색 담요가 깔려 있다. 가구는 투박하고 진열된 장식품은 토속적인 분위기로, 아마추어가 만든 것 같은 분위기가 연출된다. 아니면 오로지 책상과 의자만 놓인 방에서 책을 읽는 모습은 어떠한가? 이 모든 것이 소박한 삶을 표현한 인테리어일 것인데, 단순함이 느껴지는가?

단순함이 반드시 검소한 모습으로만 나타나는 것은 아니다. 어떤 이가 우리 집을 찾아와서 단숨에 먼저 떠오르는 생각으로 '이 집을 짓는데 건축비가 얼마나…?'라고 묻는 이가 더러 있지만 돈으로는 따질 정도가 못 되어 대답은 생략하고, '내 분수에 약간 과한 정도'라고 말하고 싶지만 그것도 생략한다. 큰 규모가 못되지만 아늑하고 편안한 감을 느낄 수 있는 집, 수수함과 자연을 가까이 하고 있는 집, 약간 떨어져서 쳐다보면 시골집으로 더 정감이 가는 곳, 즐거운 나의 집, 나의 집은 아직도 진행형이다.

내가 나이를 더하는 것처럼 내 집도 연륜(年輪)이 더해지면, 내가 기대를 걸고 있는 집 앞뜰에 심어 놓은 소나무처럼 제법 나이테를 더하여 나름 기품이 있는 지킴이가 되겠지….

벤저민 프랭클린은 〈단순함에 관하여(On Simplicity)〉라는 글에서, 말과 행동에 있어서 인위적으로 꾸미지 않는 모습을 단순함으로 규정하고 그런 삶을 칭송했다. 그는 단순함의 미덕이란 단순한 삶 자체로부터 비롯된다고 믿었다.

> 사람들이 필요 이상의 사치와 야망을 위해 수많은 행복의 요건을 불러들이기 전 순수하고 자연스러운 필요만이 존재하던 태초의 시간에는, 자연이 스스로의 법도(法道)이듯 단순함이 세상의 의복이고 언어였다.

프랭클린은 도시에서 태어나 도시에서 삶을 마친 사람이지만, 도시를 허세가 가득한 곳으로 보았고 시골은 온정이 넘치는 곳으로 묘사했다. "우리는 어디에서 삶의 위안을 찾을 것인가. 도시에서 피로한 노동을 끝낸 후, 어디서 누구하고…. 순박한 농사꾼들 틈에서 단순하고 평온한 대화를 나눌 때가 아닌가."

단순한 삶이라는 개념은 매우 복합적인 뜻을 가지고 있기 때문에, 우열을 가려 누군가의 소박함이 다른 사람의 소박함보다 우위에 있다고 말할 수는 없다. 소박한 삶을 이야기 할 때 우리는 시간과 장소와 문화의 특수성에 따라 의미와 맥락을 헤아려야 한다. 몽테뉴에 따르면 로마인들은 식사 전에 물과 향수로 목욕하는 습관이 보편화 되어 있었다. 다소 소박한 생활을 한 로마인들은 향수 없이 물로만 목욕을 했다고 하는데, 어떤 이들에게는 물로 하는 목욕도 사치로 보였을 것이다.

수많은 현인들이 오래전부터 소박함과 단순한 삶을 주장하고 실천해왔을 뿐 아니라 단순한 삶과 철학의 중요한 한 축을 이루었다. 그들의 주장은 수많은 후대 철학자, 도덕주의자, 종교 지도자에게 지대한 영향을 끼치며 지금에 이르게 되었고, 여전히 많은 사람들에게 미덕이자 지혜와 연결되고 있다.

04

소박함의 비판적인 측면

사진 | 오세용 사관

소박하게 살면 작은 일에도 기뻐한다

자발적으로 힘들고 불편한 경험을 하는 것이 반드시 미래의 고난을 대비하기 위해서만은 아니다. 때로는 그것이 우리가 취할 수 있는 쾌락을 즐기는 능력을 키워주는 방법이 되기도 한다. 이 주장은 바로 두 가지 형태로 나타난다. 첫째는 우리가 사치스럽고 이국적인 즐거움에 더 기뻐하는 것은 그것이 상대적으로 희귀하기 때문이다. 둘째는 단순한 삶은 우리에게 일상적인 풍요만으로도 온전한 기쁨을 준다.

에피쿠로스는 다음과 같이 말했다. "사치가 전혀 필요하지 않은 자들이 사치에 가장 큰 기쁨을 느낀다." 이 주장은 매우 의미심장하다. 사치스럽다는 말은 평범하고 일반적인 삶에 만족하지 못하는 욕망과 연관된다. 사치스런 삶을 계속 경험하게 되면 사치를 당연시하게 되고 그것이 부족하면 짜증과 불편을 호소하게 된다. 반면 같은 경험이라도 우리가 익숙하지 않은 것이라면 그 속에서 더욱 커다란 즐거움을 느낄 것이다. 오랫동안 불편한 생활을 하던 사람에게는 따뜻한 물로 하는 샤워와 부드러운 이불도 특별한 즐거움이 된다. 고급 식당에서 식사를 하는 경우에도 외식을 자주 하지 않는 이들은 만족감을 느낀다. 아이가 선물을 받을 때도 원하는 것은 무엇이든 안겨주는 부모를 둔 아이보다 가난한 집 아이가 훨씬 큰 행복감을 느낄 것이다.

구약성서 전도서 저자는 "해 아래 새것은 없나니"(전도서 1:8下)라는 유명한 말을 남겼다. 마르쿠스 아우렐리우스도 《명상록》에 비슷한 이야기를 했다.

> "지난 과거를 보라. 제국에서 제국으로 이어지니, 이로 미루어보건대 미래도 같을 것이다. 그 무엇도 역사의 섭리를 벗어나지 못하리. 40년 동안 지켜낸 삶이 천년과도 같구나. 당신은 해 아래 새로운 무엇을 본 적이 있는가?"

앞에서 인용한 기록은 2000년이 넘는 세월 동안 사람들로부터 지혜의 원천으로 칭송을 받아 왔고, 그럴 자격이 충분하다. 하지만 기록을 남긴 이들도 몰랐던 것이 있었으니, 그들의 사후에 과학혁명과 산업혁명이 있고 자본주의가 출현하여 세상이 뒤바뀌리라는 사실이었다. 결과적으로 단순한 삶이라는 전통의 일부 중압감을 주는 목표는 오늘날의 현실과 다소 동떨어져 많은 사람들에게 다가가기 어렵게 되었다. 예컨대 금욕주의는 인내를 기르려는 동기에서 출발해 신체적·정신적·청결함을 추구하고 깨달음을 얻는 수행의 방법이었으나, 상대적으로 안전하고 편안하며 세속적으로 변한 오늘 날에의 세상에서는 금욕주의를 받아들일 이유가 희박해지고 있다. 인내를 요구하는 일이 드물어졌고 정결함이라는 개념은 종교에서 분리되어 적당히 절제를 뜻하는 말이 되었다. 심지어 깨달음이라는 말은 증거와 논증을 근거로 삼아 공적으로 인정받는 지식에 비해 토대가 빈약한 것으로 여겨졌다.

그런데 소박한 단순함의 또 다른 면은 오늘 날에도 명백하게 남아있다. 무엇보다도 신중한 경제관념을 뜻하는 말로, 경제력 분별력은 어느 시대와 마찬가지로 개인에게나 집단에게나 합리적이다. 이는 2007년 부동산 거품이 터지면서 실제로 감당할 수 있는 수준 또는 주택의 실제 가치 이상으로 담보대출을 받은 사람 수백만 명이 빚더미에 올랐던 사실로 입증되었다. 가볍게 사는 것은 소박함의 핵심 개념으로, 여전히 지구상의 많은 사람들이 당연히 실천해야 한다고 생각하는 덕목이다. 그러나 오늘날에는 과거보다 더 많은 사람들이 유서 깊은 검약을 버리고 돈이 있다면 값비싼 삶을 합리적으로 선택할 수 있을 것이다. 물론 대다수의 사람들은 그런 입장에 있지 않으며, 심지어 여전히 불안전하다고 느낄 수 있다. 그들은 내전(內戰)이나 추방, 기아와 역병을 만나게 되지는 않겠지만, 끊임없이 변화하는 세상에서 일자리를 잃을 수도 있고, 자신이 가진 특정한 전문 기술이 더 이상 필요하지 않게 될 수도 있다.

흥미롭지만 역설적인 것은, 서두에 단순한 삶의 방식을 밝히며 살펴본 여러 의미가 오늘날 생활양식과 어울리지 않음에도 불구하고 오히려 새롭게 주목받고 있다는 사실이다. 단순한 삶을 구태의연한 것으로 치부하는 오늘날의 양식이 오히려 단순한 삶의 필요성을 웅변하고 있는 모양새가 되었다.

예를 들어 자연을 가까이하려는 경향을 예로 들어보자. 산업혁명 이후 사람들은 도시로 몰려들었고, 1950년에서 2005년 45년 사이에 전 세계의 도시 인구가 네 배로 늘었다. 현재는 세계인구의 절반이 도시에 거주하고 있으며 도시화 추세는 당분간 계속될 것으로 전망되고 있다. 2005년 시점에서 선진국 인구의 74퍼센트가 도시에 거주했는데 UN은 2030년에는 그 비율이 81퍼센트까지 상승할 것으로 예측했다. 우리나라도 '2030년 도쯤에는 경상남도를 비롯한 여러 도(都)가가 없어질 것이다'라고 통계청이 예상했다. 시골의 인구가 마치 증발 되듯이 도시로 집중될 것이라는 예상이다.

세상의 온갖 유행이 몰려와도 자신만의 철학이 확고한 이들이 있어 언제나 전통을 계승하려 하고 늘 자신의 뿌리로 돌아가려고 한다. 하지만 도시로 끌어당기는 자력은 엄청나게 강하고, 젊은이들에게는 특히 그렇다. 도시에 일자리가 있고 기회가 있고 사람과 문화가 있다. 하지만 도시에 거주하는 사람들은 의식적이든 무의식적이든 자연과 연결되고 싶다고 느낀다. 많은 사람들이 휴가철에 산과 숲과 바다와 호수 등 자연으로 둘러싸인 환경에서 재충전을 하는 것은 그런 이유 때문이다. 현대 도시 생활의 번잡함과 각종 디지털 기기를 잠시 멀리하고 시골의 별장이나 오두막에서 단순한 일상을 맞이하는 일이 지금처럼 절실하게 필요한 적은 없었을 것이고, 동시에 사람들이 처한 매일의 상황과 생활 방식이 지금처럼 자연과 멀어진 적도 없었을 것이다.

전통적으로 단순한 삶과 깊이 연관되어온 가치인 자족에 대해서도 생각해보자. 우리는 현대사회에 깊이 스며들수록 자족하는 삶과 멀어지게 된다. 이는 오늘날 우리가 전기(電氣)에 너무 많이 의존하기 때문만은 아니다. 우리 시대의 삶은 직장에서든 가정에서든 물질 면에서나 정보 면에서 복잡한 사회 기반 시설에 지나치게 의존하고 있다. 게다가 예전에 비하면 직장인들의 업무는 매우 전문화되었고, 더욱 소비적으로 되었으며, 더 나은 보상을 받는다. 결과적으로 그들 과거에는 스스로 하던 일들을 다른 사람에게 맡기고 대가를 지급하려 하며 사람을 쉽게 고용하려고 한다. 육아와 청소, 제설, 주택관리, 자동차 수리 등이 그에 해당된다. 그들은 텃밭을 가꾸거나, 옷을 만들고 수선하거나 하는 일로 스스로 괴롭히는 것을 좋아하지 않는다. 그러나 뭔가 스스로 하는 것은 본질적으로 만족감을 준다. 이로 인해 독립적이고자 하는 자신의 욕망은 존중받을 만하다는 사실을 알게 된다. 자급자족은 스스로에게 정신적으로 건강을 가져다준다.

소박함의 비판적인 측면

소박한 현인들을 존경하는 자들도 이국적인 장면으로 떠오르게 하던 차박(車泊)을 유행시키고 여름휴가에 많은 돈을 지불한다.

현인들의 지혜가 자갈밭에 뿌려져 있어도 가꾸는 사람이 없으니 열매를 맺지 못하는 원인은 인간의 어리석음과 위선 탓으로만 돌리는 것은 온당하지 못하다. 검약하는 마음은 물질적인 값어치로 환산될 수 없는 귀한 것으로 여기는 마음을 가지지 못하는 자세이다. 돈에 대한 무관심을 표현하는 공공연한 의지이기도 하다.

반면에 절약하는 습관은 삶의 다양한 즐거움을 누리지 못하게 하고 최악의 경우에는 낭비만큼이나 심각한 인색함에 빠지게 만들 수도 있다. 단테(Aligheri Dante)는 《신곡(LaDvina Comedia)》에서 인색한 자와 낭비하는 자는 함께 지옥에 던져진다고 했다. 플라톤 역시 절약이 탐욕으로 이어질 수 있다고 경고했다. 《국가》에서 그는 서로 다른 성격유형을 서로 다른 국가 형태와 짝지어 설명하며 파산한 부잣집 아들이 어떻게 처신해야 할지에 대해 이야기했다. 플라톤에 따르면 인간의 내면의 영혼은 육욕, 열정, 이성이라는 세 부분으로 구분된다.

가난으로 굴욕을 겪은 어떤 사람은 돈 버는 일에 욕심을 내고 점차 축재와 사업에 집착하여 많은 재산을 모은다. 하지만 생각해 보라. 그 사람은 그의 내면에 육신의 욕망, 돈을 벌고자 하는 욕망을 왕좌에 올려놓고 황금 왕관과 옷깃으로 장식하고 페르시아의 검을 차게 해서 왕으로 세워놓은 것이 아닌가?… 그의 열정과 이성은 육욕 아래 양쪽 바닥에 앉혀 노예로 부려지고 있다. 그는 적은 돈으로 큰 재산을 모을 생각 외에는 이성을 사용할 의향이 없으며, 또한 부와 재산을 모으겠다는 자신의 열정에 의미를 부여하면서도 그것을 존중할 생각이 없다.

검소한 삶에 대한 지나치게 관심을 가진 사람은 적어도 돈과 관련된 상황에서 부적절해 보이는 선택으로 매몰비용 오류를 범할 가능성이 높다. 우리는 일반적으로 검소함이 종종 도덕성과 인품과 밀접한 관련이 있음을 살펴보았다. 하지만 검약이라는 개념이 '인색함', '편협한', '구두쇠 같은', '너그럽지 못한'이라는 명백히게 부정적인 의미로도 사용되고 있다는 사실을 상기해야 한다. 낭비와 불필요한 지출을 피하려는 습관은 관대하지 않은 성향으로 이어지기 십상인데, 이 점은 검소함에 내포된 진짜 위험 요소가 된다. 이것은 분명 도덕적으로 올바른 행위라고 볼 수 없다.

아리스토텔레스는 인색함을 낭비와 다를 것이 없는 것으로 비판하며 두 극단 사이에서 현명한 포용력을 발휘해야만 행복에 이를 수 있다고 주장했다. 더욱이 너그러운 성품을 가진 사람은 구두쇠에 비해 행복할 가능성은 높고 방탕에 빠질 가능성은 오히려 적다. 왜냐하면 그러한 사람들은 이웃들과 함께 나누는 삶을 즐기고 감사함을 표하거나 베푸는 생활을 좋아하는데, 그러한 삶 자체가 도덕적인 성향을 촉진시키기 때문이다.

소박함은 단순한 삶의 양식을 지향하고, 단순한 삶은 작은 일에 감사하고 주어진 것에 만족하게 한다. 이는 또한 마음의 평정에 이르는 길이다. 하지만 경우에 따라서는 이런 삶이 무기력이나 현실 도피, 지나친 검약 등으로 나타나고, 새로운 모험을 거부하고 평안한 공간 밖으로 나아가려는 어떤 형태의 위험조차도 거부하는 특성으로 나타날 수 있다.

사회적 측면에서 만일 모든 사람이 최소한의 것으로 충족해한다면 인류는 사회적, 물질적, 예술적 진보를 이룩할 수 없을 것이다. 우리가 살아가면서 소비하는 많은 상품과 서비스가 모두 필수불가결한 것은 아니지만 경제성장과 사회 발전을 이루는 기본적인 요소가 된다. 이러한 생각은 볼테르에 의해 확립된 것이다. 그는 진정으로 사치에 열광한 몇 안 되는 철학자 중 하나였다.

단순하고 소박한 삶의 한계

지금까지 우리는 좋은 삶의 본질의 전통을 살펴보았는데, 소박한 단순함을 추구하는 삶이 좋은 삶이라는 데 소크라테스부터 수많은 현인들의 의견이 일치한다. 이러한 전통 속에서 사치와 낭비를 긍정하는 철학은 매우 적었다. 소박함과 단순함의 삶은 도덕적 가치를 증진하고 행복을 담보해주는 것으로 받아들이는 반면 부와 탐욕과 방탕함은 인간의 성품에 해악을 끼치고 약속한 행복을 가져다주지 못한다는 이유로 배척을 당해 왔다. 철학자들은 자신들과 의견을 애써 무시했지만, 그들 중 일부는 상당히 이해하기 쉽고 설득력 있는 이론을 내놓았고 수많은 사람들이 여기에 환호했다.

소박함은 인색함으로 변질될 위험을 가지고 있다. 즉 재미와 모험과 다양한 경험을 추구하는 데 제약을 가한다. 그런가 하면 단순한 삶은 쉽게 정체 상태에 빠질 수 있다. 하지만 부(富)는 사람들에게 안정과 여가를 선사해 자유와 즐거움을 누리게 한다. 새롭고 사치스러운 것들은 그 자체로 쾌락을 주지만 동시에 좋은 쾌락을 감별할 수 있는 정제된 감각을 길러준다. 야망은 성취를 가능하게 하고 욕망은 경제 성장을 부채질 한다. 소비와 사치는 경제가 원활하게 돌아가도록 활력을 줄 뿐 아니라 장엄한 유산과 인류의 문화를 건설한 원동력이 되었다. 어떤 경우에는 사치가 도덕적인 책무로 여겨지기도 했다.

이러한 사실들을 종합해 볼 때 소박함의 지혜라는 것은, 적어도 그 가치의 일부는 시대적인 착오적일 수도 있다는 의구심이 든다. 부처와 예수, 에피쿠로스, 에픽테토스, 세네카, 보에티우스 등이 남긴 지혜로운 말은 읽기가 즐겁고, 많은 이들의 공감을 불러일으켰으며, 쉽게 인용되기도 한다. 하지만 그들의 가르침은 대부분의 사람들이 처한 환경이 지금과는 완전히 달랐던 근대 이전 사회에 더 합당했을 것이다.

한 가지 분명한 차이점은 오늘날의 사회는 과거 어느 때보다 안전하다는 것이다. 선사시대 이전부터 적어도 19세기까지는 평균수명이 매우 낮았다. 영유아 사망이 흔했고 분만 중에 산모가 사망하는 일도 많았다. 항생제가 없던 당시에는 경미한 감염과 부상에도 남녀노소 누구나 쉽게 목숨을 잃었다. 당시의 과학기술, 정부정책으로 자연재해와 사고, 질병과 같은 불운한 사건을 전혀 예방할 수 없었다. 굶주림은 흔했고, 정치권력은 매우 억압적이었으며, 강력범죄가 만연했다. 그럼에도 대부분의 사람들에게 법적인 보호는 제한적이었고 신뢰할 수 없었다. 그러한 환경에서 사람들이 위태로운 삶을 한탄하며 햄릿처럼 "마음의 고통과 육신이 짊어진 수천가지 고통"을 느낄 때 혹독한 자연의 조건을 이겨내며 근근이 살아가던 사람들은 그저 오래 살기 위해, 즉 기본욕구를 충족하고 자연재해나 질병, 불의, 전쟁이 불러오는 재난을 피하기 위해 정착했을 것이다.

그들이 날마다 기도하며 이루고자 한 소망은 죄악에서 멀어지고 일용할 양식을 마련하는 일뿐이었을 것이다. 하지만 물질적으로 훨씬 안전해져서 대부분의 사람들이 풍족하게 살아가는 현대사회에서 그러한 태도는 괜한 고집을 부리는 사람으로 비난을 받기 쉽다. 아니 요즘 같은 소비가 장려되는 시대에는 세상물정에 통하지 않는 완고한 자는 생경(生硬)한 사람으로 여겨질 것이다. 또한 '단순하고 근검절약하며 소박하게 살라'고 하는 말은 극심한 가난에 시달리는 사람에게는 전혀 어울리지 않는 소리일 것이다. 이런 사람에게는 쓸 수 없는 '소박'이란 말의 한계일 것이다. 물론 오늘날에도 개인적인 비극이 일어날 수 있지만, 의학의 발달 덕분에 과거처럼 우리는 더 이상 작은 상처가 치명적인 감염을 일으킬까봐 염려하거나, 고열 때문에 목숨을 잃을까봐 걱정하지 않아도 된다.

과거 어느 때보다 오늘날에는 훨씬 많은 직업적 기회가 열려 있고, 따라서 더 많은 희망과 열망을 실현할 기회가 주어진다는 점이다. "너는 커서 뭐가 되고 싶으냐?"라는 질문은 이전 세기에 대다수 사람들처럼 관심사가 되지 못하고 아무런 의미도 없다. 많은 직업이 여성에게 제한되었고, 글을 읽지 못하는 농장 노동자에게는 다른 직업의 선택이 없었다. 하지만 이 상황이 달라졌다. 오늘날에는 '사회적 계층 이동'이라는 말을 쉽게 들을 수 있다. 최근 10년간 많은 일자리들이 사라졌다는 것도 부인할 수 없다. 부유한 선진국에서도 같은 일이 벌어지고 있다. 하지만 좀 더 거시적인 관점에서 세상을 바라보면 20년 전과는 상당한 차이가 있음을 알 수 있다. 당시에는 노동계급 출신이 대학에 진학하거나 전문직을 얻는 일이 드물었다.

아무튼 사회는 평등해졌고 계층 간의 거리는 좁혀졌으며 뿌리 깊이 고착된 계급제도도 상당 부분 사라졌다. 이 모든 것이 개인의 꿈을 북돋우고 있다. 우리는 어린 시절부터 할 수 있는 한 목표를 높게 세우고 꿈을

좇으라는 가르침을 받아 왔다. 우리가 존경하는 수많은 스포츠 스타와 정치인, 사업가, 연예인, 과학자들은 주어진 환경에 만족하지 않고 끊임없이 노력해서 성취한 사람들이다. 자신의 분수를 알고 자족하는 일은 더 이상 예전처럼 권장되지 않는다.

또 하나의 거대한 차이점은 오락을 즐길 기회가 엄청나게 많아졌다는 점이다. 지난 반세기 남짓, 오락거리는 모두의 예상을 훨씬 뛰어넘는 수준으로 변화하고 증가해서, 상대적으로 넉넉하지 않은 사람들도 얼마든지 즐길 수 있게 되었다. 이것은 분명 현대에 일어난 가장 중요한 문화 혁명이다. 쾌락을 즐기는 철학자 에피쿠로스는 와인 한 병과 치즈를 놓고 친구들과 대화하는데 만족했을 테지만, 지금 우리 앞에는 텔레비전과 영화, 추리 소설이 있으며, 클래식 오케스트라와 재즈, 록 콘서트, 올림픽, 월드컵 경기, 디즈니랜드, 비디오게임, 여행상품, 스키, 볼링, 래프팅, 미술관, 과학박물관, 프랑스 요리가 있다. 자국 축구팀을 응원하기 위해 해외 원정을 떠나는 서포터들의 광기 어린 열정은 말할 필요도 없다. 그 중 외국 여행을 하거나 일부 오락거리가 누군가 내게는 분에 넘치는 일이 될 수 있다. 고가의 비용은 우리 모두에게 허락되는 것이 아니기 때문이다.

이러한 오락거리의 발달은 이 세계가 우리에게 제공하는 다양하고 많은 즐거움을 맛볼 수 있게 하고 있다. 특히 안전해지고, 이용 기회와 선택의 여지가 많아졌다. 과거에는 수시로 발생하는 질병과 재난 등이 이제는 매우 드문 일이 되었지만 고통을 참고 난관을 극복해내는 우리의 정신력이 나약해지는 측면이 없지 않다. 교육, 직업, 사회 경제 면에서 더 나아질 가능성은 확대되었지만, 우리는 오히려 평범한 환경에 만족하지 못하게 된 것 같다. 산해진미가 가득한 식탁에서 식사를 하고 온갖 오락거리를 즐기며 살지만, 이러한 환경에 익숙해진 우리는 별로 기쁨을 느끼지 못하고,

흔치 않는 쾌락을 경험해도 강렬하게 다가오지 않는다.

게다가 중요한 사실은 모두가 쉽게 즐길 수 있는 새로운 형식의 수많은 오락 중 다수가 돈을 요구하는 소비 형태로 이루어진다는 점이다. 심지어 소비하는 자체가 중요한 오락이 되어버린 측면도 있다. 우리를 더 바쁜 삶으로 밀어 넣는다. 삶의 중심은 돈을 벌고 쓰는 일이 된 것이다. 《워킹 라이프(Working Life)》에서 저자 조인 시울라(Joanne Ciulla)는 이렇게 말한다. "일을 하고자 하는 욕망이 약할 때도 소비는 일해야 할 필요를 만들어 낸다. 구매력도 없고 즐길 시간도 없는 소비자에게도 시장은 다양한 오락거리를 가지고 유혹한다." 결국 우리는 의도하지 않아도 수많은 쳇바퀴 사이를 바쁘게 오가야 한다. 행복을 추구하는 쾌락의 쳇바퀴, 엄청난 소비를 요구하는 사회의 지위의 쳇바퀴, 그리고 다른 두 개의 쳇바퀴에서의 활동에 쓰일 돈을 감당하기 위해 노동하는 쳇바퀴를 오고 가는 것이다.

역설적이게도 소박함과 단순함의 매력을 떨어트린 바로 그 요인이 단순한 삶이라는 이상에 대한 관심을 다시금 불러일으키기도 한다. 많은 사람들이 현대사회의 역동성을 즐기지만 어떤 이들은 피로와 공포와 혼란을 느끼기도 한다. 현대 사회의 가장 큰 특징은 끊임없는 변화에 있으며, 그 변화로 인해 삶은 유동적이고 예측이 불가능하고 복잡하고 또한 혼란스럽다. 의사소통을 하고 여행을 하는 방식은 물론, 어린이의 놀이와 노인이 노년의 삶을 살아가는 모습에도 변화가 찾아 왔다. 따라서 많은 사람들이 과거의 단순한 삶을 그리워한다. 단순함에 대한 향수(nostalgia)는 새로운 것이 아니다.

단순함을 그리워한다

향수는 그 자체로 매우 흥미로운 현상일 뿐 아니라 개인의 경험이든 문화적 현상이든 사람들의 평범한 공감대를 형성해왔고 구비(口碑 입에서 입으로 내려오는)문학과 기록(記錄)문화 전통에서도 지속적인 모티브(motive)가 되었다. 나이든 사람들은 물질적 생활수준이 과거에 비해 훨씬 나아졌음에도 불구하고, 심지어 생활수준이 과거에 비해 훨씬 나아졌다는 이유(?)로, 현재보다 과거를 더 호의적으로 이야기한다. 20대 중반만 넘어도 어린 시절을 그리워하곤 하는데, 특히 한국 남자들은 군대 갔다 온 이야기는 나이 70이 넘었어도 여전히 몇 사람만 모이면 꽃을 피운다.

누구든 좋았던 기억은 종종 삶이 매우 단순했던 시절의 일상을 담고 있다. 예를 들면 적은 돈으로 살 수 있었고, 자연과 더 가까웠으며, 더 자족적이었고, 복잡하지 않은 일상을 즐겼고, 작은 즐거움에 만족했다는 식으로 회상하는 것이다. 거기에 전제된 생각은 그 삶이 단순했기 때문에 좋았다는 것이다. 그러나 단순함에 대한 향수는 비단 개인의 즐거운 회상에만 국한된 것은 아니다. 어느 문화권에서나 그것은 글로 기록되고 말로 전승되며 문학의 모티브가 되어왔다. 단순함에 대한 향수는 종교나 철학, 문학을 막론하고 어떤 것에도 오염되지 않았던 행복과 미덕의 황금시대로 거슬러 올라가는 형태를 취하곤 한다. 천국을 거닐던 아담과 이브에 대한 성서의 기록은 그 전형이며, 이와 비슷한 예도 수 없이 존재한다. 그리스 시인 헤시오도스는 2500년 전, 당대 삶의 비루한 모습을 태초의 "황금 종족"이 거닐던 "수고하고 상심치 않아도… 비옥한 땅에서 풍성한 열매가 나오는"곳과 비교하며 애통해했다. 로마의 시인 오디비우스는 그와 유사하게 황금시대를 묘사했다.

> 세상의 모든 소산을 피워 올리는 대지
> 누구의 손길도 없이 온갖 과실을 맺네.
> 쟁기질로 땅을 간섭할 이유가 없네
> 일용할 양식에 만족하는 사람들
> 사이좋게 함께 모여 열매를 거두네.
> 산기슭 가득한 산딸기를 거두네.

이 시가 강조하는 것은 수고나 연장이 필요 없다는 물리적인 사실이 아니라, 충분한 것, 이상을 바라지 않는 사람들의 삶이다. 이러한 목가적인 환경에서는 어떤 법률도 필요가 없다. "인간의 마음속에서 정직이 샘솟기 때문이다."

앞에서 살펴본 몇몇 현인들은 자신들만의 고유한 철학을 발견하며 소박한 삶의 가치를 설명하려 했는데, 세네카도, 오비디우스처럼 모든 것이 완벽했던 과거와 그 완벽함이 사라져버린 현재를 대비하기도 했다.

목수와 건축가가 없던 행복한 시절이 있었다. 목제를 네모반듯하게 자르면서 사치가 급증하기 시작했다. 자유로운 사람은 초가지붕이 보호해준다. 대리석과 황금 아래 사는 사람은 노예이다.

보에티우스도 누구도 실제로 경험해보지 않은 먼 과거에 대한 향수를 전형적으로 보여준다.

> 행복은 지나가 버린 세월 속에만 있구나.
> 자연의 신실한 열매를 기뻐하던 그때
> 나태와 사치가 없던 그곳.
> 나무 열매는 어디에나 있기에
> 때가 되기 전에는 누구도 손대지 않네.
> 그리고 알지 못하네
> 와인을 달콤하게 만드는 미묘함을,
> 비단 자락을 빛나게 물들이는
> 자주 빛 염료의 강력함을
> 초원의 잠자리는 건강한 잠을 선사하고,
> 시원스레 뻗은 강물은 건강한 음료가 되니
> 인간은 세상 전부를 약탈하지 못하네

이 시에서도 익숙한 주제를 만난다. 자연을 가까이하고, 사치와 낭비 대신 소박한 즐거움에 만족하며, 도덕적 순결이 실현된다. 필요한 것 이상을 가지려는 욕심은 사람들을 자연과 조화롭게 살도록 하는 대신 자연을 정복하는 약탈자로 만든다. 토머스모어 저서 《유토피아(Utopia)》에서 세네카나 보이티우스가 회상한 것처럼 제물도, 사치도, 악행도 없는 이상적인 사회를 그렸다. 그런데 목가적인 단순함이 있었던, 잃어버린 세계에 대한 향수가 가장 잘 나타낸 대표적인 인물은 루소였다. 그는 《인간 불평등 기원론》에서 자연 상태에 놓인 인간을 이렇게 묘사했다.

> 떡갈나무 열매로 배고픔을 달래고 시냇물에 목을 축이고 양식을 주는 바로 그 나무 아래서 잠을 청하는, 더 이상 원하는 것이 없는 사람

루소가 주장한 도덕과 정치철학이 고스란히 담겨있는 문장이다. 그는 자연과 혼연일체를 즐기는 '야만인 savage man'에 대해 많은 설명을 할애했다. 우리가 생각하는 문명화된 인간성은 타락한 상태에 있는 것이며, 인간성 그 자체가 비난받아 마땅하다고 보았다.

보다 단순하고 평온했던 생활에 대한 향수가 예술과 철학에만 영향을 준 것은 아니었다. 향수는 사회에 만연한 시대적인 현상으로서 다양한 형태를 통해 나타났다. 정치인들은 국가가 어지럽히기 전의 상태로 거슬러 올라가 향수를 말하고, 교사들은 예전 학생들은 얼마나 성실하고 예의가 바랐는지 추억한다.

부모들은 온종일 전자 제품을 붙들고 지내는 아이들을 보며 여름 내내 밖에서 뛰놀던 자신들의 어린 시절을 회상한다. 회상은 언제나 장밋빛이고, 자연스레 현실은 언제나 불만으로 가득하다. 하지만 정치에서 나타나는 혼란과 부패는 예전에도 늘 있어 왔다. 만일 순종적으로 변해 어른을 공경한다면 그것은 윗사람들이 호되게 야단쳤기 때문일 것이다. 부모들

이 어린 시절 밖에서 그토록 오랜 시간 뛰어놀았던 이유는 좁은 집에 대가족이 함께 살았기 때문일 것이다. 그것은 마치 오늘날 전자장치가 가득한 승용차는 전문가가 살펴야 하지만 오래전 승용차가 고장 났을 때는 나일론 스타킹과 볼펜만 가지고도 수리할 수 있었던 것과 같다. 그런데 요즘 출시되는 승용차는 쉽게 고장이 나지 않는다.

일상생활과 인간관계와 주변 환경과 삶의 방식이 과거의 단순했던 모습에서 멀어지면서 사람들이 느끼는 불만은 높아져만 갔다. 복잡한 변화가 급격히 빠르게 일어나자, 이러한 삶에 대한 불만에 상실감이 더해져 변화는 더욱 강렬하고 광범위하게 확산되었다.

향수라는 요소는 대체로 '기본으로 돌아가자'는 움직임으로 나타나기 때문에 향수는 때때로 조상들과 연결되고 싶다는 욕구, 이전 세대에 하던 일상의 행동과 삶의 방식을 따르고 싶다는 욕구에서 생겨난다. 전통의 테두리 안에서 서로 존중하고 헌신하는 풍조가 생겨나고, 개인은 보다 더 광범위하고 거대한 공동체의 일원이 된다. 이러한 이유 때문에 사람들은 전통 민요를 부르고, 아이들에게 전래 동화를 들려주고, 어릴 적 즐겼던 놀이를 가르쳐 준다.

단순한 삶은 건강에 도움이 된다

우리는 단순한 삶이 건강에 긍정적인 영향을 끼친다고 여겨 왔다. 여기에는 고정 관념이나 사회적 통념 같은 것이 작용해 왔다. 시골에 산다면 신선한 공기를 마시고, 몸을 활기차게 움직이고 직접 재배한 과일과 채소를 섭취하고 자연의 리듬에 따라 하루를 보낸다. 반면 도시 거주자의 삶은 소음과 공해로 둘러싸인 가운데 혼잡한 도로를 헤매거나 인파에 휩쓸려 출퇴근하고, 패스트푸드로 점심을 때우고 집에 오면 소파에 몸을 파묻고 TV를 보며 식사를 하는 등 틀에 박힌 일상을 반복한다. 둘 중 건강한 몸과 마음을 유지할 수 있는 생활이 어느 쪽이든지는 말할 필요도 없다. 역사적으로 이런 통념이 굳어진 데는 몇몇 근거가 있다. 고대부터 도시는 불쾌한 냄새가 나며 질병이 창궐하는 위험한 곳이라는 인식이 팽배해 있다. 때문에 도시를 벗어난 전원의 조용한 휴식처는 베르길리우스 Vergilius에서 에이츠에 이르기까지 많은 시인들이 꿈꾼 영원한 이상이었다.

반면 최근 수세기 동안은 세계의 많은 지역에서 사람들이 시골을 떠나 도시로 몰려들었다. 도시가 번잡하고 더럽고 위험하다는 사실을 알고 있음에도, 궁핍한 시골 생활을 견뎌낼 아무런 희망을 찾지 못했기 때문이다. 도시에는 더 많은 위험 요소와 함께 더 많은 기회가 있다. 과거에 비하면 오늘날, 특히 선진국의 도시들은 그 어느 때보다도 청결하고 안전해졌다. 풍부한 식료품을 판매하는 매장이 있고 최신 의료서비스가 제공되며 다양한 복지 시설도 있다. 그럼에도 복잡한 도시에 사는 사람들은 업무를 비롯한 각종 스트레스에 시달리게 마련이고, 여러 전문 연구들도 시골 사람들이 스트레스 지수가 더 낮다고 보고하고 있다. 하지만 기대수명이나 비만, 고혈압, 당뇨, 뇌졸중, 심장마비 등의 발병률에 있어서 시골 지역 거주자들이 오히려 도시생활자들에 비해 건강하지 못하다는 조사 결과도 있다. 따라서 단순한 삶이 건강에도 좋고 스트레스가 적다는 일반의 믿음은 흔들리고 있다. 호화롭게 사는 사람들은 질 좋은 음식을 먹고 철저한 건강관리를 받는다. 하지만 가난은 어쩔 수 없이 삶을 단순하게 하며 무지하게 만들기도 한다.

그동안 우리가 논의하고 있는 핵심 개념인 단순함, 소박함, 필수품, 단순한 즐거움, 쾌락, 여가, 마음의 평온 자족, 자연을 그리워하고 따르는 삶 등은 긴밀한 상호연관성을 보이며, 다양한 방식으로 영향을 끼친다. 그러나 단순함과 소박함으로 간주되는 개념들이 자동적으로 모두 같은 의미를 지닌다고 생각하는 것은 오산이다. 일례로, 자연적인 삶이 소박한 삶과 조화를 이루지 못하는 경우도 많다. 유기농 식품은 일반적인 식품에 비해 값이 비싸다. 친환경 섬유나 목재도 마찬가지고, 천연 다이아몬드는 인조 제품에 비해 비교할 수 없을 정도로 비싸다. 이런 상황에서 우리는 진짜로 필요한 것이 무엇인지를 따지게 될 것이다.

사람들이 소박하고 단순함을 선택하는 실질적인 이유를 생각해보면, 누군가가 특정방식의 삶을 사는 것이 단지 그것이 논리적으로 옳고, 훌륭한 가치를 지니고 있고, 보편적으로 타당하기 때문만은 아니다. 어떤 이들은 단순한 생활 가운데서도 마음의 평안을 구하지 않는다. 다른 이들은 단순한 쾌락에 만족하는 삶을 지루하고 야심이 없는 삶으로 여길 수도 있다. 심지어 단순한 삶이 결과적으로 더 복잡한 쾌락을 누릴 수 있는 능력을 기르지 못한다고 주장할 수도 있다. 그러나 이것저것 따지고 복잡하게 만드는 것을 단순함을 역주행 하는 것이 아닌가 하는 생각이 든다. 단순함은 그 구성이 간단하다. 잡것이 섞이는 것을 거부한다. 그저 순일함이다. 어떤 조건이나 제한이 있을 수 없다.

사치는 문화를 창조한다

마음속에 인도의 타지마할의 모습을 그려보라, 베르사유의 궁전, 시스타나 성당과 미국의 의회도서관, 영국의 대저택들, 중국 진시황의 병마용갱, 이스탄불의 아야소피아 성당, 아테네의 파르테논 신전, 영국왕실의 왕관 보석 등을 떠올려보라. 18세기 귀족들의 관현악단 전체를 고용하고 하이든이나 모차르트에게 작곡을 의뢰해 무도회 만찬에서 연주하며 누렸던 사치를 상상해 보라. 관광객으로서 우리가 찾아가는 명소들에 대해 생각해 보라. 많은 시간 긴 줄을 서고 입장료를 지불한 뒤, 오래전에 숨을 거둔 한가한 귀족이 누린 사치의 흔적에 경의를 표한다. 궁전, 성, 무덤, 사원, 성당, 정원 벽화. 실내장식, 조각, 그림, 보석, 그 밖의 유물은 모두 막대한 돈을 들여 제작한 것이다. 피렌체를 방문한 사람이 메디치가 사람들의 씀씀이에 고개를 저으며 왜 검소하게 살지 않았는지 따지려 할까? 혹은 모스크바에 볼쇼이 발레단의 공연을 보러 가서 지나치게 화려한 무대

장식이 관람을 방해한다고 불평하는 사람이 있을까? 옥스퍼드셔의 블레넘 궁전이 지나치게 웅장하여 아름답기보다 불쾌하다고 얘기할 수 있을까? 한 가지 분명히 말할 수 있는 사실은, 만일 세상 모든 사람이 소크라테스와 현인들의 충고를 따라 검소하게 단순한 삶을 살았다면 오늘날 관광 사업은 번창할 수 없으리라는 것이다. 우리 모두가 여행에 많은 돈을 들이지 않을 거라는 이유 때문만은 아니다. 뛰어난 자연풍경을 가진 일부 지역을 제외하면, 휴일에 사진을 찍기 위해 미소를 지으며 기다림을 감내할 만한 장소가 없었을 것이기 때문이다.

사치가 문화를 창조했다는 역사적인 사실은 소비와 낭비를 즐기고 검소하게 살아야 한다는 주장을 무색하게 한다. 타지마할부터 캐딜락까지, 허블 우주망원경부터 올림픽 경기장까지, 르네상스의 미술과 조각부터 제임스본드 영화까지, 문명사에서 두드러진 성취로 여겨지는 것 중 다수는 개인과 집단이 사치를 추구하는 결과이다. 문명이란 그러한 모습으로 후대에 전해지고 그로 인해 세상은 더욱 흥미로운 것이 된다.

또한 우리는 몇몇 거대한 건축물이나 예술품 여타 문화적 기회를 담당하는 사람들이 그토록 사치를 부린 정확한 동기와 의도를 흥미로워하며 감상하는 우리의 마음자세와 별다른 차이가 없다는 사실에 주목해야 할 것이다. 피라미드는 그 속에 묻힌 왕의 영광을 위해 건설되었고, 중세의 성당은 신을 찬양하기 위해 기획되었다. 반면 카네기 도서관은 가치 있는 공공서비스를 제공하기 위해 건립되었다. 우리는 거대한 무덤을 세운 왕들의 지독한 자기애(愛)나 거대한 저택을 지은 사람들의 헛된 자기만족보다 카네기의 박애정신에 더욱 감동한다. 하지만 더 흥미를 느끼고 방문하고 싶은 곳은 여전히 피라미드나 대저택이다.

분수에 넘치는 사치생활을 긍정적으로 바라보기는 힘들다. 심지어 궁핍한 상황에서 그러한 행태를 보인다면 사치라는 말을 붙이는 것조차 부적절해 보인다. 소위 "악의 두 축"이라고 불리는 사치와 가난은 한 쪽이 다른 한쪽으로 급속히 이행되는 특성이 있으니, 만일 가난한 사람이 빚이라도 내지 않는다면 곧바로 파산, 굶주림, 질병과 같은 곤궁한 삶으로 내몰리게 된다. 이러한 결과를 피할 수 있다면 기껏해야 어리석다는 소리를 듣겠지만 그러한 결과로 인해 남들에게까지 고통을 야기한다면 부도덕하다는 판단이 합당할 것이다.

흥미로운 사실은, 과소비를 하는 사람은 신중하지 못한 지출로 피해를 입을 뿐 아니라 도덕적 비난마저 받게 된다는 사실이다. 예를 들어 경제학자들이나 문화 비평가들도 과도한 신용 지출과 낮은 저축률을 오래전부터 지적해 왔다. 특히 근검절약하는 독일인이나 중국인과 비교되곤 했다. 경제전문가들도 공통적으로 능력을 넘어선 지출은 무책임하다며, 특히 신용카드의 유혹에서 벗어나라고 조언한다.

그런데 이처럼 도덕적 뉘앙스를 풍기는 비판은 자본주의가 TV나 라디오, 신문 잡지 스팸메일, 광고 등을 통해 끊임없이 내보내는 메시지들과 정면으로 배치된다. 우리는 지속적일 뿐 아니라 공격적으로, 신용구매를 하도록 부추김을 당한다. 저금리 대출이나 무이자할부 서비스 광고가 쉬지 않고 재생된다. 심지어 우리는 종종 적극적인 소비자가 훌륭한 시민의 자세이자 애국자라는 말을 들어 왔다. 이러한 사회적 분위기는 국민들이 소비하지 않으면 국가 경제를 살릴 수 없는 위기감이 팽배했던 2차 대전 이후 본격화되었는데, 경기침체를 맞고 있는 최근에 와서 다시 유행하기 시작했다. 9.11 테러로 지역경제가 타격을 받자, 뉴욕시의 루돌프 줄리아니(Rudolph Giuliani) 시장은 라디오 인터뷰에서 다음과 같이 말한 바 있다.

"모두가 우리 뉴욕 시민들을 도울 수 있습니다. 뉴요커는 물론 전 세계의 어느 누구라도 말입니다. 뉴욕에 와서 소비해주십시오. 적은 돈이라도 좋습니다. 장을 보러 가듯 편안하게 오십시오. 크리스마스나 휴일 쇼핑도 이곳에서 즐겨주십시오. 당장 이번 주부터 말입니다."

2008년 금융위기로 경기침체가 가시화되자 2009년 《뉴스위크(Newsweek)》는 유사한 논리를 펼치며 "당장 저축을 중단하라"는 제호를 달고 기사를 내보냈다.

> 경제 활동의 70퍼센트가 소비에서 비롯되는 지금의 경제체제에서 우리는 이웃의 소비를 필요로 한다. 그렇지 않을 경우 경제학자 케인스가 이야기한 "절약의 역설(paradox ofthrift)"에 빠지게 된다. … 경제가 어렵다고 사람들은 지출을 줄이고 소로를 흉내내며 소박하고 신중한 삶을 살고자 한다. 하지만 국가 경제가 흔들리면 우리는 우리가 미국인 이유를 상실하게 된다.

자본주의는 소비자의 부채를 통해 유지되고 기업은 부채를 통해 성장한다. 부채를 관리하는 일은 국가의 중요한 임무 중 하나가 되었다. 그런데 우리의 도덕적 태도는 상당 부분 결과론적이기도 하다. 자신만의 비전과 꿈을 품은 사업가가 승승장구하면 우리는 박수를 보낸다. 이들의 확고한 경영철학이 언론에 보도되면 그 이야기에 매료된다. 하지만 통계수치로 보자면 유망한 사업가들은 대체로 자신의 전 재산을 끌어 모아 투자하는 것은 물론 배우자의 연금과 주택담보 대출과 부모로부터 증여받은 재산 등, 가능한 모든 재산을 영끌(할 수 있으면 영혼이라도 끌어내서 팔 수 있듯, 수단을 가리지 않고 빚을 내어 올인하는 것)하여 사업을 꾸려간다. 도덕적으로 이것은 지극히 무책임한 행태라고 볼 수 있다. 결국 상당수의 신규 창업회사들은 실패한다. 실패를 어떻게 정의하느냐에 따라 정확한 숫자는 달라지겠지만, 대체로 창업 후 5년 이내에 문을 닫는 회사를 실패로 규정한다. 창업자들이 실패하면 우리는 그들의 사업에 신중하지 못한 행동을 비난한다. 부채를 바라보는 시선은 매우 이중적인데, 바람직한 것으로 칭송하든 어리석은 것으로 치부하든 결과를 중시한다는 점에서는 차이가 없다.

인간의 탐욕을 바라보는 관점이 달라졌다. 개인의 악덕으로 질타를 받던 가치가 애덤스미스와 데이비드 흄 같은 사상가들에 의해 일약 공공의 이익에 기여한다는 공로를 재평가받기에 이르렀다. 비슷한 주장이 사치를 설명하는 데도 적용받을 수 있다. 즉 한 사람의 사치가 다른 사람의 소득으로 이루어지기 때문에 사치는 경제적으로 유익하다는 것이다.

'사치품'의 연간 소비규모는 이 용어를 어떻게 정의하느냐에 따라 달라진다. 오늘날 미국인들은 스마트폰을 사치품으로 여기지 않겠지만, 값비싼 미술 작품은 사치품이라고 생각할 것이다. 많은 경제학자들이 동의하는 기준에 따라 분류하면, 사치품은 사람들의 수요 증가가 소득증가폭보다 큰 품목이다. 하지만 어떤 정의를 따르건 사치품에 쓰이는 금액은 막대하다.

경영컨설팅사 베인앤컴퍼니에 따르면 2014년 세계 사치품 시장의 규모가 9,000억 달러를 상회했다. 일반적으로 사람들이 사치품에 돈을 지출하면 상품과 서비스에 대한 수요가 늘어나고 이를 통해 일자리가 창출된다고 한다. 그러면 새롭게 고용된 사람들이 소득을 얻어 지출을 하므로 경제 활동이 촉진되어, 배를 띄울 수 있는 조류가 형성된다. 일하는 사람들은 복지혜택을 받기보다 세금을 내기 때문에 국민 삶의 질을 향상시키는 교육과 의료, 교통, 설비 등 정부의 공공부문 투자 증가도 사치가 일으킨 긍정적인 효과에 포함된다.

감당할 수 있는 사치

윤리적 관점에서 감당할 수 없는 무분별한 사치는 특별히 흥미로울 것이 없다. 더 재미있는 것은 충분한 여력이 있는 사람들의 사치이다.

부자들이 타고난 것에 공연한 시기심이나 비슷한 감정을 나도 모르게 가지는 것이 아닐까? 유명한 인사들의 사생활을 폭로하는 잡지사 기자들은 사람들이 본래적으로 스타들의 불행을 즐긴다고 주장할 것이다. 영화계 스타들의 이혼 및 아이들의 수감 소식, 불행한 가정 이야기, 헤로인 과다 복용으로 중태에 빠졌다는 등이 눈에 띈다. 사람들이 이러한 사건 이야기에 관심을 갖는 것은 비열한 시기심 때문만은 아닐 것이다. 어쩌면 부자라고 해서 자신들보다 더 행복하지 않다는 사실을 확인함으로써 안도감을 찾으려는 것인지도 모른다.

사치에 대해 거부감을 느끼는 다른 이유에는 어떤 것이 있는가? 보통 사람으로서는 상상도 할 수 없는 사치를 즐기는 부자들의 행태 자체가 잘

못됐다는 지적도 있을 것이다. 자신의 부를 과시하려는 욕망에서 사치를 한다. 사치는 무지에서 비롯되며 그로 인해 인격적인 결함이 드러나는 것이다. 이런 식으로 행동하는 사람은 인간에게 주어진 좋은 삶의 본질을 오해하며 성경에는 "미련한 자가 사치하는 것이 적당하지 못하거든"(잠언 19:10)이란 구절이 나오는데, 이러한 의미에서 '적당하지' 못한 것은 다른 곳에서도 발견된다. 교양도 없는 사람이, 책 한 권을 읽어보지 못한 사람이 돈이 많아서 도서관을 사들인다고 하면 우리 마음은 고마운 생각이 먼저 들고 감사할까? 이제 초등학교에 입학한 딸아이에게 피아노를 배운다고 장래 훌륭한 피아니스트가 되기를 희망하면서 최고급 스타인웨이 피아노를 사준다면 우리는 그 사람을 잘한다고 칭찬할 수 있을까?

내 일도 아니면서 자기 가진 돈 제 마음대로 쓰는데, 내 마음이 왜 이렇게 불쾌한 생각이 들까? 내가 수양이 부족한 탓일까? 그런데 어쩌면 이들을 바라보는 언짢은 기분이 우리가 가진 속물근성 때문인지도 모른다는 생각을 한다. 천박한 부자가 제대로 모르는 가치를 나 자신은 진정으로 알고 있고 또한 즐길 수 있다고 생각한다. 하지만 우리 자신도 그런 종류의 비판을 면할 수 없을 것이다. 그 가치를 더 잘 이용할 수 있는 사람들에게는 우리도 진주 목걸이를 한 돼지로 보이지 아니할까?

사람들은 사치에 대해 거부감을 느끼는 것은 어쩌면 사치하는 사람 개인의 품성일 수도 있다. 그렇다면 그 사람은 훌륭한 사람이 갖추어야 할 덕목을 갖추지 못한 것이다. 플라톤과 아리스토텔레스와 스토아학파 철학자들이 주장하는 덕, 윤리학의 관점에서 보면 사치하는 사람은 옳지 않은 행동이란 다른 사람에게 해를 입히는 행동인데, 사치를 즐기는 사람은 그저 자기가 하고 싶은 행위를 할 뿐이다. 그런데 자신의 능력 범위 안에서 사치를 즐기는 사람이 타인에게 해를 입히고 있다고 주장할 수 있을까? 이 생각을 뒷받침해줄 두 가지 논거를 생각해 보자.

사치가 해로운 첫 번째 이유는 사치는 유쾌한 파급효과 때문에 해로울 수 있다. 어떤 사람의 화려한 삶은 다른 사람들에게 사치를 조장하는 가장 강력한 요인이 되는데, 사람들은 때로는 사회적 지위를 높이기 위해 소비를 한다.

이런 행위의 원인(motive)은 모든 종류의 소비 이면에 숨겨져 있다. 집, 자동차, 옷 첨단 장비 같은 유형의 재화든, 휴가나 스포츠 같은 경험이든, 결혼식과 파티 등의 행사든 마찬가지이다. 사회학자 줄리엣 쇼어는 《과소비하는 미국인들》에서 미국의 평범한 마을 주민들이 이웃들과 어울리는 삶을 택하기보다, TV나 광고 등의 미디어에 노출되는 자신들보다 훨씬 부유한 이들과 동일시하고 그들의 생활수준을 모방하는 경향이 증가하고 있다는 연구 결과를 내놓았다.

대중매체는 사람들에게 자신과 비교할 새로운 기준을 제공했고, 그 결과 사람들은 더 많이 사기 위해 더 많이 벌어야 한다는 압박감을 느끼게 되었다고 말한다. 이러한 현상은 사회경제적 계층을 막론하고 관련된 모든 사람들에게 일방적으로 부정적인 결과를 가져왔다. 경제적인 씀씀이가 큰 소비가 확산되면서, 행복해하는 사람은 얼마 되지 않는 데 비해 파산하고 만족하지 못하는 사람들이 많아졌다. 문제는 소득이 상승하는 경우에도 그에 비례해서 문제가 커졌다는 점이다.

사치가 해로운 두 번째 이유는 단순하게 그것이 낭비이기 때문이다. 더 나은 용도를 쓰일 수 있는 많은 돈이 낭비되는 것이다. 누구나 행복을 추구하고 고통을 회피할 권리가 있다. 하지만 이웃이 굶주리는데 값비싼 음식으로 포식하고, 이웃이 약이 없어 사경을 헤매는데 불필요한 사치에 탐닉한다면 이러한 행위는 분명히 도덕적으로 잘못이다. 또한 단순히 유추

해보아도 많은 사람의 목숨을 구하고 삶의 질을 크게 향상시킬 수 있는 자원이 부유층의 호화로운 생활에 낭비되는 것은 잘못이다. 가진 자와 못 가진 자 사이에 있는 물리적으로 멀어져가는 거리를 따지는 것은 도덕적으로 무의미하다. 우리 중에 여유가 있는 사람들이 자신들의 여유분을 사용해서 가난한 사람을 도와주어야 한다. 최소한 부자가 포기하는 즐거움이 도움을 받는 사람들이 삶을 개선하는 효용보다 크지 않는 지점까지는, 도와주어야 한다. 적어도 생존에 필요한 기본적인 것이 부족해서 고통을 겪고 죽어가는 사람들이 있는 상황에서 어떤 사치는 도덕적으로 불편하다는 데는 다수가 동의 할 것이다. 도움을 절실히 필요로 하는 사람들에게, 그들이 가까이 있든 멀리 있든 상관없이 똑같이 도움을 베풀 책임이 우리에게 있으며, 개인의 사사로운 행복을 약간 더해줄 뿐인 사치를 조금만 줄인다면, 기본적인 요건조차 충족하지 못하는 많은 사람들의 삶을 크게 개선할 수 있다.

05
생명의 의미는 누가 부여하는가?

생명의 존엄성

생명은 선물인가, 소유물인가

배아(胚芽) 복제

배아를 인간으로 볼 수 있는가?

사진 | 오세용 사관

생명의 존엄성

인간의 생명과 개인의 자유에 관한 것을 생각해 보고자 한다.

개인의 사적 자유야 말로 외부적인 강제에 의해 다루기가 가장 까다로운 주제이다. 윤리적인 차원뿐만 아니라 종교적 차원의 접근법도 유효하기 때문이다. 생명이 누구의 것인가? 로부터 시작해서 어디까지를 생명으로 보아야 하는가? 법으로 개인의 감정 영역까지 통제 할 수 있는가? 등 법으로 정의 할 순 없지만 인간에게 가장 중요한 가치의 문제들은 언제나 논란의 여지가 많다.

존엄사(尊嚴死), 인간에게 죽을 권리를 허용해야 하는가?

미국의 연방 대법원이 '의사조력자살(존엄사)을 금지하는 사건을 두 곳의 하급 법원에서는 만장일치로 이 금지 법안을 지지 했으며, 존엄사에 관한 헌법적 권리를 인정하지 않았다.

미국연방 대법원은 죽음을 앞둔 환자에게 존엄사를 선택할 법적 권리가 있는지 여부에 관해 결정을 내리려는 것이다. 그러나 이 권리를 인정하지 않을 가능성이 높다. 현재 대부분의 주에서 존엄사를 금지하고 있으며 법정에서 벌어진 논의에서 판사들은 이처럼 중대한 도덕적 이슈에 관한 많은 법률들을 무효화 시키는 것에 의문을 제기했다.

만일 예상대로 연방법원이 존엄사 권리를 인정하지 않은 판결을 내린다면 그것은 자살을 합법적 권리로 인정한 연방법원 두 곳의 입장을 뒤엎는 것이다. 그리고 그것은 의견서를 제출한 6명의 저명한 도덕철학자들의 의견에 반박하는 것이기도 하다. 이 의견서에는 자유주의 정치 철학을 대표하는 인물들이 참여했다. 로널드 드위킨(옥스퍼스대학 및 뉴욕대학), 토머스 네이글(뉴욕대학), 존 롤스(하버드대학), 로버트 노직(하버드 대학), 토머스 스캔론(하버드대학), 주디스 자비스 톰슨(MIT)이 바로 그들이다.

이 철학자들의 주장에는 흥미롭지만 잘못된 신념이 담겨있다. 그것은 정부가 논쟁의 대상이 되는 도덕적·종교적 문제들에 중립적인 입장을 취해야 한다는 신념이다. 그들은 삶의 의미와 가치를 결정하는 것이 무엇인가에 대해서는 사람마다 생각이 다르므로 정부가 법을 통해 그러한 문제들에 답을 정해 주어서는 안 된다고 주장한다. 그 대신 '삶의 가치는 무엇인가'에 대한 각자의 신념에 따라 사람들이 삶을 살 권리를 지녔음을 존중해 주어야 한다는 것이다. 이 6명의 철학자들은 판사들이 도덕적 논란이 벌어질 영역에 선뜻 법을 들여놓고 싶어 하지 않는다는 점을 염두에 두고 있다. 그들은 법원이 자살 자체의 도덕적 의미에 관한 판결을 내리지 않고도 존엄사를 인정할 수 있다고 주장한다. 철학자들은 의견서에 이렇게 썼다.

> "이 사건은 사람들이 자신의 죽음을 받아들이거나 대면하는 방식에 대해 또는 누군가의 죽음을 앞당기기 위해 타인의 도움을 요청하는 일이 윤리적으로 적절한가에 대해 도덕적·윤리적·종교적 판단을 내릴 것을 법원에 요구하지 않는다."

또한 그들은 "종교적·철학적 신념에 대한 법원의 그 어떤 강요도 없는 상태에서 죽음에 대한 판단을 자기 스스로 내릴 수 있는" 권리를 법원이 각 개인에게 부여해야 한다고 말했다.

자유주의 철학자들은 중립적인 태도를 취한다고 말하지만 그들의 주장은 삶의 가치를 결정하는 것이 무엇인가와 관련된 인식을 드러냈다. 이 인식에 따르면 우리의 생명은 우리 스스로가 만든 창조물로 여기면서 자신의 의도에 따라 자율적으로 삶을 살거나 죽음을 선택하는 것이 최선이다. 스스로 연극에 참여하는 인물로 여기지 않고 연극 그 자체를 만든 사람으로 여기는 것이 가장 바람직한 삶을 산다는 것이다. 철학자들의 의견서에서 이렇게 말했다.

> "우리들 대부분은 죽음을 삶이라는 연극의 마지막 장면으로 생각한다. 그리고 우리는 그 마지막 장면이 우리의 신념을 반영하기를 바란다."

이 철학자들은(병의 말기 시점) 생명을 지속하는 것이 삶의 가치를 높이기보다는 오히려 손상시킨다고 결론짓고 자신의 삶을 끝내려는 사람들을 대변했다. 스위스는 공식적으로 존엄사를 인정하고 있다. 대부분의 나라들이 존엄사를 인정하지 않고 있어 죽고 싶을 때 스위스를 찾아와서 죽는다고 한다.

우리나라는 OECD회원국 가운데 자살률이 1위다. 자살은 고의로 자신을 죽이는 행위이다. 집중적인 연구에도 불구하고 자살 이론에 대해 보편적으로 받아들여지고 있는 이론은 없다. 현재로서는 생물학적, 유전적, 심리적, 사회적, 환경적 요인들로 인한 복잡한 상호 작용의 결과와 사회경제적으로, 가족과, 개인의 위기 상황에서(예: 실직, 사랑하는 사람들의 죽음, 명예를 잃음)더 빈번하게 자행하는 것으로 이해하며, 다차원적인 요인에 의한 장애로 보고 있다.

오늘날 자살은 모든 국가에서 사회적 경제적으로 더 깊은 곳까지 영향을 미치는 공중 보건의 문제라 사실임에도 불구하고 여전히 대부분의 금기시되는 대상으로 남아 있다. 자살의 위험을 전적으로 일소할 수는 없지만, 다양한 방지 전력에 의해서 자살의 위험을 상당히 줄이는 것은 가능하다.

- 세계보건기구(WHO)는 매년 80만명이 40초마다 한명씩 자살한다고 보고하고 있다. 지난 45년 동안 세계적으로 자살률은 60%까지 증가했다. 대부분의 국가에서 자살률은 남성들이 여성들보다 훨씬 높게 나타났다. 대부분의 국가에서 자살은 사망의 10대 요인에 속하며 15~30세 연령층에서는 사망의 3대 요인 가운데 하나이다.
- 구세군은 세계에서 자살 예방 프로그램을 제공한 첫 번째 조직이다. 1907년 구세군의 창립자 윌리엄 부스는 런던에 자살방지부를 설치하여 구세군의 자살예방 사업을 시작했다. 이 사역은 자살한 사람들의 유족뿐만 아니라 고민하는 사람들에게 시행하고 있으며 효과적인 사업이다. (위 기사는 구세공보 2022. 2월호 '자살방지(SUICIDE PREVENTION)' 기사 일부를 인용한 것임)

생명은 선물인가, 소유물인가

낙태에 관련된 미국의 재판이 가족계획협의회 대 케이시 Planned Parenood vs Casey(1992) 사건에서 법원이 내린 판결을 인용하면서 자유주의 철학자들은 "개인의 존엄성과 자율성을 지키기 위한" 개인의 권리를 강조한다. 이러한 자유에는 "인간 생명의 존재와 의미, 신비로움에 관한 개념을 스스로 정의 내릴 수 있는 권리"가 포함된다.

자율과 선택을 강조하는 자유주의 철학자들의 이와 같은 견해에는 '생명은 그 생명을 가진 사람의 소유물'이라는 사실이 담겨 있다. 이러한 윤리관은, "생명은 우리에게 주어진 선물이며 우리는 일정한 의무를 갖고 그 생명을 지키는 관리인이 되어야 한다."는 것이다. 도덕적 관점에서는 인간의 생명을 자유롭게 처분할 수 있다는 생각을 반대한다. 생명의 주인이라 할지라도 그렇게 할 수 없다고 본다. 자유주의 철학자들이 주장하는 자유 논리는 전혀 중립적이지 않으며 많은 종교적 전통에도 어긋나며 자유주의의 정치 철학의 아버지인 존로크와 칸트가 지닌 관점과도 거리가 멀다. 로크와 칸트 두 사람 모두 자살할 권리를 부정했으며, 생명은 마음대로 처분할 수 있는 소유물이라는 인식에 반대했다.

로크는 어떤 권리에 의해서도 생명은 철저하게 우리 자신에게 속하기 때문에 심지어 자신의 동의에 의해서도 그것을 포기 할 수 없다고 주장했다. 생명권과 자유를 누릴 권리는 양도할 수 없는 것이므로 스스로 노예제도나 자살에 건네줄 수 없다고 로크는 말한다.

> "어느 누구도 자신이 가진 것보다 더 많은 권한을 타인에게 줄 수 없다. 따라서 자기 자신의 생명을 제거할 수 없는 사람은 그렇게 할 권한을 타인에게 줄 수도 없다."

칸트의 경우 자율에 관한 존중에는 타인에 대한 의무일 뿐 아니라 자기 자신에 대한 의무도 수반된다. 특히 인간을 그 자체로 대해야 하는 의무가 따른다. 이 의무는 사람이 자기 자신을 대하는 방식을 규정한다. 칸트에 따르면, 살인이 옳지 않은 이유는 타인을 존중하지 않고 하나의 수단으로 이용하기 때문이다. 이는 자살의 경우도 마찬가지다. 칸트는 이렇게 말했다.

> "고통스러운 상황에서 빠져 나가기 위해 스스로 목숨을 끊으려한다면, 그것은 인간을 수단으로 이용하는 것이다. 그러나 인간이 수단으로 이용되는 물건이 아니다."

칸트는 인간에게는 타인을 죽일 권리가 없는 것과 마찬가지로 자기 자신을 죽일 권리도 없다고 결론을 내렸다. 칸트와 달리 자유주의 철학자들의 의견서에서는 그 사람이 판단력과 정보를 갖고 있는 한 생명의 가치는 자기 자신이 판단하는 것이라고 가정한다.

"판단력이 있는 인간이 죽음을 원한다면 그것을 허용할 수 없는 이유로 '죽음을 당하지 않을 권리'를 드는 것은 이치에 맞지 않는다."

칸트라면 여기에 동의하지 않았을 것이다. 어떤 사람이 죽고 싶어 한다고 해서 그를 죽이는 일이 도덕적으로 허용할 수 있는 일은 아니기 때문이다. 죽고 싶어 하는 그의 바람이 마지막 간절한 소망이더라도 그렇다.

자유주의 철학자들은 존엄사 허용이 그것을 반대하는 사람들에게 해를 끼치지 않는다고 응수한다. 자신의 삶을 소중히 여기지 않고 드라마의 에피소드로 여기는 사람들은 계속 그런 관점을 유지하기 때문이다. 그러나 이는 법이 바뀌면 우리가 스스로 이해하는 방식에도 변화가 일어날 수 있다는 사실을 간과하는 것이다. 존엄사를 금지하는 현재의 법이 '무엇이 생명의 의미를 부여 하는가?'에 관한 인식을 반영한다는 자유주의 철학자들의 말은 옳다. 그러나 연방대법원이 자율권이라는 이름으로 존엄사 권리를 인정하는 경우에도 그와 유사한 상황이 발생할 것이다. 존엄사 권리를 인정하는 시스템에서는, 단순히 선택의 범위만 확장되는 것이 아니라 생명을 선물이라기보다 소유물로 간주하는 경향이 늘어날 것이다.

자율적이고 독립적인 사람들에게 부여되는 신뢰는 강화되고 의존적인 사람들의 주장은 폄훼된다. 이러한 변화가 노인과 장애인, 빈자와 병약자들과 관련된 정책에 어떤 영향을 미칠 지 또는 의사가 환자를 대하는 태도와 자녀가 늙어가는 부모를 대하는 태도에 어떤 영향을 미칠 지는 아무도 예측할 수 없다.

자율권 논리에 반대한다고 해서 반드시 모든 경우의 존엄사에 반대하는 것은 아니다. 생명을 신성한 선물로 여기는 사람들도 환자의 비참한 상황이 생명 보존보다 우선 한다고 인정할 수 있다. 해결책은 죽음을 돕는다는 행위의 도덕성을 유지하고 생명에 대한 경외감을 지키면서 존엄사를 존중해 줄 방법을 찾는 것이다.

배아(胚芽) 복제

인간은 생명을 창조할 자격이 있는가?

우리는 줄기세포에 관한 아픈 추억이 있다. 서울대 황우석 전 교수의 '줄기세포 논문 조작 사건'이 그것이다. 국민적 영웅에서 최대의 과학사기 사건의 주범으로 줄기세포 논문 조작사건이 2005년 12월 23일 서울대 조사위원회(위원장 정명희)가 황우석 교수팀의 2005년도 사이언스 논문이 완전 조작된 것으로 결론 내리자 '설마 그것까지는 아니겠지'하며 애써 진실을 외면하려 했던 국민들이 결국 고개를 떨구었다. 참으로 부끄러운 일이다. "세계 앞에 고개를 들 수 없는 부끄러운 일입니다…." 김수환 추기경도 이 같은 말을 하며 눈물을 보이고 말았다. 국민들은 허탈하고 침통하고 나락(奈落)으로 떨어지는 부끄러움 속에 말을 잇지 못했다. 그에게 새로운 삶의 희망을 걸었던 환자들과 가족들은 억장이 무너지는 충격에 휩싸였다.

황 교수팀의 '마지막 변명'으로 바꿔치기 의혹을 제기하면서 김선홍 연구원 등을 상대로 수사를 검찰에 요구했지만, 더 이상 황 교수팀의 말에 신뢰가 가지 않는다는 것이 국민들의 반응이었다. 이미 그를 향한 국민의 애정은 싸늘하게 식었다.

황 교수팀의 '마지막' 변명으로 밖에 들리지 않는 주장이 설사 맞는 것이라 해도 어쨌든 논문은 조작됐고 환자맞춤형 줄기세포는 없는 것으로 보인다는 것이 현실이다. 이제 황 교수 줄기세포의 전말이 대부분 드러났다. 그러나 이대로 과학과 우수한 연구자들을 매도해서는 안 된다. 이제부터는 과학에 대한 신뢰를 다시 세우고 철저한 검증을 통해 세계 앞에 다시 우리의 과학 의지를 보여주어야 한다. 이는 과학인들의 스스로 나서야 할 부분이 많은 것이 사실이지만 정부나 학계, 사회 모두가 다시 시작해야 한다.

2005년의 아픈 추억을 교훈 삼아 새롭게 일어서는 한국과학이 되는 것만이 혼란과 패닉상태에 빠졌던 국민들을 위로하는 길임을 과학인들은 가슴에 새겨야 할 것이다.

황우석 교수팀이 지난 2005년 5월 영국 런던에서 전 세계과학자들, 기자들을 상대로 '환자 맞춤형 배아 줄기세포 배양'이라는 연구 성과를 발표할 때만 해도 세계는 놀라움을 금치 못했다. 세계 최고의 과학 저널로 정평이 있는 사이언스도 환자 맞춤형 배아줄기세포가 존재하지 않았다는 사실을 간과하지 못했다. 세계에 내로라하는 줄기세포 연구자들의 공동연구 제안을 받았고 한국을 중심으로 세계 줄기세포허브를 만드는데도 성공했기 때문이다. 전문적인 지식이 없는 국민들은 대한민국이 낳은 세계적 영웅의 '신화' 앞에 뜨거운 박수를 보냈다.

황 교수는 논문 발표 후 전쟁에서 승리하고 금의환향하는 개선장군처럼 정부와 사회단체 정치권 등으로 각종 지원을 이끌어 냈다. 이후 황 교수는 연구보다 대외적인 활동에 치중했다. 연합뉴스 인물정보와 황 교수 후원회 사이트에 따르면 그의 직함만도 어림잡아 16개 정도 되었다. 결국 그는 국민적 영웅에서 최대의 과학사기사건 주범으로 추락했다.

왜, 이런 일이 일어났는가? 그것은 우리사회가 도덕적인 문제에 민감하지 못했기 때문이다. 정직하고 바르게 살려는 인간의 근본자세를 망각하고 성공병에 걸려 세워놓은 것이 사상누각(沙上樓閣)이 되고 만 것이다. 윤리에 어긋남이 없어야 한다.

얼핏 생각하면 정부가 배아줄기세포 연구를 지원해야 한다는 주장은 옹호론이 필요하지 않을 만큼 당연히 옳은 것처럼 느껴진다. 파킨슨병, 당뇨병 척추 손상 같은 끔찍한 병을 치료할 수 있는 길을 열어주는 연구를 정부가 지원하지 않을 이유가 있는가?

그러나 줄기세포 연구 반대자들의 논리도 잊어서는 안 된다. 이들의 반박 논리에는 두 가지가 있다. 어떤 이들은 그러한 가치 있는 목적에도 불구하고 배아줄기세포 연구가 인간배아를 파괴하므로 옳지 않다고 주장한다. 또 어떤 이들은 배아 연구 자체는 나쁘지 않다 해도 결국엔 인간 존엄성을 말살하는 여러 관행들(배아 양식장, 인간복제, 태아를 예비 부품으로 사용하는 행위, 인간 생명의 상품화 등)로 향하는 길을 열어줄 것이라고 우려한다.

두 반박 모두 완벽한 설득력을 갖지는 않지만 이들의 주장에는 줄기세포 연구 지지자들이 진지하게 생각해야 할 문제가 담겨져 있다. 첫 번째 반박을 생각해보자. 배아 파괴가 옳지 않다고 주장한 사람들은 생물학 윤리에서는 목적뿐만 아니라 수단도 중요하다는 점을 내세운다. 맞는 말이다. 아무리 훌륭한 목적을 가진 연구라 할지라도 그 과정에서 근본적인 인간 권리를 침해한다면 정당화 될 수 없다. 예를 들어 나치의 잔인한 실험은 설령 그 실험 덕분에 인간의 고통을 덜어주는 여러 치료법을 발견했다 할지라도 정당화 될 수 없다.

중요한 의학 연구라 해도 인간의 존엄성을 지키기 위해 어느 정도 도덕적 제한을 받아야 한다는 사실에 반대할 사람은 거의 없다. 문제는 줄기세포연구에 수반되는 배아 파괴가 인간을 살해하는 행위에 해당하는가 여부이다. 배아파괴를 반대하는 사람들은 그렇다고 주장한다. 그들은 배반포(胚盤胞)에서 줄기 세포를 추출하는 것은 다른 사람의 생명을 구하기 위해 아기 몸에서 장기를 떼어내는 것과 다를 바 없다고 말한다.

어떤 이들은 수정된 태아 단계에서 이미 영혼이 존재한다는 종교적 믿음을 근거로 제시한다. 또 어떤 사람은 종교와 상관없이 이성적인 추론 과정을 토대로 줄기세포 연구에 반대한다. 그들의 논리는 이렇다. 인간은 누구나 배아를 출발점으로 삶이 시작된다. 인간이라는 이유 자체로 우리의 삶은 존중받을 가치가 있으며 침범당할 수 없는 신성한 가치가 없다고 생각하는 것은 잘못이다. 이 논리를 주장하는 사람들은, 잉태에서 출산에 이르는 과정 중에 어느 순간부터 인간인지 정확히 구분할 수 없기 때문에 배아도 완전한 성인과 마찬가지로 침범당할 수 없는 가치를 가진 존재로 간주해야 한다고 말한다.

하지만 이 논리에 결함이 있다. 누구나 배아를 출발점으로 삶을 시작한다는 사실이 곧 배아가 인간이란 사실을 확증하지는 않았기 때문이다.

배아를 인간으로 볼 수 있는가?

배아를 인간으로 보는 사람들은 종종 도덕적 비차별의 관점에서 배아를 대하는 것만이 대안이라고 가정한다. 그러나 배아를 존중하기 위해 그것을 반드시 인간으로 간주해야 할 필요는 없다. 물론 배아를 사물로 여기는 행위는 인간이 될 가능성을 지닌 배아의 신성함을 간과한 일이다. 새로운 화장품을 개발하기 위해 배아를 무자비하게 파괴하고 사용하는 일에 찬성할 사람은 거의 없다. 하지만 대상을 존중하기 위해 그저 '인간이기 때문에' 라는 이유를 들어서는 안 된다.

납작한 배양접시 안의 배아가 인간과 똑같은 도덕적 지위를 갖는다는 생각은 보다 심오한 반론에 부딪힐 수 있다. 그러한 생각에 타당성이 부족한 이유를 입증하는 가장 좋은 방법은 거기에 담긴 숨은 뜻을 살펴보는 것이다. 먼저 배반포에서 줄기세포를 확보하는 것이 아기의 몸에 장기를 떼어내는 것과 마찬가지의 행위라면 단순히 정부의 지원에 반대하는 것에서 그치는 것이 아니라 도덕적으로 책임 있는 정책을 통해 줄기세포 추출 자체를 금지해야 한다.

첫째, 만일 일부 의사들이 일상적으로 아이들을 죽여 장기를 빼낸다면 그러한 영아 살해에 정부가 지원을 해서는 안 되지만 민간 영역에서는 허용되어야한다고 주장할 사람은 아무도 없다. 우리가 배아줄기세포 추출이 영아 살해와 똑 같다고 믿는다면 배아줄기세포 추출을 금지할 뿐만 아니라 그것을 끔직한 살인 행위로 간주하고 그것을 행하는 과학자들을 처벌해야 한다.

둘째, 배아를 인간으로 간주하는 관점은 줄기세포 연구만 불가능하게 하는 것이 아니라 많은 배아의 폐기가 수반되는 모든 불임치료 및 관련 시술도 불가능하게 만든다. 임신 성공률을 높이고 여성의 고통을 줄이기 위해 체외수정을 실시하는 대부분의 병원에서는 최종적으로 자궁에 착상되는 것보다 훨씬 많은 수의 난자를 수정시킨다. 남은 배아들은 대개 무기한 냉동 보관되거나 폐기된다.(줄기세포 연구를 위해 기증되는 수는 매우 적다) 그러나 끔직한 질병의 치료를 위해 배아를 희생시키는 것이 비도덕적이라면 불임을 치료하기 위해 배아를 희생시키는 것 역시 비도덕적인 행위이다.

셋째, 체외 수정 지지자들은 체외수정 과정에서의 배아 손실이 자연임신 과정에서의 배아 손실보다 더 적다는 점을 지적한다. 자연임신 과정에서 수정되는 모든 난자의 절반 이상이 착상되지 못하거나 여타의 이유로 손실되기 때문이다. 이러한 사실은 배아를 인간과 동일시하는 견해를 옹호하기 어렵게 만든다. 자연적인 임신 과정에서 성공적으로 태어나는 아기 한 명당 여러 개의 배아가 손실 된다면, 그에 비해 체외수정이나 줄기세포 연구에서 발생하는 배아 손실은 걱정거리가 못된다.

배아를 인간과 동일시하는 사람들은 높은 영아사망률이 영아살해를 정당화하지 못한다고 응수할지도 모른다. 그러나 배아의 자연적인 손실에 관한 사람들의 태도를 보면 대부분의 사람들이 배아 손실을 도덕적 또는 종교적 차원에서 유아의 죽음과 동일하게 간주하지 않는다는 사실을 알 수 있다.

인간 생명에 관해 가장 엄격하고 신성한 입장을 취하는 종교에서도 배아의 손실에 대해 어린아이가 죽었을 때와 똑같은 매장의식이나 장례절차를 치르지 않는다. 게다가 자연생식에 따르는 배아 손실이 도덕적 차원에서 유아의 죽음과 동등한 것이라면 임신은 공공보건 분야의 중대한 위기 사태로 간주되어야 한다. 자연적인 배아 손실을 줄이는 일이 낙태, 체외수정, 줄기세포 연구로 더 시급한 도덕적 과제가 되는 것이다.

줄기세포 연구 반대자들조차도 배아 이용에 대한 전면적인 반대를 하는 것을 주저한다. 미국 조지W. 부시 대통령은 2001년 8월 배아줄기 세포 연구에 대한 연방재정 지원을 금지하는 조치를 취했다. 하지만 그 연구 자체를 금지하거나 과학자들에게 그러한 연구를 중단하라고 촉구하지 않았다. 그리고 줄기세포 연구를 둘러싸고 의회에서 격렬한 논쟁이 벌어졌을 때 적극적인 반대자들도 체외수정을 금지하거나 불임치료 의료기관들이 과도하게 많은 배아를 만드는(혹은 폐기하는 것)을 금지하는 캠페인을 벌이지는 않았다. 이는 그들의 입장이 흔들렸음을 의미하는 것이 아니라 '배아는 침해할 수 없는 신성한 생명체'라는 신념이 없다는 사실을 보여준다.

그렇다면 다른 어떤 근거가 줄기세포 연구에 대한 정부지원 금지를 정당화 할 수 있을까? 줄기세포 연구가 악용되어 결국 인간존엄성을 훼손하는 여러 결과를 낳게 될 것이라는 우려가 그 근거가 될 수 있다. 이러한 반대론이 제기하는 우려는 합당하지만 줄기세포 연구를 금지하는 것이 그러한 우려에 대처하는 적절한 방법이 아니다.

의회는 인간복제 금지와 같은 합리적이고 적절한 규제들을 시행해 그러한 악용을 막을 수 있다. 또는 영국의 선례를 따라 연구용 배아를 생성 이후 14일 이상 성장시키지 못하도록 규정하거나, 배아 및 생식 세포의 상품화를 금지하거나, 특정인이 줄기세포 연구를 독점하지 못하도록 줄기세포은행을 만드는 등의 조치를 취할 수 있다. 이와 같은 규제들이 생물학이 제시하는 '멋진 신세계'를 향하도록 지혜의 길로 인도해줄 것이다.

06

복권과 도박, 공공 서비스인가, 비도덕적 타락인가?

사진 | 오세용 사관

복권과 도박, 공공 서비스인가, 비도덕적 타락인가?

도덕의 타락은 여러 가지 형태로 나타난다. 가장 흔한 것은 도둑질과 유사한 형태이다. 뇌물로 공직자들의 호주머니를 채워주고 그 대가로 특혜와 이권을 챙기는 로비부정 행위를 들 수 있다. 이러한 타락은 은밀히 행해지지만 대중에게 드러날 경우 강렬한 비난의 대상이 된다. 이러한 비난 따위는 무섭지 않다고 생각하거나 가장 쉽게 돈을 버는 방법이 무엇일까? 아니 역으로 가장 쉽게 망하는 방법은 무엇일까? 그것은 도박이 아닐까? 또 하나를 예를 든다면 믿을 만한 사람에게 돈을 빌려준다던가, 빚보증을 서 준다면 필연적으로 망하게 되어 있다.

그러나 또 다른 형태의 타락은 다분히 공개적으로 일어난다. 이것은 도둑질이나 부정행위와 관련이 없으며 오히려 공공의 책임을 외면하라고 부추긴다. 이와 같은 공적인 타락은 첫 번째 종류의 타락보다 훨씬 위험하다. 법을 위반하는 행위는 아니지만 훌륭한 법률의 토대가 되는 정신을 손상시키기 때문이다. 그리고 이러한 타락이 명백해질 즈음에 새로운 습관이 사람들의 삶에 너무 깊숙이 파고들어 있어 다시 되돌리기가 어렵다.

미국에서 나온 자료이지만 이해를 돕기 위해 인용해 보고자 한다. 소득세가 생겨난 이후 정부 재정과 관련해 일어난 변화 한 가지를 생각해보자. 그것은 바로 복권사업이 급격히 활성화 된 일이다. 과거에 주에서 불법이었던 복권 사업이 언젠가부터 갑자기 지방정부의 수입의 원천으로 변모해 중요한 역할을 하기 시작했다.

1970년에는 미국에 2개의 주에서만 복권 사업을 운영했지만 현재는 40개 주와 컬럼비아특별구에서 운영하고 있다. 2004년에 미국의 전국 복권 판매액은 480억 달러를 넘었고 2010년 미국의 복권 판매액이 580억 달러로, 이는 1985년의 90억 달러에 비하면 여섯 배나 늘어난 수치다.

전통적으로 복권에 반대하는 사람들은 도박이 부도덕한 행위라는 점을 지적한다. 그런데 이러한 반대론은 최근 수십 년 사이에 힘을 많이 잃었다. 부분적으로는 부도덕이라는 의미에 대한 개념이 변화했기 때문이기도 하지만 시민들의 도덕과 부도덕을 법률로 규정하는 것을 과거에 비해 꺼리기 때문이기도 하다. 도덕적인 이유로 도박을 반대하는 사람들조차도 단지 비도덕적이기 때문에 도박을 법률로 금지하는 것에는 선뜻 찬성하지 못한다. 도박이 사회 전반에 해로운 영향을 끼치지 않는다면 말이다.

복권 찬성론자들은 언뜻 타당하게 보이는 3가지 근거를 제시한다. 첫째, 복권은 세금을 올리지 않고도 중요한 공공서비스에 필요한 정부 수입을 늘리는 손쉬운 방법이다. 세금과 달리 복권은 의무가 아니라 선택의 문제이며 강제적인 것 또한 아니다. 둘째 복권은 사람들에게 인기 있는 오락이다. 셋째, 복권을 파는 판매소들(편의점, 주유소, 슈퍼마켓 등), 복권을 홍보하는 광고 회사와 언론매체들도 정당하게 수입을 창출할 수 있다.

그렇다면 정부가 운영하는 복권 사업은 무엇이 문제일까? 먼저 복권 사업은, 위선적이면서도 대다수 국민 정서에 남아있는 도덕적 거부감에 의존한다. 복권 사업이 막대한 수익을 창출하는 이유는 독점 사업이기 때문이다. 전통적인 도덕적 이유 때문에 현재 민간사업자가 복권 사업을 운영하는 것은 금지되어 있다.(수많은 카지노가 경쟁적으로 영업하고 있는 라스베이거스에서는 손님에게 돌려주는 수익은 총수입 금액의 90%로 설정한다. 반면 정부가 독점 운영하는 복권은 총수입 금액의 약 50% 정도만 당첨자들에게 돌려준다).

자유주의에 입각한 복권 옹호론자들은 다음 두 질문 사이에서 딜레마에 빠진다. 만일 복권이 세탁소나 편의점처럼 도덕적으로 합당한 사업이라면 왜 민간 기업이 그것을 판매하고 운영해서는 안 되는가? 만일 복권이 매춘처럼 비도덕적 사업이라면 왜 정부가 그 사업을 운영하고 있는가?

구세군에서도 이런 고민을 한 적이 있었다. 2000년도 초기에 신문로에 있는 구세군회관 옥상위에 모 복권회사가 광고하기 위하여 시설물을 세웠다. 물론 그 회사는 구세군에 상당한 임대료를 지불했다. 구세군은 자선냄비를 비롯한 모금사업에 목말라 있었다. 한 푼이라도 더 많은 모금을 하여야 전국적으로 자선 사업을 활발하게 할 수 있기 때문이다. 그러나 그 돈이 불법으로 수입된 부정한 돈은 아니지만 도덕적인 면에 선하지 못하기 때문에 국민에게 결코 좋은 영향력을 끼치지 못할 것이다. "구세군이 선한 단체라면, 모든 사업도 선해야 한다."라는 확고한 정체성을 가지고 있기에 이것을 바로 잡았다.

구세군은 취약한 곳에서 소외되고 어려움 당하는 자들을 돌보는 사업을 '사회사업'이라고 부른다. 나는 어느 모임에서 강의를 할 기회가 있었다.

"여러분들 이웃이 아주 취약한 곳에서 어려움을 당하고 슬퍼하고 고통 받는 자가 있다면 측은한 마음이 들고 어떻게 도와주면 될까? 생각하고 적은 것이라도 도울 것이라는 생각을 합니다. 준비한 것이 없다고 못본 척 하지 마시고 구세군을 소개하고 안내해주시기 바랍니다. 구세군은 어떤 어려움도, 때와 장소를 가리지 않고 따뜻하게 맞이해 주고 적절하게 대응하여 다급한 문제를 해결해주고 희망과 용기를 줄 수 있는 시설과 돌봄의 전문인을 대기시켜 놓고 있습니다. 내가 직접 도울 수는 없어도 도움을 받을 수 있도록 안내해주는 것도 대단히 중요한 것입니다. 누구든지 구세군을 찾으면 어려운 인생의 해답을 얻을 수 있습니다."

사회 사업시설에서는 운영상 필요한 것이 많다. 그 중에서 가장 필요한 것 중에 하나가 승합차이다. 승합차를 도움받고자 시설 종사자들이 인터넷 검색을 하며 다방면으로 애를 쓰고 있는데, 감사하게도 한국마사회에서 승합차를 지원해 주겠다는 기쁜 소식을 받고 여러 시설들이 승합차를 신청하고, 받게 되어 사업운영에 활력을 얻게 되었다. 그러나 국민들의 시선이 경마에 돈을 걸고 승부에 따라 상금을 획득하는 '도박'을 고운 시선으로 보지 않을 수도 있겠다는 생각을 하게 되었다. 조금 뒤늦었지만 구세군의 도덕수준에 합당하지 못함을 깨달아 이 일을 바로잡기로 하고 한국마사회에 그동안의 도움에 감사하고, 그 후로는 정중하게 사양(辭讓)하였다.

이왕 복권이야기가 나왔으니 우리나라의 복권 사업은 어떠한가? 우리나라의 최초의 복권은 언제부터인가? 1947년 12월에 런던 올림픽에 참가를 위한 경비를 충당하기 위해 액면가 100원, 1등 당첨자 상금 100만원 상금을 걸고 복권 사업을 시작하여 모은 돈으로 선수들은 올림픽대회에 출전할 수 있었다. 너무나도 가난한 그 시절에 국민 모금이라도 해야 할 처지이니 정부가 하는 일이 오히려 참신해 보였으니 복권사업은 잘한 사업(?)이라 볼 수도 있겠다. 그 후 주택복권, 올림픽복권, 엑스포복권, 체육복권, 연금복권, 즉석복권, 로또 복권 등이 연이어 나왔다. 복권사업에는 목표가 정해져 있고, 정부의 승인과 지명된 기관이 주도했다.

도박은 어느 시대 어느 국가를 막론하고 근절되어야만 한다. 패가망신의 지름길이요, 가정을 파탄시키고 인간이 인간됨을 포기시키고 가장 비참하고 피폐하게 만들어 죽음에 이르게 하는 것이 도박이다.

우리나라에서 유일하게 대한민국의 국적을 가지고 합법적으로 도박 할 수 있는 곳이 있다. 강원도 정선에 있는 강원랜드이다. 강원랜드는 나라에서 운영하는 공기업이다. 강원도 탄광 사업이 기울어지면서, 관광 사업을 활성화하기 위해서 강원도 정선군에 설립했다. 일확천금을 노리는 수많은 군상들이 몰려들어 영혼까지 팔고 있는 곳인데, 왜 이런 카지노 시설이 정말 국익을 위해 꼭 있어야 하는가?

미국의 퓨 리서치센터가 실시한 2007년 여론조사에 따르면 18세에서 24세 사이의 미국인 64퍼센트가 인생에서 가장 중요한 목표가 '부자가 되는 일'이라고 답했다. 갤럽의 2012년 설문 조사에서도 같은 비율의 응답자가 부자가 되고 싶다고 답했다. 2010년 미국의 복권 판매액이 580억 달러에 달했던 이유도 여기에 있을 것이다. 1999년 갤럽 조사에 따르면 57퍼센트의 미국 성인이 이전 12개월 동안 한 번 이상 복권을 구입했다고 답했다. 어떤 종류든 소박한 삶을 실천하는 사람에게 복권 구입에 소요되는 돈 1달러를 버리는 돈이란 것은 말할 필요도 없다. 당첨을 꿈꾸는 사람들의 몽상과 달리, 현실 속 미국인들은 벌어들인 수입 내에서 생계를 꾸려나가기 위해 분투하고 있다.

2012년 7월 기준, 미국인들의 신용카드 사용총액이 7,930억 달러에 달했고, 그중 56퍼센트는 이전 12개월 동안 한차례 이상의 연체가 있었다. 2008년 시작된 경기 침체로 사정은 더욱 악화되고 있다. 물론 신용카드 사용이 전적으로 낭비의 결과인 것은 아니다. 어떤 사람들에게는 신용카드가 길거리로 내 몰리지 않고 직장을 잃지 않고 진료비를 지불하는 유일한 수단이 된다. 하지만 재정 상태를 고려하지 않은 채 불필요한 욕망의 만족이 지연 되는 것을 참지 못하고 신용카드를 사용하는 경우가 상당히 많다는 것도 분명한 사실이다.

세상에 부자가 되고 싶지 않은 사람은 없을 것이다. 빌 게이츠나 워렌 버핏처럼 대단한 부자는 아닐지라도 돈 때문에 걱정하지 않는 삶을 살고 싶은 건 누구나의 소망이다. 그런데 돈 때문에 걱정하지 않으려면 어느 정도의 돈이 필요할까? 또 돈 때문에 그런 돈을 마련하기 위해서는 어떻게 돈을 벌어야 할까? 우리는 부자가 되고 싶어 많은 돈을 모아야 되겠다는 생각을 하면서도 정작 부자가 된다는 것이 무엇인지, 자신에게 돈이 얼마나 필요한 것인지, 어떤 식으로 돈을 모아야 제대로 모을 수 있는지에 대해서는 간과하는 측면이 있다.

우선 부자가 어떤 것인지에 대해서부터 생각해보자.

사람들에게 어떤 사람이 부자인지 물으면 흔히 대답하는 형태가 재산의 크기를 먼저 따지는 것이다. 즉 어떤 사람은 10억이라는 재산을 가지고 있으면 부자라고 대답하고, 또 어떤 사람은 20억, 30억, 100억이라고 대답한다. 하지만 부자를 그렇게 금액을 기준으로 정의 할 수 없다. 왜냐 하면 그 금액의 기준은 사람마다 다르고 그 이유 또한 다양하기 때문이다.

그렇다면 부자를 어떻게 정의하는 것이 좋을까? 앞에서도 말했지만 '돈 때문에 걱정하지 않는 삶을 사는 사람이 부자인 것이다.' 꼭 돈이 많아서 부자인 것은 아니다. 반대로 마음만 부자라고 부자인 것도 아니다. 사람들에게는 저마다 나름대로 필요로 하는 돈의 액수가 있으며, 또 아무리 안분지족(安分知足)하는 삶의 자세를 가졌다 할지라도 아직은 부자라 할 수 없다. 즉 어떤 사람이 100억 원을 가졌음에도 아직 그 금액으로 모자란다고 생각한다면 아직은 부자가 아닌 것이고, 천만 원 밖에 없는 사람이라 할지라도 그 돈으로 삶을 사는데 지장이 없고 더 욕심 부릴 것도 없다고 생각한다면 그 사람은 부자이다. 그래서 노자(老子)는 "만족할 줄 아는 사람이 부자다."라고 말한 것이다.

그렇다면 천만 원이 됐든 간에, 자신이 생각하는 금액을 모으기 위해서는 어떻게 하는 것이 현명할까? 대부분의 사람들은 하루라도 더 빨리 한 푼이라도 더 많은 금액을 모으기를 원한다. 그리고 조급한 마음이 지나칠 때는 투기마저 서슴지 않는다.

하지만 극히 예외적인 경우를 제외하면, 정상적인 방법으로 단시간에 큰돈을 버는 방법이란 존재하지 않는다. 과거에도 그런 경험이 있지만 1997년 금융위기(IMF)와 2008년 유례없는 미국 발(發) 금융위기를 통해 우리는 뼈저리게 배웠다.

"인생에는 투기해서는 안 되는 때가 두 번 있는데, 그것은 투기할 돈이 없을 때와 투기할 돈이 있을 때이다."라고 마크 트웨인은 충고했다. 따라서 누군가 한순간에 큰돈을 벌수 있다고 당신을 유혹한다면 당신은 그 사람의 말을 사기라고 생각하는 것이 좋다. 또 만약 운이 좋아서 복권에 당첨된다면 당송 팔대 시인 중 한사람인 소식(蘇軾), 소동파(蘇東坡)의 다음과 같은 말을 기억해야 한다. "이유 없이 엄청난 돈을 얻으면 그것은 큰 행운이 아니고 앞으로 반드시 큰 재앙을 당할 것이다." 돈의 가치를 모르고 돈을 모으며 살고 있다면 그 삶 자체가 부끄러운 것이다.

어떻게 돈을 모아야 하는가?

영국의 작가 새뮤얼 존슨은 "절약 없이는 부자가 될 수 없다."고 했으며, G. 허버트는 "부채(負債)에서 벗어나는 자는 부자가 된다."고 했다. 이들이 제시하는 부자가 되는 원칙은 너무나 뻔한 것처럼 들리고 싱겁다고 생각할지 모르나, 역설적인 것은 그들의 충고를 꾸준히 평생 동안 실천하는 사람 또한 매우 드물다는 사실이다. 물론 이들이 제시하는 원칙을 따름으로서 억만 장자가 될 수는 없을지 모른다. 하지만 그 원칙들만 잘 지켜도 돈 걱정 없이 사는 부자가 되는 데 지장이 없다고 해도 과언이 아니다.

그런데 돈 걱정 없이 사는 정도에 그치지 않고 더 큰 부자가 되고 싶은 사람도 있을 것이다. 백만장자 J. P. 게티는 "자기 돈을 실제로 계산 할 수 있는 사람은 부자가 아니다." 라고 말했는데, 게티가 바로 그런 부자 중 한 사람이었다.

진 폴 게티(Jean Paul Getty, 1892.12.15 ~ 1976.6.6)는 미국의 사업가이다.

미니애폴리스 출생. 미국 게티석유회사 설립자로 세계에서 가장 먼저 개인재산 10억 달러를 달성한 인물이다. 그는 캘리포니아에 박물관을 설립하였는데, 웨스트우드 북쪽 산타모니카 정상에 자리 잡고 있는 게티 센터이다. 이곳은 로마 미술품을 기초로 많은 예술품이 전시된 대규모 예술종합센터이다. 그중에도 중세시대의 상인으로 우리나라 사람의 초상화(이름 미상)도 전시되어 있었다. 미국의 대표적인 건축가 리처드마이어가 건축한 하나의 걸작 예술품이다. 캘리포니아의 푸른 하늘아래 빼어난 경관, 그 자연환경과 절묘한 조화를 이루어 보는 사람마다 저절로 감탄을 자아내는 아름다운 곳이다. 이곳은 입장요금을 받지 않고 철저히 예약된 자들만이 입장할 수 있는데 산 밑에 주차장에서 전철을 갈아타고 올라가 박물관을 비롯한 건물과 정원을 감상하고 즐거운 시간을 보낼 수 있다.

엄청난 재산을 모으는데 성공한 부자들이 그 많은 재산을 자기 자신만을 위해서 사용하는 것이 아니라 기쁜 마음으로 헌납하여 온 국민이 모두 함께 행복을 누릴 수 있도록 선행을 남기는 모습이, 미국을 더욱 부강하게 만드는 자원이 아닌가? 하는 생각을 가져본다.

23세에 백만장자가 된 폴 게티는 21세기의 성공요소를 다음과 같이 정리했다. 1. 자기 사업을 가져라 2. 수요가 큰 제품을 공급하라 3. 제품에 반드시 보장 제도를 채택하라 4. 경쟁자보다 더 나은 서비스를 제공하라 5. 열심히 일한 사람에게는 보상을 주어라 6. 다른 이의 성공을 도우며 자신의 성공을 도모하라.

부자가 되기 위해서는 딱 한 가지 방법 밖에는 없다. 월급쟁이가 아닌 사업가가 되는 것이다. 역사상 거의 모든 억만 장자들이 돈을 버는 방식은 재테크가 아닌 사업이었다. 그 시작이 고물상이든 떡볶이 장사든 옷가게든 환전상이든 간에, 큰 부자들은 모두 크고 작은 사업을 통해 자신들의 재산을 불려 나갔다. T. 풀러는 "돈을 낳는 것은 돈이다." 플라우투스는 "돈을 벌고 싶다면 돈을 써야만 된다." 그리고 "돈은 거름과 같아서 뿌리지 않는다면 그냥 썩기 쉽다."는 프랜시스의 충고를 실천에 옮긴 사람들이다.

하지만 하나의 위대한 성공이 있기 위해서는 그 밑에 수많은 실패들이 전쟁터의 시체처럼 깔려 있게 마련이다. 오늘날 사업을 실천해서 성공할 확률은 채 10%도 되지 않는다. 사업을 실천하면 1년 안에 망할 확률은 70%에 육박하고 3년 안에 망할 확률은 90%에 가깝다. 그렇게 사업이란 상상할 수 없는 엄청난 돈을 만질 수 있는 기회를 부여하는 동시에 지금껏 피땀 흘려 모았던 돈을 한 번에 날려 버리고 저소득층이란 나락으로 추락하는 리스크를 또한 품고 있다. 그러한 리스크에도 불구하고 자신의 삶을 온전한 사업이라는 것에 불태울 수 있는 의지와 용기와 열정과 능력이 있는 사람만이 가능한 것이다.

그렇다고 자신이 가진 돈이 얼마인지조차 알지 못하는 계산 할 수 없는 위대한 사업가에 대해 칭찬하며 감탄할 수는 있겠지만 부러워 할 필요는 없다. 그런 사업가는 애초에 평범한 사람들과는 달리 기질이 다르고 삶에 대한 기준, 행복에 대한 기준, 돈에 대한 기준이 다르기 때문이다. 만약 우리가 진정으로 그들을 부러워한다면 그 이유는 그들의 가진 돈의 크기가 아니라 자기 삶에 대한 만족감이 돼야 할 것이다.

부자가 되는 것과 관련하여 강조해야 할 것은 모으는 것도 중요하지만 쓰는 것이 더 중요하다는 사실이다. 작은 부자이든 큰 부자이든, 아니면 지금도 부자가 되기 위해 노력하고 있는 사람이든, 명심해야 할 것은 결국 돈이란 쓰기 위해 번다는 사실이다. 어디에 돈을 쓸 것인지에 대한 명확한 목적이 없는 치부(致富)는 결국 방향을 잃고 만다. 철학자 카스레는 "돈은 밑 없는 깊은 물속과 같다. 명예도 양심도 진리도 모두 그 속에 빠지고 만다."고 말했는데, 돈을 어떻게 써야 할지에 대한 명확한 생각이 없을 경우 우리는 돈을 모으는 그 자체에 몰입(沒入)하게 됨으로써 결국은 카레스의 말처럼 돈이라는, 밑도 끝도 알 수 없는 깊은 수렁에 빠지고 만다.

철강왕 앤드류 카네기는 "부자로 죽는 자는 수치스럽게 죽는다."고 했다. 『채근담』에는 다음과 같은 뜻깊은 문장이 담겨 있다.

> "하늘이 개인을 부유하게 하는 것은 그것으로 많은 사람의 가난을 구제하려는 것인데, 사람들은 오히려 자기 재산을 믿고 남의 가난함을 멸시한다. 참으로 천벌을 받아 마땅한 자들이다."

만약 당신이 당신에게 필요한 만큼 이상의 돈을 모았거나 모으게 된다면 카네기와 『채근담』의 충고를 깊이 생각해 볼 일이다. 또 정치개혁자이자 도덕주의자인 새뮤얼 스마일즈의 말처럼 "악의 근원을 이루는 것은 돈 자체가 아니라, 돈에 대한 애착"이라는 사실도 잊지 말자.

소비자는 선택에 따른 이득보다 손실을 더 크게 평가한다는 '기대 이론'으로 노벨 경제학상을 수상한 대니얼 카너먼과 그의 연구진은 '부와 행복 사이의 상관관계'를 집중적으로 연구했다. 부와 행복 사이의 상관관계를 뒷받침할 만한 결정적인 근거는 나타나지 않았다고 결론을 내렸다.

"높은 수입이 행복감에 영향을 준다."는 믿음이 널리 퍼져 있지만 사실 그것은 환상에 가깝다. 평균이상의 수입이 보장된 사람들은 자신들의 삶에 비교적 만족한 편이다. 그러나 단지 순간순간 경험에 기뻐하는 것일 뿐 더 강렬한 행복을 느끼지 못하며 특별히 더하고 싶은 일들에 많은 시간을 투자 하지 못하는 것으로 밝혀졌다.

게다가 수입이 삶의 행복에 영향을 주는 것은 일시적이다. 우리는 사람들이 자신의 삶이나 다른 사람의 삶을 평가할 때 오래된 기준인 성공에만 관심을 가지기 때문에, 수입이 삶의 행복에 주는 영향을 부풀려서 이야기한다고 결론지었다.

다람쥐 쳇바퀴 돌 듯 바쁘게 사는 사람들은 지금의 노력이 미래에 좋은 결과를 가져다주리라는 믿음을 가진 자이다. 이 믿음이 힘든 시간을 견디게 해준다. 그런데 일단 목표를 달성하고서도 물질적인 부만으로 그를 완벽히 행복하게는 해주지 못한다는 사실을 깨닫게 된다. 이제까지 그를 받쳐줄 버팀목이 사라지게 되는 것이다. 이들은 더 이상 추구할 것도 행복한 미래로 자신을 인도할 것도 없다는 사실에 좌절하고 절망하게 된다.

무엇인가 결정하거나 판단할 때, 우리는 감정적인 것보다 여전히 물질적인 것을 기준으로 삼는다. 물질적인 것이 측정하고 평가하기가 쉽기 때문이다. 우리는 측정 가능한 물질적인 부와 명예를 측정하기 어려운 감정과 목표보다 더 높이 평가하고 있다.

이제 중요한 것은 이제까지 나를 행복하게 해주는 활동이 무엇인지 잠시 생각할 시간을 가져보자. 나에게 큰 행복과 만족감을 주는 일이 무엇이겠는가? 시간도 투자하고 비용도 투자한 것을 결산해보자. 무엇이 남았는가? 얼마나 남아 있는가?

세상의 돈을 다 주어도 살 수 없는 것이 내게 있지 않는가? 내게 있는 그것을 깨닫고 그것을 잊지 않도록 주기적으로 살펴보고 감사하면서 나의 삶을 살자.

'과유불급(過猶不及)' 모든 일에 지나치는 것은 모자람만 못하다는 공자 말씀이다.

'근검절약(勤儉節約)' 부지런하고 옛날에는 돈을 모으려면 돈을 잘 벌어야 하는 것이 우선이지만 알뜰하게 검소하게 살아 절약하는 생활이 수반되지 않으면 돈을 모을 수가 없었다. 물질적으로 풍족하게 되는 일이 물론 나쁜 것은 아니다. 물질적으로 풍족해지면 모든 생활이 여유롭다. 보다 건강한 생활을 보낼 수 있을 뿐 아니라, 높은 교육도 받을 수 있고, 여가 시간이 늘어남으로 그만큼 자기계발에 시간을 활용할 수 있다. 한 마디로 말해서 자기 인생에 있어서 선택의 기회가 많아지는 것이다. 이제 그 선택 중에 무엇을 택하여 사회가 복잡해지면서 사람들은 자신이 어떻게 세상과 연계되고 나아가 무엇을 통해 세상에 기여해야 할 것인가를 생각하여야 할 것이다.

돈이 얼마나 있으면 만족한가?

로버트 스키델스키와 에드워드 스키델스키의 《얼마나 있어야 충분한가?》에서 돈에 대해 언급하기를 "돈은 언제나 충분하지 않다, 왜냐하면 '충분하다'라는 개념이 돈에는 논리적으로 적용되지 않기 때문이다."라고 언급하였다. 월리스 심프슨 부인이 핵심을 찌른 대로 "사람은 부유할수록 좋고 몸은 날씬할수록 좋다."는 말이 옳을 지도 모른다.

물론 돈이 많을수록 행복하다는 환상은 새로운 것이 아니다. 고대의 철학자들도 물질문명과 소비주의를 비판하는 오늘날의 비평가들과 같은 수준으로 당대사회를 비판했다. 심지어 다른 사상가들에 비하면 부의 가치를 덜 의심하고 금욕의 가치를 덜 확신했던 아리스토텔레스조차도 만족할 줄 모르고 돈 버는 일에만 몰두하는 이들을 비판했다. 아리스토텔레스는 적당한 재산은 마치 건강한 심신처럼 잘 사는 데 필수적인 조건이라고 보았다. 부자가 적절하게 제 기능을 하면 사람들은 덕을 실천하는 자유를 얻을 수 있었다. 예컨대 마음을 강건하게 하고, 행동을 관대하게 하여, 시민생활에 참여할 수 있도록 말이다. 하지만 아리스토텔레스에게 돈은 철저하게 목적을 위한 수단일 뿐이었고 목적은 좋은 삶을 사는 것이었다. 재산이 충분한데도 꼭 필요할 때에 가진 재산을 사용할 수 없어 인색함에 젖어 있다면 어찌 사람도리를 다할 수 있겠는가?

예나 지금이나 재산이 많을수록 행복하다는 환상이 새롭지 않지만, 과거에 비해 더 강력해진 듯하다. 공동체가 품고 있는 가치, 믿음, 태도, 욕망이 생겨남에 따라 새롭게 창출되며, 그곳에서 소비자들은 소비를 통해서만 만족을 얻을 수 있다. 2000년이 지나도록 우리는 이미 가지고 있는 돈의 액수와 상관없이 더 많은 돈을 욕망하고 이를 당연시한다. 정치인들과 경제학자들이 국민을 행복하게 하든 말든 경제성장에 대한 욕망을 당연시하는 것처럼 말이다.

자본주의는 사회경제적 지위에 상관없이 누구에게나 부자가 될 가능성이 있다고 유혹하고, 이것이 자본주의의 권력을 드높인다. 사람들은 언제나 자신의 처한 상황이 극적으로 변화되기를 꿈꾼다. 이런 희망은 '신데렐라'류의 동화에 표현되었는데, 미천한 하녀가 단 몇 일만에 공주가 되는 식이다. 하지만 동화는 환상일 뿐이고 우리를 도울 마녀는 존재하지 않는다. 그럼에도 자본주의는 대학을 중퇴하고 창업을 하여 억만 장자가 된 앤드류 카네기(Andrew Carnegie) 의 실제 사례를 가리킨다. 당신이 그들의 발자취를 뒤따를 가능성은 미미하지만, 전혀 불가능한 일은 아니다.

욕망의 긍정적 측면

부자가 된다는 것은 값진 것들을 소유한다는 것을 의미한다. 물질적인 탐욕도 값어치 있는 재산에 대한 욕망을 말한다. 사람은 누구나 일정한 정도의 욕심을 가지고 있다. 그 욕망은 토지나 주택, 자동차, 책, 옷, 도자기 같은 구체적인 대상을 향할 수도 있고, 일반적인 부를 향할 수도 있다. 그리고 여러 종류의 재산으로 환원할 수 있는 돈을 향한 욕망은 어느 시대에서나 통산적인 것이다. 돈이 주는 이점을 생각한다면 이러한 욕망은 지극히 합리적이다. 플라톤은 사람은 돈을 벌고자 하는 욕망이 일단 생겨나면 만족을 모르기 십상이라고 경고했다. 그와 마찬가지로 대부분의 도덕론 자들은 과도한 욕심이 탐욕을 낳는다고 주장했다. 그리고 돈에 대한 욕망이 다른 사람의 호의를 얻으려는 숨겨진 열망의 표현임을 생각해 볼 때, 일반적인 물욕, 특히 탐욕을 그렇게 죄악시해서는 안 된다는 주장도 제기되곤 했다.

이에 대해 니체는 매우 재미있는 주장을 펼쳤는데 사랑과 탐욕이 무엇인가를 소유하고자 하는 욕망이라는 같은 뿌리에서 비롯됐다는 것이다. 심리학자 캐서린 보스 (Kathleen Vohs)는 돈을 염두에 둔 표본 집단이 그렇지 않은 집단에 비해 자족적(自足的)인 성향을 나타낸다는 사실을 일련의 실험을 통해 밝혀냈다. (피 실험자들은 돈을 생각하는 것만으로도 남에게 도움을 요청하거나 호의를 베푸는 성향이 급격히 위축되었다.)

돈을 향한 끝없는 갈망은 더 많은 영토를 빼앗으려는 정복자나 수많은 여성들과 염문을 일으킨 돈 후안의 욕망과 비교 될 수 있을 것이다. 이들은 모두 까뮈의 《시시포스 신화(Le Myth de Slsyphe)》에 나오는 주인공들과 같아서 산꼭대기로 끊임없이 바위를 밀어 올리는 신화 속 시시포스처럼, 사람들은 행복을 찾기 위해 똑같은 일을 하는 데 여념이 없다.

대부분의 도덕론 자들에 의하면 자신에게 진정 필요치 않은 지나친 물질적 부에 대한 끝없는 욕망은 어리석고 비난 받아 마땅하다. 하지만 누군가의 욕망이 과도한지 아닌지를 결정하는 일은 분명히 간단하지 않은 문제이다. 우리가 좋은 삶을 사는 데 필요한 자연스럽고 합리적인 필요에 따라 우리의 욕망에 제한을 두어야 한다고 말하는 것이 좋다. 그러나 그러한 제한은 사회에 따라 다르고 심지어 한 사회 내에서도 시대, 계층, 사회적 위치에 따라 기준이 바뀌기 마련이다. 오늘날 미국인들은 은퇴 이후의 편안한 삶을 위해 노후 자금으로 적어도 100만 달러는 모아두어야 된다고 생각을 한다고 한다. 미국인의 평균 생활수준, 생활비, 기대수명, 예상 의료비 등을 감안하면 합리적인 욕망으로 볼 수 있다. 하지만 지구상의 많은 국가에서 100만 달러는 엄청난 큰 거액이다. 그런 곳에서 누군가가 수많은 사람들의 생존을 보장할 수 있을 만큼 큰 그 돈을 개인이 필요한대로 소비한다면 아마도 정신 이상자라고 여겨질 것이다. 그러나 한국의 중산층의 관점에서 보면, 엄청난 부자란 강남에 최고급아파트를 소유하고도 부동산이 더 필요하다고 생각하는 사람이 있다면 그러한 인물들이 탐욕의 전형이다.

탐욕은 오래전부터 도덕과 반대되는 악덕으로 규정되어왔지만 이를 호의적으로 바라보는, 즉 욕심이 경제 활동을 장려하고 삶에 번영을 가져다준다는 우리에게 익숙한 주장도 있다.

애덤 스미스는 이 생각을 더 발전시켜 개인이 한결같이 "그들이 헛되고 한없는 욕망을 불태운다면" 의도치 않게 "보이지 않는 손이 작용하여" 사회 전체에 이익이 돌아간다고 주장했다. 그의 도덕론은 데이비드 흄의 철학에서 영감을 얻은 것으로 알려져 있다. 흄은 인간의 욕망이 덕과 악덕으로 구분되어야 하지만 이것은 형이상학적인 가치 판단에 따른 것이 아니고 사회적 효용(social utility)에 의거한 것이라고 주장했다. 같은 맥락에서 그는 "가장 소박한 수준의 사치까지도 비난하는 극단적인 도덕론 자들"을 비판하고 소비주의에 대한 초기 방어 논리를 제공했다.

상품의 증가와 소비는 삶에 광채를 더하고 사회에 이득이 된다. 왜냐하면 그것은 동시에 개인들이 순수하게 일하는 만족감을 배가시킨다. 그러한 사치품에 대한 수요가 없는 나라에서 사람들은 게으름에 빠지고 삶의 즐거움을 잃게 된다. 이는 공공의 이익에 도움이 되지 않는다.

많은 사람이 동의하듯, 물욕으로 인해 가속화된 자본주의는 대부분의 종교에서 발견되는 탐욕이나 탐심에 대한 비판적 태도 때문에 쉽게 자리 잡을 수 없었다. 그러나 《프로테스탄티즘의 윤리와 자본주의의 정신》에 따르면 돈 벌이를 장려하는 노동윤리와 사치를 비난하는 금욕적인 도덕 관습이 함께하는 프로테스탄트 초기에서부터 교회에서 투자나, 자본의 축적이란 단어조차 멀리 했지만, 오늘날에는 부자가 되고 싶다는 개인의 욕망을 솔직하게 표현해도 종교적인 신앙과 크게 멀어지지 않는다. 경영학은 미국이나 한국에서 가장 인기 있는 학문이 되었고 경영 학도들은 이 분야를 선택하게 된 동기를 거리낌 없이 이야기 한다.

개인의 욕심이 경제 성장을 이끌고 이로 인해 많은 사회적 혜택이 주어진다는 주장은 자본주의가 발전하기 전에는 표면화 되지 않았다. 하지만 오늘날에는 부의 축적을 합리화하고 확고한 변호 논리가 되었다. 우리 문화는 여전히 두 갈래로 분열되어 있는 것 같다. 욕심이 경제성장에 필요한 요소라고 인정하지만 동시에 인간의 도덕성 성품을 타락시키는 요소로도 작용할 수 있다고 비판하곤 하는 것이다.

일상생활에서 사치스럽다는 말은 대체로 세 가지 의미를 가진다.

1. 분수에 넘치는 생활
2. 생각 없이 소비하고 낭비함.
3. 오로지 자신의 욕망을 채우거나 남들에게 과시하기 위해 필요 이상으로 호화롭게 사는 것.

남들에게 베푸는 데 있어 몹시 관대하고 마음이 넓은 것도 사치라고 생각하는 이들이 있을 것이다. 하지만 이와 어울리는 단어는 '마음이 후한'이나 너그러움' 또한 '아낌없이 주는' 등이다. '사치스러움'은 현명하고 적절한 수준을 넘어섰다는 의미를 함축한다. 앞에서 밝힌 세 가지 의미가 서로 배타적이고 중복되는 지점이 있다는 점은 분명하다.

돈이 나를 섬기게 하라

스스로 돈을 벌어서 먹고 살아야 할 나이에 이르면 누구나 한두 번쯤 '돈이란 무엇일까?'하는 질문을 자기 자신에게 던지게 된다. 성경은 "돈을 사랑함이 일만 악의 뿌리가 되나니"(딤전 6:10)라고 말한 것처럼 돈 돈 하고 산다면 세상의 가장 아름답고 귀한 것을 잊어버리고 사는 것이다. G.허버트는 "돈이 있으면 두렵고 돈이 없으면 슬프다."는 명언을 남겼다. 이와 같이 돈이란 있어도 고민이고 없어도 고민이다. 하지만 돈이 있어도 고민 없어도 고민이라고 해서 그 고민이 서로 같은 것은 분명 아니다.

세상에는 돈이 많은 사람보다 없거나 부족해서 고통 받는 사람들이 훨씬 많고, 그런 이유로 없는 사람입장에서는 어차피 할 수밖에 없는 고민이라면 차라리 있어서 고민인 것이 훨씬 낫지 않겠느냐고 생각할 수 있다. 그래서 돈이 없는 사람들은, 돈이 많아 고민하는 것은 배부른 자의 엄살이라고 말할 수도 있다. 부자의 입장에서는 그런 생각은 하나만 알고 둘은 모르는 생각이라고 고통이 될 만한 이유를 말할 수도 있겠지만, 어쨌든 세상에는 부자보다 빈자가 훨씬 더 많기 때문에 돈 문제와 관련한 심각성은 빈자 쪽이 훨씬 더 크다고 할 수 있을 것이다.

돈이 없는 고통은 우리가 생각하고 있는 것보다 훨씬 크다. 예전에는 '돈으로 사랑을 살 수 없다.' '돈만 있다고 다 되는 것은 아니다.'라고 애써 말하면서 돈의 위력을 폄하했지만, 이는 돈이 없는 사람들의 단말마 같은 비명에 불과할지도 모른다. "여자는 돈 없는 남자보다 남자 없는 돈을 더 좋아한다."는 그리스 속담이 일상화된 세상에서 살고 있다. 사랑이나 우정이나 효심 등 돈으로 환산하기 힘들다고 생각했던 것들이 이제는 모두 돈으로 계산되고 돈으로 조종되는 것이 현실이다. 갈수록 결혼 적령기가 늦춰지는 선남선녀들이 상대방의 재산과 돈벌이 능력을 가늠하면서 결혼을 할 지, 말 지를 결정하는 것은 이미 오래된 사실이다. 예전에는 경제적 능력을 따지는 대상이 주로 남성이었지만 요즈음은 남녀를 가리지 않고 서로 머릿속으로 철저하게 따져 본다. 그들은 '사랑이 밥 먹여주지 않는다.'는 사실을 잘 알고 있으며, 돈 벌이가 신통치 않으면 이혼을 할 수 있다는 생각을 결혼 전부터 갖고 있는 경우도 많다.

마크 트웨인은 "우정은 돈을 빌려달라고만 하지 않는다면 평생 지속될 것이다."라고 했고 명심보감(明心寶鑑)에는 "의리가 끊어지고 친분이 멀어지는 것은 오로지 돈 때문이다."라는 경구가 들어 있다. 이처럼 친구 사이의 우정 또한 돈이 중요한 요소가 된 지도 오래다.

어떤 TV드라마에 다음과 같은 장면이 나온다. 오랜만에 친한 친구에게 전화를 해서 서로 간의 안부를 다정하게 주고받은 다음 전화를 걸은 친구가 어렵사리 "너 돈 좀 있나?"라고 묻는 순간 상대방이 전화를 끊어 버리는 것이다. 아무리 오래된 친구 사이라도 돈이 개입되는 순간 마치 서로 간에 이익을 따지는 비즈니스 관계처럼 변해버리는 것이다. 이런 상황이 옳은가 그른가를 떠나 이미 일반적인 현실이 되었다. 효심과 돈의 관계는 더욱 극적이다.

퓰리처상을 받은 작가 테네시 윌리엄스는 "돈 없는 젊은이는 되어도 돈 없는 노인은 되지 말라"고 충고했고, 셰익스피어는 "아비가 누더기를 걸치면 자식은 모르는 척하지만 아비가 돈주머니를 차고 있으면 자식은 모두 효자가 된다."고 말했다. 불행하게도 이들의 말은 점점 현실에 적용돼 가고 있다. 부모가 물려줄 유산 문제로, 부모의 의지와 상관없이 자식들 사이에 분란이 일어나는 것은 이제 일상적인 것이 되었으며, 심지어 아직 건강한 부모의 재산을 빼앗기 위해 파렴치한 짓도 마다하지 않는 자식들까지 있다. 따라서 보다 현실적인 부모들은 자식에게 재산을 물려주기 보다는 죽는 그날까지 지키면서 자신의 삶을 보호하고자 한다. 중환자실에 누워 있는 어떤 병든 할머니를 여러 자식들이 하루에 몇 번이고 들락날락하면서 보살피는 이유가, 그 할머니 병상 밑에 있는 열 개의 통장 때문이었다는 이야기는 진실로 서글프면서도 수긍을 할 수 밖에 없는 우리들의 삶이다.

하지만 지금까지의 이야기는 곰곰이 생각해보면 그 중심을 돈에 두고, 돈이라는 것 하나만을 생각했기 때문에 더욱 심각한 이야기가 되었다는 사실을 우리는 깨달을 필요가 있다. 결혼과 우정과 부모 자식 간의 관계에서 분명 돈이 중요하고 돈이 결정적 역할을 할 때도 있지만, 다른 한편으로 생각해보면 돈이 모든 것의 다는 아니다. 우리의 생각과는 달리 돈이 결정적인 문제가 아닐 수도 있다. 쇼펜하우어는 "돈이란 바닷물과도 같다. 그것은 마시면 마실수록 목이 말라진다."라고 말했는데 돈에 대한 생각도 마찬가지이다. 어떤 문제가 돈과 관련 되었을 때 우리의 생각은 돈을 중심으로 움직인다. 그리고 돈을 중심으로 움직이는 생각은 마치 짠 소금

물과 같아서 우리의 생각에 갈증만을 불러일으킨다. 좀 더 깊이 생각해 보면 다른 해결방법이 없는 것이 아닌데도 돈 중심의 생각은 돈만을 해결책이라고 몰아붙이는 것이다. 돈이 있고 없고, 돈이 많고 적고는 어쩌면 한 인간이 좌지우지할 수 있는 문제는 아니다. 시대마다 돈을 벌수 있는 방법이 달라지고, 머리가 좋은가 나쁜가를 떠나 돈벌이에 적합한 뇌구조를 가진 사람은 따로 있는 것 같다. 또 아무리 돈벌이에 적합한 머리를 가졌다 하더라도 평생 동안 한결 같이 계속해서 많은 돈을 벌 수 있는 것은 아니다. 더 많이 벌 때도 있고, 많이 잃을 때도 있다. 크게 흥할 수도 있고, 크게 망할 수도 있다. 그것은 내가 정하는 것이 아니다. 내가 좌지우지 할 수 있는 것은 어느 상황 속에서든 그저 최선을 다할 수 있다는 것뿐이다.

문제는 내가 어떤 상황에서든 돈에 휘둘리지 않고 내 삶을 스스로 개척해 나갈 수 있느냐 하는 것이다. "내가 돈을 하인으로 삼지 않으면 돈이 너의 주인이 될 것이다."라는 서양속담이 있다. 이 말처럼 우리에게 삶에서 돈이 문제가 될 때마다 돈을 중심에 두고 말하기 보다는 나 자신, 나의 인생을 중심에 두고 생각하는 태도가 중요하다.

세상에서 부자가 되고 싶지 않은 사람은 없을 것이다. 빌게이츠나 워렌 버핏처럼 대단한 부자는 아닐 지라도 돈 때문에 걱정하지 않는 삶을 살고 싶어 하는 것은 누구나의 소망일 것이다. 그런데 돈 때문에 걱정하지 않으려면 어느 정도의 돈이 필요할까? 또 그런 돈을 마련하기 위해서는 어떻게 돈을 벌어야 할까? 우리는 부자가 되고 싶어 많은 돈을 모아야겠다고 생각을 하면서도 정작 부자가 된다는 것이 무엇인지, 자신에게 돈이 얼마나 필요한 것인지, 어떤 식으로 돈을 모아야 제대로 돈을 모을 수 있는지에 대해서는 간과하는 측면이 있다.

옛날 어른들은 "큰 부자는 하늘이 내려주고 작은 부자는 땅에서 부지런히 일하고 근검절약하여 살면 이룰 수 있다."고 했다. 지금 가지고 있는 것으로도 사는데 지장이 없고 더 욕심을부릴 것이 없다고 생각한다면 그 사람은 안분지족(安分知足)의 삶을 사는 자로서 제 분수를 지키며 만족할 줄을 아는 진정한 부자가 아닐까?

그런데 돈 걱정 없이 사는 정도에 그치지 않고 훨씬 더 큰 부자가 되고 싶은 사람도 있을 것이다. 백만장자 J. P 게티는 "자기 돈을 실제로 계산할 수 있는 사람은 진짜부자가 아니다."라고 말했다. 그들은 앞서간 에디슨, 록펠러, 허버트 등 성공한 부자들이 처음에 세운 뜻을 관철하기 위해 고난을 잘 참고 역경을 이겨내어 이루어 낸 입지전적(立志傳的)을 본받고 그들의 충고를 실천에 옮긴 사람들이다.

유대인들은 젊은 시절의 고통이나 역경은 어떠한 교훈이나 귀중한 보석보다도 더 가치가 있는 것으로 생각하고 있다. 그러나 많은 젊은이들이 자신에게 닥친 고통 역경에 좌절하지 않고 실망하여 난관을 극복하기도 전에 자신의 귀중한 삶을 포기하거나 악의 구렁텅이에 빠져 나오지 못하고 실패의 삶을 이어나가고 있다.

유대인들은 젊어서 가난한 것은 성공의 발판으로 만들어 주는 절호의 환경이라고 여기고 있다. 가난을 벗어나야 겠다는 충동만큼 강한 힘은 없다. 젊은 시절, 가난한 것을 감사해야 할 것이다. 그러나 노년이 되어서도 가난하다는 것은 불행한 일이다. 젊음은 원인이며, 노인의 결과이기 때문이다. 젊은이는 그것을 항상 생각하여야 한다. 가난하면서도 정신적으로 가난을 초월한 삶을 유지하기란 매우 어려운 일이다. 성경에 "지혜가 힘보다 낫기는 하지만 이 사람은 가난하기 때문에 아무도 그의 말에 귀를 기울이지 않으니 그의 지혜가 빛을 못 보는구나."(전도서 9:16) 이는 성서 시대로부터 현재까지 변하지 않는 사회적 현상이다.

부자로 죽는 자는 수치스럽게 죽는 것이다

철강 왕 앤드류 카네기는 "부자로 죽는 자는 수치스럽게 죽는다."고 했다. 돈은 모으는 것도 중요하지만 쓰는 것이 더 중요하다는 사실이다. 작은 부자이든, 큰 부자이든, 아니면 지금도 부자가 되기 위해 노력하고 있는 사람이든 명심해야 할 것은 결국 돈이란 쓰기 위해 번다는 사실이다. 어디에 돈을 쓸 것인지 대한 명확한 목적이 없는 치부(致富)는 결국 방향을 잃게 만다.

철학자 카스레는 "돈은 밑 없는 깊은 물속과 같다. 명예도 양심도 진리도 모두 그 속에 빠지고 만다."고 말했는데, 돈을 어떻게 써야 할지에 대한 명확한 생각이 없을 경우 우리는 돈을 모으는 과정에 그 자체에서 몰입하게 됨으로써 결국은 카스레의 말처럼 돈이라는 밑도 끝도 알 수 없는 깊은 수렁에 빠지고 만다.

돈의 위력이 참으로 대단하다. 직분이 높은 공직자들, 이 사회에 존경받는 지도자들, 성직자들, 돈 앞에 부정을 저지르고 스스로를 무너뜨리는 불쌍한 군상(群像)을 수 없이 본다. 국회 청문회에서 감추어졌던 부정이 드러나서 추하게 무너지고 낙마하는 자들을 우리는 흔하게 보았다. 그들은 이 사회적 지도자로서 돈에 대한 철학은 물론 지켜야 할 자존심도 명예도 없는 것 같다. 돈 앞에 머리를 숙이고 굽신거리다가 결국은 돈의 무차별 사격에 쓰러지는 것이다. 돈은 정직하게 일하며 사는 자에게 보람을 안겨주고 안전하게 행복한 삶이 되도록 이끌어 준다.

우리 사회를 어둡게 하고 무질서하게 만드는 것 중에 제일 많은 것이 사기를 치는 것이다. 공공연히 사기를 치는 대표적인 케이스가 바로 다단계이다. 밖에서 보기에는 뻔히 사기인줄 알면서도 희한하게도 설명회에 갔다하면 낚싯줄에 걸린 먹잇감이 되고 만다. 군중심리겠지만 다녀온 사람의 말에 의하면 옆에서 횡재(横財)를 했다고 자랑하는 사람을 보니 '나도 할 수 있겠다.' 싶은 마음이 들었다고 한다. 결국에는 욕심이 화를 부르는 것이다.

옛날에 가진 것이 많지 않고 못 배웠어도 평범하고 평안하게 보통사람으로 살던 우리네 부모님 시대는 이미 오래전 이야기가 되어버렸지만 지금부터라도 우리 부모님 시대처럼 공짜를 바라지 않고 땀 흘려 열심히 일하면서 진실한 삶을 살아야 겠다. 정치 개혁자이자 도덕주의자인 새뮤얼 스마일즈는 "악의 근원을 이루는 것은 돈이 아니라 돈에 대한 애착이다."라고 말했다.

에머슨은 "돈을 빌리는 것은 곧 돈의 노예가 되는 것이다."라고 말했다. 누구에게 돈을 빌린다는 것은 그 만큼 위험한 일이고 하지 말아야 한다는 것이 에머슨의 생각이다. 하지만 우리는 자의든 타의든 간에 살아가면서 종종 돈을 빌리거나 빌려준다. 게다가 요즈음은 돈을 잘 빌리거나 빌려주는 것이 능력으로 인정받기도 한다. 가장 이상적인 것은 누구에게도 돈을 빌려주지 않고 또 빌리지 않는 것이지만, 현실에서 이렇게 사는 것은 불가능하기 때문이다.

채권·채무 관계는 특히 자신과 친한 관계에 있는 사람일 때가 많은 문제를 발생시킨다. 수십 년에 걸쳐 돈독한 우정을 나눠온 친구, 부모님, 자식, 형제 등의 경우에도 돈 문제는 우리의 머리를 아프게 한다. 금융기관을 통해 돈을 빌리는 것은 그 상환기간이나 이자율이 정해져 있기 때문에 문제가 생겼을 때 법대로 하면 그만이지만 친한 사람 사이의 사적인 거래는 정해진 법이 없는 탓에 갈등이 생겼을 경우 그 해결 방식도 다양하다. 하지만 원칙 없이 돈을 빌리거나 빌려 주는 것은 현명하지 못하다. 그러면 문제가 심각해져서 자칫 돈 때문에 인간관계 자체가 붕괴되고 생활마저 파탄에 빠질 수 있기 때문이다.

그렇다면 사적으로 친한 사람들과의 채권 채무관계에 대한 원칙을 어떻게 세워야 할까? 먼저 돈을 빌려주는 일에 대해 생각해보자. 제일우선의 원칙은 아무리 친한 사람일지라도 자신의 능력 범위 안에서 빌려주어야 한다는 것이다. 대부분 개인 간의 거래를 통해 돈을 빌리고자 하는 사람들은 은행과 같은 금융기관을 통해 돈을 빌릴 수 없는 상황에서 찾아온 것이다. 그리고 금융기관에서 돈을 빌릴 수 없다는 것은 그만큼 상환능력이 불분명 하다는 것이다. 따라서 그런 상황에서 돈을 빌리러 왔다는 건 빌려간 돈을 갚지 못할 수도 있다는 의미이다. 이 상황에서 당신은 어떻게 하겠는가? 먼저 당신은 그 돈을 빌리려는 사람이 그 돈을 어디에 쓰려는지 정확히 알아야 한다. 그 돈이 없으면 먹고 살기가 힘든 절체절명(絕體絕命)의 상황인지, 아니면 먹고사는 것과는 상관없는 다른 일에 쓰려는 건지 분명히 알 필요가 있다. 그리고 전자의 상황이라면 능력이 되는 한도 내에서 빌려줄 필요가 있겠지만, 후자의 상황이라면 미안한 생각이 들더라도 거절해야 한다. 아무리 부자인 사람이라 할지라도 누군가 빌려간 돈을 갚지 않는다면 감정이 상하고 그 사람에 대해 나쁘게 생각할 확률이 훨씬 크다. 하지만 돈을 빌려가는 상대가 절체절명의 상황이라면 그 사람이 혹 돈을 갚지 못하더라도 크게 실망하지 않을 것이고 오히려 잘했다는 생각이 들 수도 있다. 어쨌든 당신은 전자의 상황에서만 돈을 빌려줄 필요가 있으며, 자신의 능력 내에서만 그렇게 하여야 한다. 자신의 능력 내에서 그렇게 한다는 것은 곧 상대가 돈을 갚지 않더라도 내가 먹고 사는 데는 큰 지장이 없는 수준이어야 한다.

그렇다면 돈을 빌리려는 사람은 어떤 원칙을 가져야 할까? 쉽게 생각하자면 돈을 빌려주는 원칙과 반대로 생각하면 된다. 즉 먹고사는 데 큰 지장이 생긴 급박한 상황에서 자신이 갚을 수 있는 능력 내에서만 돈을 빌려야 한다는 말이다. 어떤 사람들은 먹고 사는 문제와 크게 관련이 없는, 예를 들어 주식이나 부동산에 투자하기 위해 또는 사업을 확장하기 위해 친분 있는 사람으로부터 돈을 빌리려 하는 경우가 있는데, 이는 잘못이다. 재테크나 사업상으로 더 많은 돈을 벌 수 있다는 보장은 없다. 만약 그것이 확실하게 보장된다면 친한 사람이 아니라 금융기관에서 돈을 먼저 빌려줄 것이다. 자기 자신은 잘 될 것이라고 확신 할지 몰라도 그것은 오롯이 개인적인 판단일 뿐이다. 불확실한 판단으로 인해 친한 사람을 돈 문제로 괴롭힌다는 것은 분명 잘못된 일이다. 또 갚을 수 있을 만큼 빌린다는 원칙도 중요하다. 이는 최소한으로 빌린다는 말이기도 하다. 먹고 살기 힘든 고난의 상황에서는 사실 자신이 그 돈을 갚을 수 있을지 없을지 조차도 불투명하다. 그렇다면 금액을 최소화 시키는 것이야말로 가장 현명한 처신이다. 그렇게 하면 언젠가는 다시 돈을 모아 빚을 갚기도 쉽고, 돈을 갚게 되었을 때 오히려 양자 사이의 관계는 더욱 돈독해질 수도 있다.

우리나라 속담에 "돈을 빌려주면 돈도 잃고 친구도 잃는다."는 말이 있다. 그래서 개인적인 금전 관계는 맺지 않는 것이 최선이다. 하지만 일상생활 속에서는 그렇게 하는 것이 불가능하므로 그 속담보다 영국의 작가 E. G 벌워리턴의 충고가 더 현실적이다. 벌워리턴은 "그냥 주면 돈은 잃어도 친구는 유지한다. 빌려주면 돈은 되돌려 받는다 해도 친구를 잃을 수도 있다."고 했다. 친한 사람에게 돈을 빌려주려거든 그냥 준다고 생각하고, 자신의 능력 범위 내에서, 그 사람의 절체절명의 상황일 때만 빌려 주라. 그것이 금전관계 때문에 사람을 잃지 않는 최선의 방법이다.

07
교양과 철학

교양이란 무엇인가?

퇴계 이황

화담 서경덕

사진 | 오세용 사관

교양이란 무엇인가?

교양인이란 독립된 개인이라면 인품으로 갖추고 가져야 한다고 여겨지는 것이다. 여러 분야를 망라한 일정 수준의 지식을 갖추고 있는 상식을 지닌 자를 말한다. 옛날 가난한 시절, 학교에 들어가기가 힘들었던 때, 무학자가 많았다. 소수의 인물이지만 상급학교를 다닌 사람, 그런 사람이 가까이 있다는 것이, 동네 사람들은 자랑스럽게 여겼다, 그들은 배운 사람이다. 그 자체를 많은 사람들이 알아주고, 인정하여 자기 삶의 본보기로 삼으려 했다. 그리고 존경하며 가르침을 받고 따랐다.

그들은 고전문학이나 예술 역사 등의 수준 높은 문화에 대한 조예가 있어 그것으로 개인의 품위를 높이는 인격적인 삶을 살았다. 누구든지 그들의 말을 들으면 사물에 대한 이해력이 높아지고 창조력에 많은 영향을 주는 사람이었다. 일반인들은 배움을 얻기 위해 잘 따르기를 즐거워하고 또한 선한 영향력을 주는 사람을 말할 때 '교양인'이라 칭했다.

"교양"은 그리스어 파이데이아에 해당된다. 파이데이아는 아이가 교육을 받아 몸에 익힌 상태를 의미한다. 영어는 컬처 culture로 손대지 않아 거친 상태에서 사람을 다듬은 것, 경작된 것을 의미한다. 독일어는 빌둥 Bildung인데 만들어진 것, 지어진 것이다. 세워진 것 등 교양에 대한 뉘앙스는 문화권별로 차이가 있다.

또 교양은 서구 고등 교육에서는 자유과(liberal arts)에 대응하는 말로 사용하기도 한다. 이 말의 기원도 그리스 시대에 자유인을 위한 학문과 교육에서 온 것이다. 그에 비해 한국의 교양수업, 일반교양이라는 말에서 볼 수 있듯이 대학의 전공과정 이전의 학부과정에서 익혀야 할 광범위한 기초지식을 말하는 경우 교양이란 말을 사용했다.

"그는 교양 있는 사람이다"라는 문장에 담긴 의미는 타인과의 교제할 때 보이는 '세련된 말투나 태도'를 말하는 것이다. 타인이 주는 평가라고 할 수 있다. 반대로 "교양이 없다"라는 말에는 상식이 없다, 품위가 없다 등의 평가가 담겨있다.

교양이 무엇인가라는 것은 시대적 상황에 따라 달라져왔다. 교양에는 시대의 가치관이 일정하게 담겨 있기 때문이다. 유럽의 전통적인 교양은 상류계급의 사교계에서 세련된 동작, 대화를 구사하고 즐길 수 있는 능력, 그에 필요한 지식과 취향이다. 발데샤르 카스틸리오네(Baldassare Castiglione)의 궁정론(Il libro del cortegiano)은 그런 교양을 정의한 대표적인 작품이다. 마키아벨리의 〈군주론〉과 쌍벽을 이루며 르네상스 최고의 정치 교양서 가운데 하나로 손꼽히는 인문서 『궁정론』, 이 책은 이상적인 궁정 신하의 덕목과 처세에 관해 다룬 책이다. 1507년 3월의 나흘 저녁 동안 우르비노 궁정에서 신사와 귀부인들이 모여 대화를 나누는 장면을 상상하여 쓴 대화록으로, 카스틸리오네는 문답 형식을 빌려 그가 살았던 시대에 대두되던 생생한 사안들을 다룬다.

이 책에 따르면 이상적인 궁정 신하는 모든 일을 염두에 두고 올바르게 행동함으로써 사람들이 다 그 모습에 경탄을 하도록 만들어야 한다. 다른 사람들의 성과를 아주 선한 태도와 온정으로 칭찬해주어야 하며, 설령 자신이 다른 사람들보다 훨씬 뛰어나서 존경받을 자격이 있다고 여기더라도 이런 생각을 드러내면 안 된다. 이상적인 궁정 숙녀 역시 이상적인 궁정 신하에게 필요한 많은 미덕들을 갖춰야 한다. 예를 들어서 좋은 집안사람으로 허식을 멀리하는 자세, 그리고 천성적으로 품위와 예의범절과 영특함 및 신중함을 지녀야 한다.

1528년, 『궁정론』의 등장은 유럽 세계의 '문명화 과정'에 커다란 지적 충격을 안겨주었으며, 유럽의 엘리트 교양 계층이나 정치인들에게 큰 영향을 끼쳤다. 초판 발간 이후 150종이 넘는 다양한 판본과 번역본을 통해 세계 전역에 퍼져나간 이 책은, 르네상스 시대의 사상과 관습을 담은 최초의 개론서라는 의미에서 역사적으로, 교육적으로, 문학적으로 중요한 가치를 지닌다.

우리나라는 고려와 조선시대에 과거제도를 통하여 국가 관리를 선발하였는데, 제도를 위한 기본 서적인 사서오경이나 시, 서, 화를 익히는 것이 일반적인 교양이었다. 고대 중국의 영향을 강하게 받았으며, "교양"이라는 말의 어의(語義)에 관하여 여러 학자들 간에 여러 가지 정의가 내려진 것을 여러 해 전에 읽은 기억이 있다.

교양이라는 말이 무엇을 의미하느냐에 관하여 간명한 해답을 제공하기는 극히 어려울 것 같다. 한자를 가지고 푼다면, 교양(交讓)이란 사람이 교육을 받고 수양을 쌓아 얻은 어떠한 정신적인 힘 또는 상태를 말하는 것 같은데, 수양이란 또 대단히 막연한 말이므로 교양을 교육과 수양으로 분해하는 것만으로는 그 의미가 반드시 명확해졌다고 말할 수 없다.

교양이라는 말에 해당하는 외국어를 생각해 본다. 영어로는 culture라는 말이 해당되는 것 같은데, culture는 인력으로 재배한 것을 의미하는 것이므로, 교양이란 결국 사람이 자연적으로 타고난 어떤 자질이나 성향을 말하는 것이 아니라 배우고 닦고 하여 자신 속 쌓아 올림으로써 몸에 지니게 된 그 무엇을 말하는 것이 아닌가 싶다.

결국 교양이란 사람의 힘으로 쌓아 올린 그 무엇을 의미하는 것으로, 무엇을 쌓아 올리느냐가 문제다. 우선 명백한 것은 교양이란 지식과 밀접한 관계를 가지고 있다는 점이다. 학식이 없는 사람을 보고 아무도 교양이 있는 사람이라 하지는 않기 때문이다. 전문적 지식이 없다고 해서 반드시 교양 없는 사람이 되는 것도 아니다. 또 전문적 지식이 있다고 해서 반드시 교양 있는 사람이라 할 수도 없는 것이다.

그러나 교양을 위하여 넓은 범위의 지식이 필요하다고 생각할 사람도 있을 것 같다. 교양인이라 일컬어지기 위해서는 각 방면의 지식이 필요한 것이 사실이다. 가령 그의 직업이 의사나 변호사라 하여도 문학도 좀 이해하고 음악도 좀 감상(鑑賞)할 줄 알아야 교양인이라 부를 수 있는 것이다. 그러나 교양이 반드시 넓은 범위의 지식을 필요로 하는 것은 아닐 것이다. 가령 이곳저곳에서 귀로 들은 풍월로 각 방면의 지식을 조금씩 모두 가지고 있는 사람이 있다 하여도 그것만으로 그를 교양인이라 부를 수는 없을 것이다. 박면부정(博面不精)이란 말처럼 짧은 지식을 박물장수마냥 조금씩 가지고 향수 냄새를 풍긴다고 해서 교양이 있는 사람이라고 말할 수 없는 것이다. 운연(運然)을 풍기지만 "교양의 냄새"를 가지고 있지 못한 사람은 경박재자(輕薄才子)로, 언어와 행실이 경솔하고 천박한 사람이라고 불리기는 할지언정 교양 있는 인사라고는 불려지기는 어려울 것이다.

이렇게 본다면 교양이란 지식의 기초 위에 서 있는 것이면서 그 구성요소로서 지식 이외의 다른 무엇을 또 가지고 있음이 명백하다. 그것은 즉 인격인데, 인격이 무엇이냐는 문제는 이 또한 대단히 대답하기 어려운 문제다. '법적으로는' 인격이란 권리능력을 말하는 것이라 할 것이고, '도덕적으로는' 자기의 행위를 결정지을 수 있는 의지력이라 할 것이다. 그러나 그러한 어려운 정의를 떠나 일상용어에 있어서 "저 사람은 인격자다." 하는 경우의 "인격자"가 무엇을 의미하는 것인가를 생각해 본다면 그것은 대체로 올바르고 예의바른 사람으로 선행을 하고, 점잖은 사람을 의미한다.

지식은 이러한 의미의 인격과 결부될 때에 비로소 교양이 된다. 지식 하나 하나가 따로 떨어져 무슨 돈이나 기계같이 그 자신의 기능을 발휘하는 것이 아니라, 사람의 피가 되고 살이 되고 인격 속에 혼연(渾然), 융해(融解)되어 그의 일거일동에 자연스럽게 나타날 때에 비로소 그것은 교양이 되는 것이다.

지식과 인격은 이와 같이 교양을 위하여 필수적 요소가 되는 것이로되 그러나 그것만으로 곧 교양이 이루어진다고 생각하는 사람이 있다면 그것은 미숙한 자라 할 것이다. 교양에는 이 두 가지 외에도 일종의 세속적 의미가 포함되어 있는 것으로 나는 생각한다. 지식과 인격을 구비한 사람 중에서도 "사회적으로 용납될 수 있는 사람"만을 우리는 교양인이라 부르지 않는가 하는 점이다. 이것은 우리가 교양인이라는 말을 "현자"와 비교해 보면 명확해지지 아니할까 생각한다. 남다른 지식과 인격을 구비하였어도 복장을 너무 추레하게 차리거나, 사교상의 에티켓을 무시하거나, 너무 고도의 이상에 불타서 세상을 백안시하거나 하는 사람이 있다고 하면 우리는 그를 존경하고 따르려는 현자라 부르거나 반발적으로 기인이라 부르기는 할망정 교양인이라고는 부르지 않는 것을 생각하면 이것은 알 수 있는 일이다.

교양이라는 말은 지식과 인격 이외에 말이 어폐가 있다면 건전한 사회인으로서의 교양인이라 할 수 없기 때문이다. 결국 교양이란 지식과 인격과 즉 모든 것을 배우고 수련하는 시기에 자연스럽게 지식을 습득할 뿐 아니라 인격을 연마하고 건전한 사회상식을 길러서 훌륭한 교양인이 되도록 하여야 한다는 것이다. 문제는 어떻게 하면 이 목표를 모두 달성할 수 있는가에 있다. 모두다 본인, 자신의 노력에 의하지 않고는 수득(修得 닦고 배워 얻어 지는 것)할 수 없음은 물론이지만, 본인 자신의 보통 노력으로는 수득(修得)하기 어려운 것이 있으니 건전한 사회상식을 갖춘 자이다.

건전한 교양인은 환경과의 상호관계 속에서 이루어지는 것이다. 환경이 사람의 성격이나 사고방식 및 사회상식 형식에 결정적인 영향력을 가지고 있는 것은 누구나 아는 바이지만, 사회상식이 교양의 중요한 구성요소가 되어 있고 따라서 환경이 사람의 교양형성에 적지 않은 영향력을 가지고 있는 사실은 흔히 간과되기 쉬운 바이다.

교양의 핵심은 어디까지나 학식과 인격이다.

학식과 인격의 수련을 마음껏 연마하고, 닦으므로 민주국가의 국민으로서의 자질을 갖추기 위해 전력을 경주하여야 할 것이다.

인간은 태어난 대로 살아가는 다른 동물과 달리 자신의 삶을 발명하면서 자신 문명을 만들어가는 자이다. 인류 문명은 인간이 자신을 발명해 온 역사의 축적이다. 그러므로 이 시대의 사람이라면 자신이 어떠한 발명의 결과인지 반드시 사고해야 한다. 그리고 지금 우리가 사는 세계가 인간이 처한 위기의 문제를 돌파하고 해결해 온 결과의 축적이라면, 그 문제의 핵심과 위기 돌파의 지혜를 배워야 한다. 왜냐하면 문제 해결은 또 다른 문제를 낳았으며, 현재 문제의 근원을 이해하지 못하면 새로운 해결책은 불가능하기 때문이다.

지난날 한국은 120여 년 전 서구문명의 압도적 힘 앞에 굴복했고, 일본의 식민 지배를 당했으며, 분단과 전쟁을 거친 아픈 역사 속에서도 모진 세월을 이겨내고 우리나라는 경이로운 산업화를 이루어 냈다. 여기에 꼭 동반해야 할 것은 정신문화이다. 멋있는 패션 의상을 걸쳤다고 신사가 되는 것은 아니잖은가?

퇴계 이황

이황의 본관은 진보(眞寶). 자는 경호(景浩), 호는 퇴계(退溪)·퇴도(退陶)·도수(陶叟). 시호는 문순(文純)이다. 1501년(연산군 7년) 11월 25일 경상도 예안현(禮安縣) 온계리(溫溪里: 지금의 경상북도 안동시 도산면 온혜리)에서 좌찬성 이식(李埴)의 6남 1녀 중 막내아들로 태어났다. 생후 7개월에 아버지의 상(喪)을 당했으나, 어진부인이었던 생모 박씨의 엄한 훈도 밑에서 총명한 자질을 키워 갔다.

12세에 작은 아버지 송재공(松齋公) 이우(李堣)로부터 "제자들은 집에 들어가면 부모에게 효도하고 밖에 나오면 공손해야 한다."라는 『논어』의 구절을 배웠고 "사람의 아들이 된 사람은 이렇게 하는 것이 마땅하다."라고 생각하였다고 한다. 그리고 어느 날 송재공에게 "모든 일에서 옳은 것을 이(理)라고 합니까?"라고 질문하여 칭찬을 받기도 하였다고 한다. 14세경부터는 혼자 독서하기를 좋아해, 특히 도잠(陶潛)의 시를 사랑하고 그 사람됨을 흠모하였다. 18세에 지은 「야당(野塘)」이라는 시는 이황의 가장 대표적인 글의 하나로 꼽히고 있다. 20세를 전후하여 『주역』 공부에 몰두한 탓에 건강을 해쳐서 그 뒤부터 다병한 사람이 되어 버렸다 한다.

1527년(중종 22) 향시(鄕試)에서 진사시와 생원시 초시에 합격하고, 어머니의 소원에 따라 과거에 응시하기 위해 성균관에 들어갔고 다음 해에 진사 회시에 급제하였다. 1533년 재차 성균관에 들어가 김인후(金麟厚)와 교유하고, 『심경부주(心經附註)』를 입수하여 크게 심취하였다. 이 해에 귀향 도중 김안국(金安國)을 만나 성인군자에 관한 견문을 넓혔다.

1534년 문과에 급제하고 승문원부정자(承文院副正字)가 되면서 관계에 발을 들여놓게 되었다. 1537년 어머니 상을 당하자 향리에서 3년간 복상했고, 1539년 홍문관수찬이 되었다가 곧 임금으로부터 사가독서(賜暇讀書 조선 4대 세종 8년(1426) 때부터 유능한 문신을 뽑아 휴가를 주어 독서당(讀書堂)에서 공부하게 함)의 은택을 받았다.

중종 말년에 조정이 어지러워지자 먼저 낙향하는 친우 김인후를 한양에서 떠나보냈다. 이 무렵부터 관계를 떠나 산림에 은퇴할 결의를 굳힌 듯하다. 1543년 10월 성균관사성으로 승진하자 성묘를 핑계 삼아 사가를 청해 고향으로 되돌아갔다. 을사사화 후 병약함을 구실로 모든 관직을 사퇴하고, 1546년(명종 1) 고향인 낙동강 상류 토계(兎溪)의 동암(東巖)에 양진암(養眞庵)을 얽어서 산운야학(山雲野鶴)을 벗 삼아 독서에 전념하는 구도 생활에 들어갔다. 이때에 토계를 퇴계(退溪)라 개칭하고, 자신의 아호로 삼았다.

전해오는 이야기로는 퇴계는 부인이 조금 부족한 여인이었던 같았다. 옛날에는 인륜지대사라고 하는 결혼이 인생에 가장 중요함에도 당사자인 신랑신부가 각자의 얼굴을 보고 정하는 것이 아니라 집안끼리, 어른들이 정하는 것으로, 신랑 신부 서로의 얼굴을 보지도 못 한 채 혼례를 치르고 나서 겨우 볼 수 있었던 것이다. 그래서 사주팔자를 더 중요하게 생각하고 운명에 맡기고 일생을 함께 살았던 것이었다. 퇴계는 어머니 기일(忌日)에 집안사람들이 다 모인 가운데 음식을 제사상에 차려놓고 절도 하기 전에 퇴계의 아내가 이것저것 집어먹는 것을 보고 큰소리를 내어 나무라는 사람은 없었지만 많은 사람들이 걱정하는 눈초리를 보내는 것을 보게 되었다. 퇴계는 예절을 중히 여기는 사람임에도 자기 부인을 나무라지 않고 이렇게 말했다고 한다.

"돌아가신 어머니께서 살아 계실 때에 제 집사람을 귀엽게 여겨주셨는데, 오늘 저 사람이 즐겁게 상 앞에 앉아 먹는 것을 보고 어머니는 얼마나 기뻐하실까? 하는 생각이 드네요."

예법을 중하게 여기고 효를 목숨보다 더 귀하게 여기는 대 유학자의 모습을, 그의 가장 인간적이며 아름답고 감명(感銘)스러운 모습을 우리에게 배우게 한다. 퇴계는 그의 손자 안도(安道)를 다음과 같이 타일렀다.

"지금 들으니 유모가 서너 달 된 아이를 버려두고 네 아이를 돌보러 서울로 올라간다고 하는데, 이것은 유모의 아이를 죽이는 것과 다를 게 없다. '근사록(중국 송나라 때 주자와 그의 친구인 여조겸이 지은 책. 심성과 인격 수양에 도움이 되는 명언을 모아 엮었다.)'에 이런 일을 논하여 말하길 '남의 자식을 죽여서 자기 자식을 살리는 것은 참으로 옳지 않다.'고 하였으니, 참으로 이일과 같은 경우이다. 만약 유모를 서울로 올려 보내고자 한다면, 차라리 유모의 아이도 데리고 올라가게 하여 두 아이 함께 기르도록 함이 옳을 것이다. 고의로 자기 아이를 내버리고 가게 하는 것은 어진 사람이라면 참으로 못할 일이니, 진실로 마음이 편하지 못할 것이다."

그 뒤에도 퇴계는 자주 임관의 명을 받아 영영 퇴거(退居)해 버릴 형편이 아님을 알고, 부패하고 문란한 중앙의 관계에서 떠나고 싶어서 외직을 지망하여, 1548년 충청도 단양군수가 되었다. 그러나 곧 형이 충청감사가 되어옴을 피해, 봉임 전에 청해서 경상도 풍기군수로 전임하였다.

풍기군수 재임 중 주자가 백록동서원(白鹿洞書院)을 부흥한 선례를 좇아서, 고려 말기 주자학의 선구자 안향(安珦)이 공부하던 땅에 전임 군수 주세붕(周世鵬)이 창설한 백운동서원에 편액(扁額)·서적(書籍)·학전(學田)을 하사할 것을 감사를 통해 조정에 청원하여 실현을 보게 되었다. 이것이 조선조 사액서원(賜額書院) 1550년(명종 5)에 소수서원(紹修書院)이라는 국왕의 친필로 된 현판과 사서오경·성리대전 性理大全〉등의 서적을 하사받았는데 이것이 국가가 공인한 사액서원의 시초다.

1년 후 퇴임하고, 어지러운 정계를 피해 퇴계의 서쪽에 한서암(寒棲庵)을 지어 다시금 구도생활에 외부로 드러내지 않고 전념하다가, 1552년 성균관대사성의 명을 받아 취임하였다. 1556년 홍문관부제학, 1558년 공조참판에 임명되었으나 여러 차례 고사하였다.

1543년 이후부터 이때까지 관직을 사퇴하였거나 임관에 응하지 않은 일이 20여 회에 이르렀다. 1560년 도산서당(陶山書堂)을 짓고 아호를 '도옹(陶翁)'이라 정했다. 이로부터 7년간 서당에 기거하면서 독서·수양·저술에 전념하는 한편, 많은 제자들을 훈도하였다.

명종은 예(禮)를 두터이 해 자주 이황에게 출사(出仕)를 종용하였으나 듣지 않았다. 이에 명종은 근신들과 함께 '초현부지탄(招賢不至嘆)'이라는 제목의 시를 짓고, 몰래 화공을 도산에 보내 그 풍경을 그리게 하였다. 그리고 그것에다 송인(宋寅)으로 하여금 도산기(陶山記) 및 도산잡영(陶山雜詠)을 써 넣게 해 병풍을 만들어서, 그것을 통해 조석으로 이황을 흠모했다 한다. 그 뒤 친정(親政)하게 되자, 이황을 자헌대부(資憲大夫)·공조판서·대제학이라는 현직(顯職)에 임명하며 자주 초빙했으나, 이황은 그때마다 고사하고 고향을 떠나지 않았다.

그러나 1567년 명나라 신제(新帝)의 사절이 오게 되자, 조정에서 이황의 내경(來京)을 간절히 바라므로 어쩔 수 없이 한양으로 갔다. 명종이 돌연 죽고 선조가 즉위해 이황을 부왕의 행장수찬청당상경(行狀修撰廳堂上卿) 및 예조판서에 임명하였다. 하지만 신병 때문에 부득이 귀향하고 말았다.

그러나 이황의 성망(聲望)은 조야에 높아, 선조는 이황을 숭정대부(崇政大夫) 의정부우찬성에 임명하며 간절히 초빙하였다. 이황은 사퇴했지만 여러 차례의 돈독한 소명을 물리치기 어려워 마침내 68세의 노령에 대제학·지경연(知經筵)의 중임을 맡고, 선조에게 「무진육조소(戊辰六條疏)」를 올렸다. 선조는 이 소를 천고의 격언, 당금의 급무로서 한 순간도 잊지 않을 것을 맹약했다 한다.

그 뒤 이황은 선조에게 정이(程頤)의 「사잠(四箴)」, 『논어집주』·『주역』, 장재(張載)의 「서명(西銘)」 등의 온오(蘊奧)를 진강하였다. 노환 때문에 여러 차례 사직을 청원하면서 왕에 대한 마지막 봉사로서 필생의 심혈을 기울여 『성학십도(聖學十圖)』를 저술하여 어린 국왕 선조에게 바쳤다.

1569년(선조 2) 이조판서에 임명되었으나 사양하고, 번번이 환고향(還故鄕)을 간청해 마침내 허락을 받았다. 환향 후 학구(學究)에 전심하였으나, 다음 해 11월 종가의 시제 때 무리를 해서인지 우환이 악화되었다. 그 달 8일 아침, 평소에 사랑하던 매화분에 물을 주게 하고, 침상을 정돈시킨 후, 일으켜 달라 해 단정히 앉은 자세로 역책(易簀: 학덕이 높은 사람의 죽음)하였다.

선조는 3일간 정사를 폐하여 애도하고, 장사는 영의정의 예에 의하여 집행되었으나, 산소에는 유계(遺誡)대로 소자연석에 '퇴도만은진성이공지묘(退陶晩隱眞城李公之墓)'라 새긴 묘비만 세워졌다.

화담 서경덕

조선 시대의 성리 학자로 유명한 화담 서경덕(徐敬德 1489-1546) 선생의 어렸을 때의 이야기이다.

그의 집은 찢어지게 가난하여 경덕의 부모는 매일 어린 아들에게 나물을 뜯어오게 했다. 봄철이니 새 나물이 들판에 자랄 테고 그것을 뜯어와 죽이라도 끓여 먹어야 했기 때문이다. 그런데 나물을 뜯으러 간 아이는 늘 늦게 돌아오는데도 빈 바구니만 들고 왔다. 그래서 어머니가 물었다.

"왜 며칠 동안 나물을 한 줌도 뜯어오지 않느냐?"

"나물을 뜯으러 들판에 나갔을 적에 종달새가 날고 있었습니다. 그런데 종달새가 그제는 땅에서 한 치쯤 날아오르더니 어제는 두 치쯤 날아올랐고 오늘은 세 치쯤 날아올랐습니다. 이 새가 나는 모양을 보고 그 이치를 생각하느라 늦게 돌아오게 되었습니다."

종달새가 봄 아지랑이를 타고 오르내리는 모습을 보고 이 아이는 생각이 많았던 모양이다. 이 아이가 바로 화담(花潭) 서경덕이다. 그의 조상은 대대로 풍덕(지금의 개풍군)에서 살았다. 아버지 서호번은 낮은 벼슬을 했다고 하나 남의 땅을 소작해 생계를 꾸려나간 것으로 보아 녹봉을 받지 못했음을 알 수 있다. 그런데 서호번은 비록 소작인이었으나 부지런하고 소작료를 속이지 않고 정직하게 내주므로 땅주인은 일일이 확인하지 않고 받았다고 한다. 서호번은 개성에 사는 한씨에게 장가를 든 연유로 개성에 옮겨와 살았다.

어느 날 개성에 큰불이 나서 그의 집에까지 옮겨 붙었다. 그러자 그는 향을 사르고 축문을 지어 "평생에 감히 의롭지 않은 일을 하지 않았나이다." 하고 하늘에 고하자 갑자기 바람이 일어 불이 붙은 초가지붕을 걷어버리고 꺼져버린 것이었다. 이에 사람들은 이 집안이 여러 대에 걸쳐 덕을 쌓아 하늘이 감응했다고 입을 모았다.

이런 아버지를 두었으니 가난할 수밖에 없었다. 그래서 서경덕은 늦은 나이에 글을 배워야만 했다. 그래도 타고난 총명이 있어, 어릴 적부터 하늘의 이치를 알고 싶으면 '하늘 천'자를 벽에 붙여놓고 문을 닫고 한없이 그 글자를 바라보며 그 이치를 생각했다. 땅의 이치를 알고 싶으면 '땅 지(地)'자를 붙여놓고 계속 궁리했다. 열네 살에는 개성의 어느 훈장을 찾아가 글을 배웠고 열여섯 살 때는 《대학(大學)》을 읽고 뜻을 깨우쳤는데, 그 기쁨을 이기지 못해 눈물을 흘리기까지 했다. 훈장에게 글을 배우다가, 《상서(尙書)》의 〈기삼백편(朞三百篇)〉(역수(曆數에 관한 내용)에 이르러 학문이 짧은 훈장이 "이 대목은 나도 배우지 못한 바이거니와 세상사람 누구도 아는 이가 드물 것이다"고 하자 서경덕은 집에 돌아와 보름 동안 이 대목을 놓고 밤낮으로 궁리하고 연구한 끝에 해득하기도 했다.

이렇게 공부에 열중한 그는 밥을 먹어도 맛을 몰랐으며 길을 걸어도 어디로 가는지 몰랐다고 한다. 측간에 가서도 무엇을 골몰히 생각하느라 대변을 보려던 생각을 잊고 일어나 나오기도 했다. 어디 그뿐인가? 며칠씩 잠을 자지 않고 공부를 하다가 조금 눈을 붙이면 꿈속에서 풀지 못한 이치를 알아내기도 했다. 이렇게 20대까지 방 안에만 틀어박혀 궁리하며 지내다 보니 병이 들 수밖에 없어 문지방도 넘지 못할 정도로 몸이 쇠약해지자 궁리와 사색을 그만두기로 마음을 먹기도 했으나, 워낙 천성적으로 탐구심이 많아 스스로를 억제할 수 없었다. 그의 명성은 널리 퍼졌고 조정에서는 과거를 보지 않은 그에게 한때 벼슬을 천거했다. 하지만 벼슬에 뜻을 둘 그가 아니었다.

쌀이 떨어져 며칠씩 굶고 지내는 판인데도 조정의 녹봉에는 관심이 전혀 없었다. 조선시대에는 고려 왕조에 대한 향수가 짙다고 보아 개성 사람들을 소외시킬 정도였는데, 문벌을 자랑하는 양반이 판치는 조선 중기에 보잘것없는 문벌 출신인 그에게 벼슬이 천거된 것은 예사 대우가 아니었다. 그러나 산림(山林)과 벗하며 지내기를 즐기던 그는 우리나라의 명산대천을 돌아보려고 서른네 살에 유람을 떠났다. 어느 여름날 그는 속리산, 변산을 거쳐 지리산에 올랐다. 그가 지리산을 등반하면서 누구와 동행했는지는 알려져 있지 않으나 날이 저물어 반야봉에서 자게 되었다. 하늘에는 별이 빛나고 조각달이 숲을 함초롬하게 비추고 있었다. 그는 대자연의 조화에 빠져 무한한 감동을 받았다. 이때 그는 시인은 아니로되 시 한 수를 읊었는데 그 한두 구절은 이러하다.

> 땅은 그윽한 정기 모았다가 비, 이슬 일으키고
>
> 하늘은 맑은 기운 품었다가 영웅을 내네

그는 시를 지어도 정경을 읊기보다 이치를 깔아놓았다. 천성적인 철학자의 면모를 여기에서도 볼 수 있는 것이다. 송악산의 선비가 남쪽 지리산과 맺은 이 인연은 의미가 크다. 어느 때인가 서경덕은 제자 이지함을 데리고 지리산을 다시 찾았다. 이때 그들이 만난 사람들은 지리산 언저리에서 은거하는 대곡 성운과 남명 조식이었다. 성운과 조식은 조정에서 내리는 벼슬을 거절하고 철저하게 은둔의 삶을 산 선비들이다. 특히 조식은 만년에 지리산 덕산에 자리 잡고 스스로 처사로 자처한 인물이었다. 이들은 서로 어울려 시와 술을 주고받았고 '임천(林泉, 벼슬에 나가지 않고 산에 묻혀 사는 생활)'의 뜻을 노래했다. 이들은 한데 어울려 속리산까지 가서 머물며 대화를 나누다가 헤어짐을 섭섭해 했다. 서울에서 벼슬도 하며 유학의 정통을 이은 이황과 이이에 비해 서경덕과 조식은 일종의 방계였다. 이황과 조식은 같이 경상도에 살면서 때로는 격려도 주고받았지만 때로는 틈이 생기기도 했다. 이이와 서경덕도 같은 경기도 출신으로 한때 이이가 서경덕의 학설을 배워 학문의 밑거름으로 삼기도 했지만 서경덕의 이론을 부분적으로 반대하기도 했다. 그러니 방계끼리의 만남은 정신사적으로 미묘한 뜻을 함축하지 않을 수 없었다.

이렇게 자연을 벗 삼아 은둔 생활을 하던 그도 마흔셋에 어머니의 간곡한 부탁으로 과거를 보았다. 참으로 그의 이상에 걸맞지 않은 행동이었지만 생원시(生員試)에 합격했다. 생원시에 합격하면 성균관에 들어가 앞으로의 벼슬살이에 적합한 수습과 훈련을 받는 것이 정해진 과정이어서 들어가기는 했지 그의 성격과 틀에 맞지 않아 그는 그 길을 작별하고 나온 것 같다.

그의 어수룩한 행동과 촌스러운 몸가짐이 권문세가의 세련된 자제들의 눈에 찰 리가 없었다. 개성 무지렁이로 따돌림을 받았을 것이다. 기록을 보면 이담이라는 사람만이 그를 남달리 대해주어 뒷날 칭송을 받았다고 한다. 어떤 연유로 성균관에서 물러나왔는지는 모르겠으나 그는 벼슬자리에 나아가지 않고 수습 도중에 슬그머니 개성으로 돌아와 송악산 자락에 있는 화담에 자리를 잡았다. 화담 옆에 초막을 짓고 못 다한 학문에 정진한 것이다. 그의 부인은 마을에 살면서 화담의 초막에 가서 밥을 지어주었다. 이때부터 '화담 선생'이라는 별호가 붙여졌고 그의 소문은 더욱더 널리 퍼져나가 개성 일대는 물론이요, 서울에서까지 많은 제자들이 몰려들었다.

강세황이 그린 화담의 풍경. 서경덕은 송악산 자락 화담 옆에 초막을 짓고 학문에 정진해, 이때부터 '화담선생'이라 불렸다고 한다.

그의 제자를 두 부류로 나누어보면 첫째는 박순, 허엽, 박민헌 같은 명문 출신으로 높은 벼슬을 지낸 사람들이요, 둘째는 이지함, 강문우, 정개청, 서기 같이 벼슬길에 나아가지 않은 상민 또는 천민 출신(이지함은 명문 출신으로 벼슬에 잠시 나간 적이 있다)이었는데, 서경덕은 어느 출신이거나 가리지 않고 제자로 받아들였다. 상민 출신을 제자로 잘 받아들이지 않던 당시의 풍토로 볼 때 서경덕의 의식세계가 어떠했는지를 알 수 있다. 50대에 들어선 서경덕의 학문경지는 바야흐로 원숙의 단계로 접어들었다. 학문에 정진하는 그의 모습은 참으로 성자와 같았다.

어느 날, 강문우가 쌀을 짊어지고 가보니 스승이 화담 위에 앉아서 한낮이 지나도록 사람들과 이야기에 열중하고 있었다. 스승은 사람의 마음을 감동시키는 열변을 계속하는데도 얼굴에는 조금도 피곤한 기색이 보이지 않았다. 강문우가 뭔가 짚이는 것이 있어 부엌에 들어가 물으니 "어제부터 양식이 떨어져 밥을 짓지 못했다"고 했다. 한번은 허엽이 그를 찾아갔는데, 장마가 계속되다 보니 화담으로 건너가는 냇물이 불어 있었다. 엿

새 동안 기다린 끝에 냇물이 조금 줄어 건너가니 그는 태평하게 거문고를 타며 글을 읊고 있었다. 인사를 끝낸 허엽이 저녁밥을 지으러 부엌으로 들어가자 "나도 저녁을 먹지 않았으니 내 밥도 지어라" 하고 서경덕이 말해 허엽이 솥뚜껑을 열어보니 솥 속에 이끼가 가득 끼어 있었다. "왜 솥에 이끼가 끼어 있습니까?" 하고 물으니 "물이 막혀 집사람이 엿새째 오지 않아서 이끼가 끼었나 보다" 했다고 한다.[허균,《성옹지소록(惺翁識小錄)》] 이런 서경덕이었으니 조정에서 몇 차례 벼슬을 내렸다고 그가 받아들일 리 만무했으리라. 이런 생활 속에서 서경덕은 마침내 그의 학문적 사변과 철학적 사유를 정리해야 할 시기에 다다랐다. 쉰여섯 살에 그의 병이 깊어지기 시작했기 때문이다.

그는 〈원리기(原理氣)〉 등 논설 네 편을 지었다. 알다시피 이와 기는 성리학의 기본 요소로, 우주나 인간의 본질을 규명하는 원리이다. 중국의 주자가, 우주는 어떤 원리인 '이'와 그 작용인 '기'로 형성되는 것이라고 설파한 뒤 여러 학자가 그 이론을 자기 나름대로 풀어왔다.

서경덕의 해명을 간단히 살펴보면 이러하다. 형체가 없는 태허(太虛, 우주 생성 이전의 상태)를 선천(先天)이라고 하니 그것은 처음도 없고 끝도 없으며 쥐면 비어 있고 잡으면 단(團) 하(河) 나의(儺儀) 기가 있을 뿐이다. 그런데 후천(後天)에는 기(氣) 속에서 없으며 귀로 들을 수도 없고 냄새를 맡을 수도 없다. 이 태허에는 곧 보이지 않는 가운데 약동이 일어나며 동시에 개벽이 일어난다. 이 같은 동작이 일어나는 것은 무엇이 그렇게 시키는가? 저 스스로 그러한 것이다. 역시 저 스스로 그러하지 않을 수 없는 것이니 이것을 '이(理)'의 시(時)라고 한다.

이런 논리는 확실히 주자의 설에 반대된다. 그리고 그는 촛불이 타서 없어지는 것 같지만 그 기는 우주 안에 그대로 있는 것과 같이 인간도 태어났다가 죽으면 없어지는 것이 아니라 보이지 않지만 우주 속에 그대로 있다고 보았다(이것을 물질불변 物質不變설이라고 부른다). 이와 같은 그의 선·후천설과 물질불변설 등을 두고 당시의 학자, 곧 이황 같은 유학자들은 정통의 설이 아니라고 반박했다. 이에 그의 제자들은 서경덕의 학설이 주자의 이론과 다른 것은 중국 주염계의 설에 따랐기 때문이라고 변명을 늘어놓았다. 그러나 철저하게 독창적이요 스스로 깨친 것이라는 점에서 그의 이론과 학설은 불승 원효와 함께 우리나라 사상사에 우뚝 서게 된다. 그가 이렇게 형이상학에 몰두했다고 해서 현실 문제를 외면한 것은 아니었다. 그는 조정의 일을 논하기도 하고 잘못된 현실에 늘 민감하게 반응했다. 서경덕과 같은 동네에 사는 사람들은 다툼이 있으면 관가에 가지 않고 그를 찾을 만큼 그가 현실 또는 민중의 문제에 관심을 가졌던 것도 사실이다. 그래서 이지함은 서경덕의 철학을 토대로 해 지은 《토정비결(土亭秘訣)》을 민중에게 전해주었고, 허균은 그의 사상을 키워 현실개혁을 부르짖었다. 조선 후기에 와서 민중은 그를 신앙의 대상으로 삼기까지 했는데, 이것은 유학자로서는 처음 있는 일이다. 또 그의 선·후천사상과 '기' 속에 '이'가 내재해 있다는 설은 조선 후기의 신분평등사상으로 연결되기도 했다. 인간 평등의 도학을 가르친 것이다.

그의 제자들 중에서 가장 화제를 뿌린 인물이 '황진이와의 일' 것이다. 개성사람들은 개성의 삼절(三絕)을 꼽았는데 박연폭포와 서화담, 황진이라고 했다. 황진이는 알다시피 유명한 기생이었고 재주가 철철 넘치는 재사였다. 그는 천한 신분으로 기생이 되어 많은 남정네를 그녀의 치마폭 앞에 무릎 꿇리면서 농락했다. 왕족 신분이요 시대적으로 유명했던 벽계수를, 토굴 속에서 30년을 면벽 수도하여 '살아 있는 부처'라고 일컬었던 지족선사를 유혹하여 한 이불속에 보내므로 파계(破戒)시켰던 것이다. 황진이는 비에 흠뻑 젖은 몸으로 서경덕을 찾아가 유혹했으나 서경덕은 방으로 자기 잠자리에 황진이를 누이고 자기는 여전한 모습으로 책을 읽는 일에 몰두하고 있었다. 서경덕은 유감없는 도학자의 면모를 보여 주었다. 그녀는 이 세상에 태어나 최초로 그를 스승으로 받들고 제자 노릇을 했다. 그래도 신분과 남녀를 차별하는 사회에 원망의 찌꺼기가 남아 있을 법 하건만 화담 선생은 그렇지 않았다. 황진이 그녀가 마지막으로 그에게 배운 것은 인간 평등의 이론을 담은 도학이었을 것이다.

논설 네 편을 지어놓고 병이 더욱 깊어 한창 더위가 기승을 부리는 칠월칠석날, 병석에 누웠던 그는 제자들에게 자신을 화담에 옮겨달라고 당부했다. 몸을 화담의 맑은 물로 씻고 돌아온 그는 곧 임종을 알리는 가쁜 호흡을 몰아쉬었다. 그때 한 제자가 "선생님, 지금 생각이 어떠십니까?" 하고 묻자 "살고 죽는 이치를 이미 안 지 오래다. 생각이 편안하다"라고 대답한 다음 곧바로 숨을 거두었다.

뒷날 그의 제자들이 문집을 꾸밀 적에 그의 학설이 너무 도가적이고 반주자학적이어서 조금 다듬었다고 전해진다. 하지만 중국에서 유명 문집을 모아 《사고전서(四庫全書)》를 편찬할 때 동방 학자의 문집으로는 그의 《화담집(花潭集)》이 유일하게 들어있다. 그의 학문이 독창적이었음을 알려주는 대목이다. 지금은 개성을 찾아가기가 어렵지만 남북관계가 원만할 때 개성이 개방되어 남쪽의 많은 사람들이 박연폭포를 찾아 서경덕과 황진이의 유적을 돌아볼 수 있었다고 한다. 오늘날 개성 삼절의 유적지는 잘 보존되어 있다고 한다..

조선 때의 학자 성혼(城渾 1535-1598)이 신미년(1571) 구월에 천마산(天摩山)을 유람하던 중 서경덕 선생이 사시던 화담(花潭)에 들려 서경덕 선생을 추모한 글이다.

연못가로 나가보니 물과 돌이 맑게 부딪치며

작은 산들이 주위를 감싸고,

가을 나무 잎은 소슬하며

연못가의 바위에는 이끼가 짙었는데,

산속엔 인적이 끊기고

들리는 것은 물소리뿐이었다.

선생을 뵙고자 하나 뵐 수 없으니,

선생의 학덕을 그리워하는 마음을 억누를 수 없었도다.

선생은 당대의 우뚝 선 선비요 철학자로서 옛 성현의 글에서 도를 구하시어 이를 즐거워하면서 스스로를 지켰고 그 밖의 것은 구하지 않았다. 한서기갈(寒暑飢渴:춥고 덥고 굶주리고 목마른 것. 곧 몹시 빈한한 생활)에 구애됨이 없이 학문에 열중하시어 때로는 며칠씩 끼니를 거르기도 하셨고, 한 벌의 헤진 옷으로 지내신 적이 많았다.

사람들은 그 근심을 감당하지 못하는데, 오히려 도덕과 의리를 편안히 여겼음으로 덕이 넘쳐나 온 마을에 충만하였다. 선생이 떠난지 한 세대(30년)도 안 되었건만, 옛집에는 사람이 끊기고 선생의 자취는 보이지 않으니, 고고한 그 모습을 물을 데가 없다. 그러나 지나가는 나그네가 이 쓸쓸한 산기슭에서 선생의 덕을 그리워함에 안빈낙도(安貧樂道)와 청렴의 기상을 세우기에 족하니, 선생의 맑은 풍모와 우뚝한 행적이 후세를 감동시키고 마음을 맑게 함이 깊도다. 아! 높고도 깊도다.

08
종교개혁

사진 | 오세용 사관

종교개혁의 동기

종교개혁의 원인 제공자는 로마였다. 메디치가 출신의 교황 레오 10세는 성 베드로 성당을 짓기 위해 돈이 필요했다. 그래서 그는 온 세계에 면죄부 판매를 계획하고 면죄부 판매원들을 파견했다. 이들은 탁발승들이었으며 모든 죄를 용서받는다는 교황의 보증서를 팔기 위해 이집 저집을 돌아다니며 문전 행상을 했다. 하지만 각 나라 군주들은 거액의 돈이 신민(臣民)들의 주머니에서 교황의 금고로 머나먼 여행을 떠나는 것을 원치 않았다. 교황은 이들을 설득하기 위해 면죄부의 판매 이익을 함께 나눠 가질 수 있도록 하겠다고 약속했다. 이 약속을 할 때 그는 독일 작센의 현자 프리드리히(Friedrich)를 깜박 잊고 있었다.

프리드리히는 현명하게도 자기 나라에서 면죄부 판매를 금지시켰다. 이때 테첼(Tetzel)이라는 아주 능숙한 판매원이 있었다. 특히 독일의 도미니쿠스회 수도승인 테첼은 교황의 의뢰로 성 베드로 대성당의 건축기금을 마련하기 위해 비 신앙적 설교로 독일 전역에서 면죄부 판촉을 행했다. 테첼은 도미니쿠스 수도회의 능글능글하고 간사한 탁발승으로 작센의 국경에 아예 면죄부 판매 대리점을 차렸다. 그러자 인근 도시 비텐베르크의 주민들이 달려 와서 그의 연설을 들었다. "돈이 상자 속에 딸랑 떨어지는 소리가 나자마자, 돈을 낸 사람의 영혼은 하늘나라로 점프합니다." 사람들은 이 말을 듣고 면죄부를 샀다. 그러나 그 증서가 신학적으로 과연 그런 효험을 지니고 있는지 의심스러워 그들은 비텐베르크 대학으로 달려가 교수에게 증서의 가치를 감정해 달라고 부탁했다. 그 교수가 바로 루터였다.

그 다음 날 루터는 슐로스교회의 문에 대자보를 써서 붙였는데 거기에는 그가 입증을 거부하는 이유가 95개조나 적혀 있었다. 루터는 〈95개조의 의견서 면죄부 능력 천명에 대한 반박〉을 통해 교황청을 공개적으로 비판했다. 여론을 확보하기 위해 루터는 라틴어로 된 글을 독일어로 번역했다. 1517년 10월 31일의 일이었다. 오늘날도 개신교도들은 이날을 종교개혁일로 기념한다.

마르틴 루터(Martin Luther)**는 누구인가?** 그는 광부의 아들로 태어나 법학을 공부를 했으나 일찍이 정신적 갈등으로 위기에 빠졌었다. 천둥번개가 치자 너무나도 두려워서 만일 자신이 살아남으면 일생을 교회에 헌신하겠다고 마음속으로 하나님께 서약했다. 그 후 그는 아우구스티누스 수도회에 들어가 수도사가 되었고 금욕생활을 통해 죄의식에서 벗어나고자 했으며 금식으로 거의 죽을 뻔했고 마침내 지칠 대로 지친 상태에서 구원을 체험했다.

어느 날 「바울로의 편지 로마서」를 읽던 그는 사람이 지옥 불에서 구원받는 것은 의로운 행위로서가 아니라 신의 은총에 대한 믿음을 통해서라는 구절을 발견한다. **"오직 의인은 믿음으로 말미암아 살리라"**(로마서 1:17) 그 다음에 그는 일사천리로 화려한 경력을 쌓았다. 로마로 순례여행을 떠났고 비텐베르크 대학의 교수로 초빙되었으며 교회의 직분의 사다리를 타고 올라가듯 대표 보좌 신부, 즉 주교의 최고 행정관이 되었다.

종교개혁을 촉발시킨 면죄부 판매

16~17세기에 걸쳐 유럽에는 로마 가톨릭 교회의 그릇된 관행을 비판하는 새로운 종교운동이 일어났다. 본격적인 개혁은 1517년 독일의 수도승 마르틴 루터에 의해 시작되었다.

수도승이며 신학대학 교수였던 루터는 비텐베르크 성당의 문에 95개조의 반박문을 써 붙였다. 이것은 체제를 비판하거나 선동을 일으킬 반박문이 아니라 당시 널리 통용되던 신학논쟁 요구 방식의 하나였다. 특히 교황(레오 10세까지)의 면죄부 판매와 성직 판매에 대한 부당성을 고발한 것이다. 당시 로마가톨릭교회는 돈을 받고 죄를 면해주는 면죄부를 판매했다.

그러나 루터는 인간의 구원은 '오로지 성서만'을 원칙으로 내세웠다. 모든 사람은 신 앞에서 평등하며, 성서에 따른 믿음에 의해 그리스도를 통해서, 신의 은총을 받음으로써 구원이 이루어진다고 반박한 것이다.

교황의 권위를 전적으로 부정한 루터의 글은 짧은 시간에 전 유럽으로 퍼져나갔다. 그러나 당시에는 성직자만이 성서의 지식을 해석하고 전파할 수 있었다. 일반 민중들은 라틴어로 되어 있는 성서를 이해할 수 없었다.

루터는 라틴어 성서를 독일어로 번역했다. 이것은 결코 평범한 일이 아니었다. 이 일은 결코 간과해서는 안 될 사건이다. 중세 시대에 교회의 언어는 라틴어가 확고하게 교회의 유일한 언어였다. 알아듣기 어려운 라틴어는 이미 고전 언어로 천 년 이상 확고한 지위를 누리고 있었음에도 일반화되지 못했다. 서민들은 물론 귀족들까지도 듣고 말하는 데 라틴어를 전적으로 사용하기에는 어려웠을 것이다. 문제는 라틴어를 독일어를 지방언어로 번역한다는 것은 교황의 허락 없이는 불가능한 것이었기 때문이다.

루터는 철벽같이 어려운 시대에 신구약 성서를 비롯한 모든 문서를 독일어로 번역하였던 그 자체가 개혁정신에 투철하였던 인물이었음을 이 하나로 우리는 충분히 감지할 수 있는 것이다.

때마침 발달하기 시작한 인쇄술 덕분에 번역된 성서들이 일반 민중들에게 전해졌다. 인쇄술의 발달은 성서의 보급뿐만 아니라 다양한 지식과 사상을 폭발적으로 확산시켰다. 이제 민중은 새로운 성서와 교리를 이해하고, 경직되어 있던 교회의 질서에 저항하며 종교개혁을 지지했다. 17세기 유럽은 종교혁명으로 가톨릭과 개신교 사이의 갈등이 곳곳으로 확산되어 갔다.

1513년 교황 율리우스 2세가 죽은 뒤 레오 10세(재위 1513~1521)가 교황으로 추대되었다. 율리우스 2세는 불같은 성격에 교황령 확보를 위해 전쟁을 불사한 것으로 유명하다. 또한 학문과 예술의 진흥에도 힘써, 미켈란젤로에게 '시스티나 천장화'를 주문하여 로마를 르네상스 중심지로 만들었다. 그러나 재위하는 동안 성직 매매를 둘러싸고 비판이 끊이지 않았다.

율리우스의 뒤를 이은 레오 10세는 메디치 가문 출신이었다. 그 역시 막대한 교회 재정과 메디치 가문의 부를 이용하여 예술과 문화의 부흥에 열정을 기울였다. 그러나 무리한 재정 운영으로 자금이 부족해지자 면죄부를 팔았고 신자들의 원성을 사게 되면서 교황청에 대한 비판이 높아졌다.

그러나 루터의 사상은 전 유럽으로 퍼져나갔으며 교황을 지지하는 세력과 종교개혁을 지지하는 세력으로 양분되었다. 카를 5세는 보름스 의회(1521년)에 루터를 소환해 루터의 견해를 듣고 종교통합을 시도했으나 실패했으며, 종교개혁의 물결은 독일에서 스위스, 프랑스를 비롯하여 유럽 각지로 확산되었다.

로마와의 단절

루터의 95개 항목은 걷잡을 수 없는 팜프렛(pamphlet) 전쟁을 유발했다. 교황 레오는 루터를 로마로 소환했다. 이제 마르틴 박사는 정치적 극히 외로운 신세가 되었다. 교황 앞에 그의 운명이 매우 위태롭게 된 것이다. 레오교황은 십자군 전쟁을 결의하고 여기에 필요한 자금을 조달하기 위해 소득의 10퍼센트 내지 12퍼센트의 전쟁세를 신설했다. 기존의 모든 세금 그리고 납부금들은 그것들대로 따로 납부해야 했다. 그 징세는 너무 심각한 것이었다. 따라서 이들은 격렬히 저항했고 루터를 사상적 무기로 자기들 뒤에 모셔 두고 보호했다.

루터는 로마로 가는 대신에 보름스의 제국 의회로 가라는 새로운 명령을 받았다. 그는 이 의회에 참석하는 교황의 사절, 카예탄(Cajetan) 추기경 앞에서 자신의 이교도적 행위에 대해 책임을 지고 혹세무민하는 교설을 철회하기로 예정되어 있었다. 그러나 루터는 그 자리에서 철회를 단호히 거부했다. 비텐베르크 대학의 동료들인 멜란히톤과 카를슈타트가 그의 편이 되어 주었다. 잉골슈타트 대학의 부총장 에크(Eck)가 루터에게 그 이유를 변론해보라고 다그침으로 분위기를 고조시켰다. 논쟁이 격렬해지면서 루터는 교황의 권위에 대해 회의적인 생각이 들기 시작했다. 그 회의는 뿌리까지 미쳤다. '급진적(radikal)' 이라는 말은 라틴어 '뿌리(radix)'에서 나왔다.

에크는 로마로 돌아가 루터의 파문을 건의했다. 그러나 독일은 루터를 영웅처럼 환호했다. 인문주의자 후텐(Hurten)은 루터를 독일의 해방자라며 환영했고 그와 나머지 북독일의 선교권 귀족들도 함께 루터를 옹호했다. 교황은 루터를 정말로 파문하겠다고 위협하자 그는 「독일의 기독교 귀족들에게 고함」이라는 글을 발표했다. 거기에서 그는 교황에 대한 순종을 거부하고 독일의 민족교회를 건설하자고 독일 국민들에게 촉구했다. 그렇게 하여야만 돈이 쉴 새 없이 로마로 흘러들어가는 것을 막을 수 있을 것이며, 결국 최후의 권위자는 교황이 아니라 성서 말씀이라고 주장했다. 게다가 모든 사람이 각자의 사제(司祭)라는 논리를 펼쳤다. 이로써 그는 루비콘 강을 건넌 셈이었다.(카이샤르도 국경의 루비콘 강을 건넘으로써 로마와 일대결전을 시작했다.) 이제 충돌은 피할 수 없었다. 그의 선창(先唱)에 따라 종교개혁과 민족과의 신혼 생활은 시작되었다. 가톨릭에서 신교로 개종이 이루어지는 곳마다 민족적 이유가 배후에 있었는데 특히 영국에서 그러 했다.

루터는 그 뒤에 실제로 교황으로부터 파문 당하자, 「교회의 바빌론 유수(幽囚)」라는 글로 답했다. 과거에 바빌론에 포로되었던 유대인들이 그랬던 것처럼 새로운 언약의 교회는 오랫동안 교황에게 포로로 사로잡혀 해방을 고려해 왔다는 내용이었다. 이 순간부터 양 진영은 서로의 권고문, 발송문과 봉인칙서들을 공개적으로 불사르는 의식을 거행했다. 마침내 루터는 교황의 가르침을 거부하지 않는 사람은 누구도 하늘나라에 갈 수 없다고 선언하기에 이르렀다. 그는 대안 교회를 세웠으며 교황을 파문했다. 이리하여 분열이 사실화되었다.

"여기에 제가 서 있습니다. 저는 달리 어쩔 도리가 없습니다."

그동안 정치적 장기판에는 획기적인 국면이 있었다. 우선 막시밀리안 황제의 뒤를 이어 그의 손자 카를(나중에 카를 5세가 됨)이 왕위에 올라 있었다. 카를은 함스브르크 가문 출신이었지만 독일 신성 로마 제국의 황제라기보다는 가톨릭을 믿는 국가인 스페인의 왕이어서 신교를 선택할 수 없었다. 게다가 그는 터키의 침입을 막기 위해 교황의 지지가 필요한 형편이었다.

전세를 뒤엎는 획기적인 결정은 1521년 브름스 제국 의회에서 내려졌다. 우선 카를은 루터가 그곳으로 여행을 떠날 수 있도록 그에게 자유통행증을 발부했다. 그곳으로 가서 루터가 그동안의 행동에 대해 반성할 수 있도록 하기 위해서였다. 루터는 친구들의 만류에도 위험을 무릅쓰고 그곳으로 출발했는데, 그 행진은 승리의 행진이 되었다. 수많은 군중들이 모인 자리에서 교황의 사절은 그에게 두 가지 질문을 던졌다. 첫 번째 질문은 그가 '이 글들(사절들은 루터의 글들을 책상위에 짠뜩 쌓아두었다.)을 정말로 직접 저술했는가?' 두 번째 질문은 '그가 그것들을 철회 하겠는가?였다.

루터는 첫 번째 질문에 대해서는 인정했지만 두 번째 질문에 대해서는 하루만 더 생각을 할 수 있게 해달라고 대답했다. 그 다음날 제국 의회가 다시 소집되었고 같은 질문이 다시 제기되자, 모인 사람들은 온 세상과 함께 숨을 죽이고 긴장했다. 루터는 대답했다. "교회의 폐해(弊害)가 된다는 저의 글은 도처에 인정 되었습니다." 그 순간 교황의 사절은 "아니야" 라고 외쳤다. 루터의 말은 계속되었다 "신학적 질문들과 관련한 제 글들 중에서 만약 성서에 모순되는 글이 발견된다면 즉시 철회 하겠습니다." 그러자 교황의 사절은 "자네만 옳고 나머지 모든 사도와 역대의 교황들은 전부 틀린다고 주장하는 건가?" 이에 대해 루터는 자신은 성서만을 믿는다고 답변했다. "여기에 제가 서 있습니다. 저는 달리 어쩔 도리가 없습니다." 카를은 그를 돌아가도록 허용했지만, 곧 그에게 추방명령을 내렸다.

레오 10세와 신성로마제국의 황제 카를 5세는 루터에게 그의 주장을 철회하라고 요구했으나 받아들여지지 않자, 루터를 파면하고 루터의 모든 저서들을 불태우도록 명령했다.

종교개혁 확산

루터는 바르트부르크 성에 은신해 있었다. 그동안 로마 교회에 반대하는 저항세력으로 독립했다. 그의 동료 카를 슈타드는 신부 복장을 벗어버리고 결혼했다. 뒤를 이어 루터의 아우구스티누스 수도회 소속 신부 13명이 결혼했다. 곧 독일 수도원의 절반이 텅 비었다. 대학생들은 성당의 제단과 마리아 상을 파괴했다. 독일은 팜플렛, 전단 그리고 결의문들의 전쟁터로 변했다.

루터가 스스로 교회에 대자보를 붙인 해에 독일에서 발행된 책이 총 150권이었던 것이 7년 만에 약 1,000권으로 늘어났다. 이들 대부분이 종교개혁을 편들었다. 종교개혁은 때마침 구텐베르크가 인쇄술을 발명한 매체 혁명의 토대 위해서 비로소 가능했다. 신교는 성경중심의 서적종교가 되었다.

루터가 성서를 독일어로 번역한 것은 그의 결정적인 공적들 중에 하나였다. 1521년 신약이 독일어로 출판 되었다. 이 번역이 기초가 된 것은 에라스므스(Erasmus)의 그리스어의 그리스 및 라틴어 대역 신간 성서였다. 1534년에 루터는 구약 번역도 완료했다. 루터의 성서는 가장 중요한 문학 작품이 되었다.

신교도들은 성서를 신의 말씀으로 간주하기 때문에 텍스트 자체가 숭배의 대상이었다. 이제 사람들은 성서를 교회에서만이 아니라 가정에서도 식사 후에, 가정예배 시간에, 그리고 심심할 때도 읽었다. 성경은 설교 중에도 해석되었다.

종교개혁자 루터가 문학에도 조예가 깊었던 것은 참으로 다행스러운 일이었다. 그의 독일어는 힘이 있으면서도 이미지가 풍부하고 민중적이었다. 루터의 성서는 숙어, 이미지, 비유, 수사학적 표현, 그리고 인용 가능한 속담과 언어 형태들의 공동 자산을 독일 국민 모두에게 공급했다. 이에 힘입어 루터의 독일어는 독일어의 마지막 틈새까지도 파고들어, 독일어의 수많은 방언과 구어들을 차츰 문화화 시켰다. 따라서 언어적 관점에도 종교개혁은 독일인들이 민족의식을 자각하는데 결정적인 동기를 제공했다.

새로운 교회

루터는 이리하여 성서를 모든 종교적 가르침의 유일한 기준으로 삼았다. 그는 성서에 나오지 않는 정죄(淨罪, 이 세상에서 충분히 죄의 보속(補贖)을 하지 않는 자가 사후 연옥에 떨어져 그곳의 불로 고행을 하여 죄를 씻고 비로소 천국에 들어간다는 비성경적인 설), 마리아 숭배, 성인(聖人), 고해성사 그리고 임종 도유식(塗油式, 병이나 악마 등을 쫓거나, 신성한 힘을 주입하는 상징적 의미로서 몸에 기름을 바르는 의식) 등 비성서적인 것을 모두 없앴다. 이런 의식(儀式) 대신에 설교가 예배의 중심에 오도록 했다. 이리하여 루터교는 설교, 그리고 성서와 더불어 말과 글의 종교가 되었다. 루터의 종교개혁 3대 강령은 오직 믿음(Sola Fiade), 오직 성경(Sola Scriptura), 오직 은혜(Sola Gratia)를 세우고 그 외에도 오직 그리스도(Sola Chistus), 오직 하나님의 영광(Sola Gloria)을 넣기도 하였다.

루터가 적대시한 것은 교황과 로마 교회가 권위를 주장하는 것이었다. 그는 신과 인간의 중재자로서의 사제들의 특권을 빼앗아 버렸다. 이리하여 신부들이 결혼을 하지 않는 것은 아무런 의미가 없게 되었다. 모든 사람이 이제 각자의 사제였다. 이로써 관직교회의 권위는 치명적인 일격을 맞고 흔들렸다. 교회의 모든 위계질서는 사라졌다. 교회는 신의 은총을 관리하는 일을 멈추었고 이교도에서 유래한 모든 전통은 말소되었다. 이로써 기독교회는 새 교회가 되었던 것이다.

루터는 1525년 42세에 로마 가톨릭 수녀였던 카타리나 폰 보라와 결혼했다. 자신이 태어난 아이슬레벤에서 63세의 나이로 사망했다.

기존의 보편적 교회는 민족적 지역 교회로 대체되었다. 지역교회들은 국가에 충성했다. 이리하여 종교는 다시 내세적인 교회가 되었으며 현세는 정치권력에 맡겨졌다. 이렇게 하여 루터교는 국가에 대해 순종적이 되었다. 세계적으로 드물게 독일은 국민이 의무적으로 종교세를 납부하는 나라이다. 교회의 운영비 및 성직자의 생활비는 물론 교회에서 필요로 하는 재정과 국내 및 해외 선교비를 국가재정(財政)에서 책임지고 지원하고 있다.

16세기의 종교개혁 이래 로마 가톨릭교회에서 분파(分派)한 각종 기독교회에 귀속한 사람들을 프로테스탄트(신교도)라고 한다. 프로테스탄트라는 말은 1529년 4월 독일의 제국의회(帝國議會)에서 루터계 종교개혁파의 제후(諸侯)와 여러 도시가 로마 가톨릭의 다수파 측의 황제 카를 5세 등 로마 가톨릭 세력에 대해서 당당히 자신의 신앙을 표명하고 '항거(라틴어 protestatio ; 프로테스타티오)'한 데에서 유래한다.

종교개혁 운동은 독일의 루터(Martin Luther), 스위스의 츠빙글리(Huldrych Zwingli), 프랑스의 칼뱅(Jean Calvin) 등에 의해 로마 가톨릭교회에 대항하여 강력하게 추진되었다. 그 결과 근대 유럽의 기독교는 가톨릭시즘과 프로테스탄티즘이라는 두 가지 조류로 분기(分岐)하여 각각 국민의 정신구조나 생활 태도에 독자의 영향을 미쳐 사회적·문화적 의의의 차이를 초래하고 있다. 프로테스탄티즘은 많은 국가로 발전하여 성결파, 침례파, 회중파, 퀘이커, 루터파, 메소지스트파, 장로파, 청교도, 개혁파교회, 유니테리안파 등의 다양한 종파를 낳았다. 프로테스탄트의 신앙·교의 사상은 많은 새로운 제도를 낳았지만 이것들은 지방적, 지역적, 국가적 성격을 띠고 있었다. 프로테스탄트는 서유럽 근대의 문화·문명의 형식에 있어서 고유의 절대적인 영향을 미쳐 개인의 혼과 신의 직접적인 계약에 기초한 개인주의적·자유주의적인 결사형 사회를 목적으로 하고 있다. 그러나 종파의 차이에 의한 교회의 분열·적대를 해결하기 위해 금세기초 세계교회주의(ecumenical movement)가 시작되었다. 프로테스탄티즘은 서양 근대의 세계사와 세계 문명의 주요인의 하나로 이것은 M. 베버(Max Weber)와 E. 트뢸치(Ernst Troeltsch) 등 많은 기독교 사회학자의 연구에 의해 지적되고 있다.

16세기에 일어난 종교개혁으로 로마가톨릭에서 분리되어 나온 교파의 총칭으로 기존 가톨릭과 대등한 위치로 세워진 '신교(新敎)'라고 부른다. 종교개혁은 부패한 가톨릭에 대항하여 마틴 루터를 시작으로 츠빙글리, 칼뱅 등이 일으킨 혁신운동이다. 로마 가톨릭교회 및 동방정교회와 더불어 크리스트교의 3대 교파를 이룬다. '프로테스탄트'란 종교개혁의 주역인 루터가 1529년 열린 독일 스파이어 회의의 판결에서 로마 가톨릭 세력에 저항(protest)한 데서 유래한 말이다.

프로테스탄트는 독일, 스칸디나비아 제국 등 전 유럽으로 확산됐고, 이민자들을 통해 북아메리카까지 확산되었다. 가톨릭에 비해서 성서를 중심으로 하는 개인의 신앙에 더 많은 중점을 두며 의례를 간소화했다는 특징이 있다. 또한 로마 가톨릭과 같이 성직자와 신도의 신분상의 차이를 인정하지 않는다. 루터주의, 칼뱅주의, 성공회(聖公會) 등의 프로테스탄트 사상이었다.

09

르네상스

인간은 언제부터 독립적인 개인으로 살게 되었는가?

르네상스

화려한 예술의 도시

르네상스의 종말

사진 | 오세용 사관

인간은 언제부터 독립적 개인으로 살게 되었는가?

내가 내 삶의 주인이라는 인식은 어떻게 형성된 것일까? 개인의 자아의식을 탄생시킨 중요한 사회적 변형들은 무엇이었을까?

1448년 구텐베르크(Johannes Gutenberg)의 활판인쇄는 필사본으로만 접할 수 있던 책을 대량으로 생산할 수 있도록 해주었다.

근대의 가장 중요한 사건이라 평가되는 인쇄술은 글자를 읽을 수 있는 식자층을 증가시켰고 지식의 확산을 가져왔다. 금속활자 발명은 르네상스, 과학혁명, 종교개혁에 막대한 영향을 끼쳤다.

근대 이전까지의 지식은 인간을 위한 것이 아니라 신과 교회를 위한 것이었다. 하지만 책이 보급되면서 지식은 인간 스스로를 위해 사용할 수 있는 것이 되었다.

인쇄술의 발달과 독서 문화의 확산은 자기 욕구를 자극했다. 자기 교육에 크게 기여한 것은 문학작품 중에서도 특히 18세기에 등장한 근대 소설이다. 문학 작품을 읽으면서 당시 사람들은 자신의 생각을 확장시키고 자신을 도덕적으로 완성시키며, 스스로 생각하는 인간이 되고자 했다.

우리나라는 금속활자 발명이 놀랍게도 세계에서 제일 먼저이다. 서양 독일의 구텐베르크가 금속활자를 발명한 1450년보다 77년 앞선 1377년에 청주 직지사에서 '직지 삼절요체'를 금속활자를 발명하고 사용하여 세계 처음으로 인쇄를 하였던 것이다.

우리나라가 세계 처음으로 금속활자를 발명한 것은 참으로 자랑스럽고 뛰어난 문화를 지닌 민족으로 긍지를 가질 만하다. 하지만 우리나라가 가진 인쇄술은 발명한지 685여년이 넘었지만 그동안 안타까운 것은 인쇄술 및 과학적인 문화가 조금도 발전된 것이 없었다. 이 말은 국민들이 필요를 느끼지 못했으며, 별로 어떤 도움도, 영향력을 끼치는 것이 없었다는 것이다. 이렇게 된 것이 무슨 이유인가? 이것은 활자가 한문으로 되어 있어 유식자나 읽고 이해할 수 있는 것이기 때문이다. 또 한 가지는 **'직지 삼절요체'**는 불교의 경전으로 불교의 지도자들에게나 중요하고 필요하겠지만 일반 서민들은 피부에 와 닿지 않고 늘 별개로, 따로 있는 것이기에 금속활자의 가치나 필요성을 못 느끼며 살아 왔다. 이로 인해 금속활자는 꼭꼭 숨어 있게 되었고 활용가치를 못 느끼면서 어떤 발전도 가져올 수 없게 된 것이다.

아무리 뛰어난 발명품도 국민의 발전을 위하는 것이 아니면 그 가치는 사장(死藏)되는 것이다. 청주에서 매년 금속활자가 세계 제일 처음 발명한 것을 자랑스럽게 여기고 매년 기념 축제를 열지만, 이것만으로는 문화인으로 긍지를 가지고 국민들에게 큰 영향력을 주기에 많이 부족하다는 생각이 나만의 생각일까?

한국은 세종 28년 1446년 9월에 훈민정음이 반포되어 조선의 고유의 말과 문자를 사용하는 국가로, 세종시대의 과학기술 성과가 세계 최고였다는 연구결과가 1980년대에 이미 일본 사학자 이또 준타로의 《과학사 기술 사사》에서 나왔지만 우리는 무관심했다.

1500년경 중국을 방문한 유럽인들은 두 가지 사실 때문에 크게 놀랐다고 한다. 그들은 먼저 그 당시 유럽에서 추구하는 과학 기술 대부분이 중국에 이미 이루어졌다는 점에 크게 놀랐다. 이러한 뛰어난 과학기술 성과에도 불구하고 자랑만 할 뿐 그런 성과를 가져온 원리를 탐구하거나 진전시킬 노력은 전혀 하지 않고 있는 중국인들의 태도 또한 놀랐다. 이 이야기를 기록한 토크빌(A. Tocqueville)에 따르면 "그들은 전통을 그대로 간직할 뿐 그것을 새롭게 만들려는 노력을 기울이지 않고 있었다."는 것이다.

지금 여기서 토크빌의 말을 인용한 까닭은 오늘날 대한민국 상황이 중국과 별반 다르지 않다고 보기 때문이다. 우리는 반도체, 철강, 조선 등에서 세계 최고의 위치를 차지하고 있다. 하지만 정작 그런 성과를 가능케 한 원리를 진지하게 탐구하고 진전시킬 노력을 별로 기울이지 않고 있다. 일본 중국을 넘어 중동과 유럽의 여러 나라까지도 한류드라마와 K-pop을 즐기는 것에 우쭐한 나머지 그것을 재창조하는 일에 게으르지는 않은가 반성해 본다.

르네상스

르네상스는 14~16세기 유럽에서 일어난 문화 운동으로, 고대 그리스·로마의 학문과 지식, 예술을 부흥시키고자 하는 움직임이었다. 이 시기를 통해 고전 학문의 가치에 대한 관심이 고조되었으며 신대륙의 발견, 지동설의 등장, 봉건제의 몰락, 상업의 성장, 종이·인쇄술·항해술·화약과 같은 신기술의 발명이 이루어졌다. 르네상스 정신의 시작은 인문주의 운동이었다. 인문주의가 처음 발생하고 열매를 맺은 곳은 이탈리아였다. 1453년 콘스탄티노플의 함락은 인문주의 운동을 크게 진작시키는 계기가 되었다. 이후 르네상스 정신은 유럽 전역으로 확산되었고 미술 분야에서 가장 두드러지게 표현되었다. 르네상스 시기는 1527년 로마의 몰락으로 끝났다. 그러나 르네상스 정신을 표현하는 위대한 예술작품들은 이탈리아 북부와 북유럽에서 계속 탄생했다.

르네상스는 재탄생을 의미한다. 1550년에 이탈리아 예술가들의 삶을 묘사하면서 그 시대에 대한 명칭으로 이 단어를 사용한 사람은 바사리(Vasari)였다. 고대의 이교도 문화가 중세의 긴 잠에서 끝난 후 재발견되었다는 뜻으로 그는 이 단어를 사용했다. 그리고 이 르네상스는 무엇보다도 건축, 미술, 조각, 그리고 회화 분야에서 두드러졌고, 오늘날의 우리도 경탄을 금치 못하는 훌륭한 이탈리아 도시를 창조했다.

이렇게 시각 미술, 예술 계열이 우세하게 된 것은 우연이 아니었다. 르네상스에서 재탄생된 것은 현세의 향락, 관능, 색체, 밝은 빛 그리고 인간 육체의 아름다움이 표현되었기 때문이다. 내세로 갔던 인간이 현세로 되돌아왔으며 지상에서 낙원을 발견한 것처럼 형태와 색의 낙원이었다. 그 발견은 어지럼증을 일으켰다. 르네상스는 축제, 과다 과잉으로 체험되었다. 감각을 자극하는 예술인 건축과 회화가 유난히 발달한 것은 그런 연유에서였다.

그렇다면 르네상스 기간은 정확히 언제인가? 우리는 그 기간을 대략 1400년부터 1530년까지의 130년으로 잡고 있다. 그런데 이 재 탄생의 축제가 유독 이탈리아에서 발생한 이유는 무엇인가? 이탈리아에서 가장 먼저 봉건주의가 화폐경제에 자리를 내주었기 때문이다. 그 결과 이탈리아는 봉건 왕국 대신에 수많은 도시국가들의 집합체가 되었다.

어디에서 그 많은 돈이 생겼는가?

- 오리엔트로 가는 무역로는 이탈리아를 통해 나가고 있었다. 여기에 모인 자본은 예술 산업과 직물 공업 분야로도 흘러들어가 강력한 시민계급을 형성시켰다.
- 기독교 유럽 교회의 헌금들이 끊임없는 홍수처럼 로마로 흘러들어갔다. 그래서 교황들은 1450년부터 도시를 새로 확장하기 시작했고

과거보다 더 많은 예술가들을 고용했다. 마침내 베드로 성당을 짓기 위해 유럽 기독교인들의 마지막 남은 돈까지 헌금으로 짜내려 했고 이에 대한 반발로 종교개혁이 발생했다.(1517년)

- 화폐경제의 이런 폭발적인 성장은 이탈리아를 금융업의 요람으로 만들었다.(은행업과 관련된 모든 용어는 이탈리아어다. 구좌, 당좌구좌, 파산, 등) 그리고 금융업의 중심지는 피렌체였다. 가장 큰 가문은 **메디치** 가였다.

  피렌체는 그리스의 아테네처럼 되었고 르네상스의 요람이 되었다. 여기에서 르네상스 문학의 선구자들인 단테, 페트라르카 그리고 보카치오가 태어났는데 이들은 후에 이탈리아의 문학 언어를 주도함으로써 피렌체어를 현대의 이탈리어가 되게 했다.
- 단테(Dante)는 다시금 중세의 세계상을 종합했다. 그는「신곡」에서 지옥, 연옥 그리고 낙원을 묘사함으로써 모든 형벌과 상급이 제 자리를 찾는 도덕적 우주 질서를 최후로 창조했다.
- 페트라르카(Petrarca)는「라우라 생전의 시들」로 현대적인 연애 서정시를 창조했다.
- 보카치오(Boccaccio)는「데카메론」으로 근대소설의 전형을 창조했고 르네상스의 개방된 성에 대한 기준을 마련했다.

피렌체에서는 1439년에도 로마의 동방교회와 그리스의 동방교회를 통일하기 위한 종교회의가 개최되었으며, 이 때 그리스 학자들이 대거 피렌체로 왔다. 1453년에 터키인 등이 비잔티움을 점령하고 동방제국을 소멸시켰을 때도 수많은 그리스 학자들이 피렌체로 왔다. 이것은 피렌체에서 인문주의가 유난히 지속적으로 꽃필 수 있는 토양이 되었다. 인문주의자들은 고대 그리스 및 라틴 텍스트들의 연구를 경쟁적으로 수행하는 사람들이었다. 결과적으로 이들 모두가 고대 문학의 언어 형식을 새로운 문체의 이상(理想)으로 격상시켰다. 이런 식으로 재 발굴된 것은 다음과 같다.

- 세네카(Seneca)의 비극
- 플라우투스(Plautus)와 테렌티우스(Terentius)의 희극
- 헤로도투스와 투키디데스에서 시작해서 리비우스와 살루스티우스에 이르는 그리스 및 로마 역사학자
- 호라티우스, 카툴루스 그리고 오비디우스의 문학
- 플라톤을 위시한 철학자(아리스토텔레스는 이미 중세를 지배했다.) 피렌체에서 플라톤의 사상이 르네상스를 맞았으며 플라톤 아카데메이아가 세워졌다. 여기서 특히 플라토닉 러브가 중요한 역할을 했다.

메디치 가문이 권력을 넘겨받기 전에 피렌체에서는 서로 반목하던 권력 집단들 간에 불안정하지만 유사(類似) 민주주의가 지배했다. 따라서 권력 투쟁이 있을 때는 화려함을 과시하고 예술품을 주문함으로써 시민 계급의 호감을 사는 것이 유리했으며, 일단 권력을 장악한 뒤라면 공공사업을 일으켜서 권력을 유지하는 것이 상례였다. 그 결과, **메디치가**는 역사상 대규모로 예술을 지원하는 후원자가 되었으며 르네상스가 시작될 수 있게 하였다. 대부분 예술가는 피렌체에서 활동을 시작하였다. 그 결과 다른 지역에서도 위정자들은 불안전한 권력을 화려한 외양 공공건물 건축, 그리고 상징적인 국립극장을 통해 정당화했다.

이탈리아는 수많은 내전을 치른 후에 권력이 도시국가들로 집중되었는데 이 중 다섯 국가가 특히 부강했다. 이 도시국가들의 지배자들은 음모,

간계 그리고 돈 따위의 부정한 방법으로 권력을 장악했다. 가장 흔한 방법은 돈을 뿌리고 직책 임명을 통해 정치적 지지를 확보하는 것이었다. 이것은 현대에서도 정당 정치에서처럼 거대한 고객 망(당파, 계파)을 형성했고, 권력자는 이들의 도움으로 권력을 안정시킬 수 있었다. 르네상스 발전의 중심지는 피렌체, 로마, 베네치아, 그리고 밀라노였다.

이 도시들은 150여 년 동안 지속된 예술 경쟁의 주요무대가 되었고 경쟁에 참여한 자들은 아래와 같다.

르네상스를 빛낸 인물들

피렌체의 보티첼리

보티첼리(Botticalli, 1444~1510)에게 그림을 의뢰한 고객은 메디치가였다. 그의 그림 중에서 두 점이 오늘날 고전작품으로 숭배를 받고 있다. 그 중 하나는 「비너스의 탄생 Birth of Venus」이다. 거품에서 태어난 여신 비너스가 조가비에서 금방 태어나서 온몸에 아무것도 걸치지 않고 긴 금발로 몸을 살짝 가린 채 서 있다.

또 하나는 알레고리(추상적 개념의 시각적 비유) 그림 「봄」이다. 피렌체는 플라토니즘(눈에 보이는 것의 배후에 있는 본질적이고 영원한 것을 추구하는 플라톤 사상)의 수도였음으로 이 「봄」은 플라토닉 러브의 알레고리이다. 오른 쪽에서 바람이 접근해 와서 신성한 호흡을 내뿜는다. 그는 이 때 요정을 껴안으며 섹스를 상상하면서 그녀에게 정신을 불어 넣는다. 요정은 이 포옹을 통해서 바로 다음 인물인 꽃으로 변신한다. 이 인물은(팔꿈치로) 중앙의 인물 봄을 가리킨다. 이 모든 것은 사람의 비유이다. 요컨대 하늘이 땅을 향해 격정적으로 달려와서 땅을 봄으로 변화시킨다.

레오나르도 다빈치

레오나르도 다빈치(Leonsrd da Vinci 1452~1519)는 아마도 세계에서 가장 유명한 「모나리자」(파리의 르브르 박물관소장)를 그렸다. 그는 르네상스의 이상적 인간형인 보편적 천재였다. 그는 건축가, 전함 따위를 발명하였고, 경지에 도달한 디자이너, 불굴의 자연 연구가, 착상이 풍부한 엔지니어 그리고 천재적인 화가였다. 그는 의상과 보석을 디자인했으며, 마돈나 회화(성모마리아를 그린 그림이나 조각한 소상(塑像:인물상)을 조각하였다. 그리고 제단을 제작했다.

그는 밀라노에서 자신의 가장 유명한 그림들 중 하나인 「최후의 만찬」을 그렸다. 이 그림은 그리스도가 "너희 중에 한명이 오늘 나를 배반하리라"고 말하는 순간의 제자들을 보여준다. 다빈치는 그 다음에 피렌체로 가서 라이벌인 미켈란젤로와 경쟁했다. 동일한 연회실 한쪽 벽에는 다빈치가, 마주보고 있는 다른 쪽 벽에는 미켈란젤로가 벽화를 그렸다. 그 결과 다빈치가 패했다. 왜냐하면 그의 그림은 색깔이 바래서 흐려졌기 때문이다.

이 시기에 그는 3년 동안(1503~5) 피렌체의 조콘다 부인을 자주 자기 아틀리에로 불러들여 그녀의 우울한 미소와 신비스런 얼굴 표정을 화폭에 옮기는 작업을 하고 있었다. 그녀가 모델로 설 때마다 그는 음악가들을 불러 연주하게 함으로써 그녀의 무거운 표정을 더욱 강화시켰다. 이로서 그는 회화사에서 가장 유명한 미소를 완성시켰다. 히스테리에 걸린 사람들은 이 그림 앞에서 권총자살을 했다. 옥스퍼드대학의 교수 패이터(Pater)는 이 미소에 인류의 모든 체험이 담겨 있다고 주장한다. 모나리자란 이름으로 유명해진 조콘다 부인은 아마도 화가의 비밀에 대해 반어조로 미소를 짓고 있었는지도 모른다. 왜냐하면 다빈치는 호모였기 때문이다.

또 그는 변덕스러웠으므로 프로이트가 관심이 많았다. 그는 변덕 때문에 어떤 작품이든 완성할 수 없는 처지에 놓여있었다. 그는 「모나리자」도 완성되지 않았다며 한동안 자기가 가지고 있었다. 그 점 말고는 그는 아무런 문제가 없었다. 그는 힘이 장사였다. 말 발굽을 맨손으로 구부렸고, 승마와 펜싱을 잘했다. 우아한 옷을 중시했고 왼손으로 글씨를 썼으며 진기한 물품을 좋아했고 호기심이 무척 많았다.

화가로서 그의 시선은 아무런 편견도 없었으며 아름다운 것뿐만 아니라 기괴한 것 추한 것을 모두 포착했다. 그는 물살의 소용돌이, 구름, 산, 바위, 꽃 덩굴 감성 기류(氣流) 따위의 모든 역동적인 현상들에 매료되어 있었다. 그는 항상 비행기구, 낙하산, 압연기, 만능 스패너, 곡식 찧는 절구, 기관 단총, 잠수함 그리고 증기 대포(大砲)를 설계하고 제작도 했다. 그는 열학(熱學), 음양학 광학(光學), 기계역학과 수압학(水壓學)에 몰두했으며, 인간의 해부학적 구조를 동물들과 비교했고, 인간의 장기, 혈관(血管) 그리고 신경섬유를 그린 수많은 도면을 완성했다. 그는 지금까지 존재했던 가장 탁월한 재능의 소유자 중의 하나였으며, 아마도 라이프니츠나 괴테와 비교될 수 있을 것이다.

미켈란젤로

미케란젤로(Michelangelo 1475~1564)의 결정적인 출세는 극적으로 이루어졌다. 어느 날 그가 견습공으로 반인반수의 목양신을 조각하고 있을 때, 때마침 로렌초 메디치(Lorenzo Medici)가 그 곁을 지나가다가 비판조로 한마디 했다. "그렇게 나이 많은 노인이 어떻게 그런 완벽한 턱 구조를 가질 수 있나?" 그러자 미켈란젤로는 망치를 휘둘러 단번에 목양신의 윗니 하나를 부러지게 했다. 기질과 재치에 감동한 메디치는 그를 자기 집으로 불러들였다. 그러나 미켈란젤로는 거기서 다툼을 벌이다가 자신의 코뼈를 으스러트렸다. 그 다음에 그는 파두아와 로마로 갔으며, 거기서 대리석으로 대리석상 「피에타(Piata, 예수의 시신을 안고 슬퍼하는 마리아 상)」를 창조했다. 피렌체로 돌아온 그는 이곳에서 2년 동안 대리석 덩어리와 씨름을 계속하여 그 속에 숨어 있는 다비드(David)를 해방시켰다.(복제품은 배치오 궁전 앞에 서 있으며 원본은 피렌체의 예술 아카데미에 있다.)

그 다음에 그는 시스타 성당의 천정과 내벽을 모두 단장해 달라는 교황 율리우스 2세의 의뢰를 받았다. 성당 천장에 구약의 가장 유명한 장면인 천지창조를 그는 높은 받침대에 누운 자세로 그렸다. 거기에는 하나님 아버지가 오른 손으로 길게 내뻗어 아담을 창조하면서 아담의 축 늘어진 손가락과 닿고 있는 장면, 아담과 이브의 타락, 술 취한 노아의 모습 등등 구약의 정신이 담긴 모든 것들이 선지자의 밝은 눈으로, 다시 말해서 회화적으로가 아니라 조각 예술적으로 그려져 있다.

미켈란젤로는 세계 창조의 그림 속에 화가로서의 자신의 창조 에너지를 함께 쏟아 부었다. 세계 탄생의 배후에 있는 역동성, 힘이 거기에 담겨 있으며 오로지 인간의 신체 속에서만 표현되는 고뇌가 그려져 있다. 대략 50명의 남녀의 나체가 거기에 담겨져 있으며 풍경이나 식물 따위는 없다. 모든 것은 근육의 힘이다. 이 근육의 근육질 몸들은 관능적인 것이 아닌 강력한 것이다. 그는 화가이자 조각가였으며, 조각가이자 보디빌딩 코치였다.

그는 몇 년 동안 교황과 끊임없이 싸워가면서 작업을 했다. 교황이 그 천정화를 보고자 미켈란젤로에게 받침대를 철거하라고 재촉했기 때문이다. 미켈란젤로가 거부하자 그를 받침대에서 떨어뜨려버리겠다고 위협했다. 미켈란젤로가 잠깐 작업을 쉬는 동안 마침내 교황이 그것을 보는 순간 교황은 "이제 죽어도 여한이 없다"고 말했다. 그는 죽기 전에 역사상 창조되었던 것들 중에 가장 위엄 있는 예술작품을 보았기 때문이다.

미켈란젤로는 모든 회화적 요소들, 장식·풍경·아라베스크 문양·건축 양식적 배경 등 일체의 부속적인 것들을 포기하고 오로지 인간의 몸에만 집중했다. 그의 회화들은 구약과 신약의 정신을 호흡한다. 거기에는 르네상스의 전형적인 밝음과 대비되는 음울한 측면이 있다. 하지만 미켈란젤로는 바로 이 요소 때문에 르네상스의 위대한 예술가들 중의 하나였다. 그는 신들린 사람처럼 작업에 몰두했다. 제 몸도 돌보지 않고 잠잘 때도 옷을 입은 채로 잤다. 시스타나 예배당의 그림이 완성되었을 때 그는 아직 젊은 나이였지만 훌쩍 늙어 있었다. 그는 거의 90세까지 살았다.

티치아노 베첼리오

티치아노(Tiziano Vecellio 1488~1576) 그의 본거지는 피렌체가 아니라 베네치아였다. 그는 미켈란젤로와는 정반대의 화풍을 지녔다. 그는 아마도 르네상스의 정신을 가장 잘 대표하는 화가로 평가받을 수 있는 자이다. 그의 전문 분야는 여성의 아름다움에 대한 묘사다. 그는 수많은 비너스와 아름다움을 상징하는 아프로디테를 그렸는데 동정녀 마리아를 그릴 때도 비너스처럼 그렸다. 그의 그림에는 미켈란젤로식의 세계에 대한 저항이라든가 삶의 어두운 측면은 하나도 없다. 모든 것은 색깔, 빛 그리고 감각의 즐거움뿐이다. 풍부한 뉘앙스의 색조와 빛의 묘사에 그를 따라갈 화가가 없었다.

그의 두 번째 전문 분야는 초상화의 제작이었다. 그의 초상화에는 강력하게 발산하는 힘이 있다. 그래서 세계의 거물들로부터 초상화 제작을 의뢰받아 황제(카를5세) 교황 영주, 이탈리아 도시의 총독들의 초상을 그렸다. 그가 사망 했을 때, 베네치아시는 명예로운 국장(國葬)으로 그에게 경의를 표했다. 그는 산타마리아 성당에 묻혔다.

라파엘로

라파엘로(Raphaello 1483~1520)는 우르비노 출신으로 페루지아와 피렌체를 경유하여 로마에 왔다. 이곳에서 그는 교황 율리우스 2세가 판매용 면죄부들에 서명한 곳으로 알려진 교황청 방에 그림 「성체에 관한 논쟁」을 그렸다. 이 기념비적인 작품의 모티브들은 르네상스의 프로그램처럼 느껴진다. 그것은 종교와 철학의 화해, 기독교와 고대 그리고 교회와 국가의 화해를 보여준다. 교회는 삼위일체 및 사도들과 교황들을 통해 대표된다.

플라톤은 이상주의자로 검지 손가락으로 하늘을, 아리스토텔레스는 현실주의자로 땅을 가리키고 있고, 소크라테스는 손가락으로 자신의 주장들을 일일이 헤아리고 있다. 그리고 알키비아데스는 그의 말에 매료되어 듣고 있다. 이 그룹은 그 밖의 철학자들, 예컨대 반라(半裸) 디오게네스, 패거리들을 거느리고 있는 알키비아데스, 화성학 도표를 들고 있는 피타고라스, 수수께끼에 몰두해 있는 헤라클레이토스, 그리고 열심히 듣고 있는 학생들 중에는 라파엘로를 닮은 사람이 끼어 있다.

그러나 라파엘로의 고유한 업적은 그가 수많은 마돈나 그림에서 고대의 우아한 기독교 경전과 통일을 이루는 곳에 가장 잘 나타나 있다. 그의 마리아 그림들이 사랑스러움을 따라갈 화가는 아직 없다. 그 종합적 통일성 속에는 레오나로도, 조르조네, 또는 미켈란젤로의 영향력들도 포함되어 있다. 그의 가장 유명한 성모 그림인 「시스타나의 마돈나(Madonna Sistinna)」는 모든 성모의 어머니가 되었다. 고전적인 피라미드 구도로 동정녀 뒤에 파란 겉옷이 바람에 흩날려 부풀어 있고 그녀의 붉은 하의가 살짝 드러나 있다. 그녀의 얼굴은 붉게 상기되어 슬프고 놀란 표정으로 세상을 들여다본다. 팔에는 천진무구한 아기 예수가 안겨 있고 그녀 뒤의 커튼은 열려져 낙원을 자유롭게 들여다 볼 수 있게 한다. 이것은 모든 기독교인들이 가장 사랑하는 마돈나가 되었고, 그 후에 무수한 성물(聖物) 복제품 그리고 엽서의 모델이 되었다.

르네상스 예술가들 중 라파엘로는 가장 명랑한 사람이었다. 우리는 그에게서 창조의 산고(產苦)란 것은 상상하지 못하며, 레오나르도의 그림에서처럼 수수께끼를 감지할 수 있거나 미켈란젤로의 그림에서처럼 악마적 에너지에 놀라지도 않는다. 라파엘로에게는 몸과 정신 사이, 즉 감성과 오성 사이에 아무런 괴리(乖離)감이 없다. 「시스타나의 마돈나」 그림의 모델은 '아마도 그의 애인이었을 것이다.'라고 바리사가 주장하듯이 그는 연애의 즐거움에 탐닉했으며 어느 날 '그 한계를 넘어서' 과로로 사망했다. 이 때 그의 나이는 겨우 37세였다.

화려한 예술의 도시

예술가들, 수많은 건축설계사 수공업자 그리고 건축전문가들과 팀을 이루어 보물 창고 이탈리아를 건축했고, 그곳의 한쪽 끝에서 다른 쪽 끝까지 빼곡히 예술품들로 채움으로써 이탈리아를 모든 예술 마니아와 미를 갈망하는 사람들의 매카로 만들었다. 이탈리아 도시들을 화려하게 빛나는 보석상자들이 되었다. 교황들은 고대의 폐허도시 로마에 기독교 최대의 성 베드로 성당을 신축하고 이 성당을 중심으로 장엄한 바로크 양식의 로마를 새롭게 건설했다.

피렌체에서는 브루넬레스키(Bruneleshhi)가 중력의 법칙을 정복하고 건설한 대성당의 둥근 돔에 사람들이 열광했으며, 메디치 가문의 가문과 알베르티 가문 등의 백만장자들은 이곳에 이르는 강변에 궁정들을 지었고, 그 궁정들에 피렌체 예술가들의 아틀리에와 작업장들에서 탄생한 수백점의 예술품들을 채웠다.

피사(Pisa)에서는 중력을 이기고 솟아오른 대리석 탑이 사람들을 놀라게 했으며, 갈릴레오는 거기에서 실험을 통해 낙하 법칙을 캐냈다. 팔라디오는 비첸차와 그 근교에 궁전과 호화저택들을 고대 그리스 스타일로 건축했는데, 이들은 나중에 모든 영국의 별장과 자택, 미국 남부 주(州)들의 기둥장식 건축물들 그리고 워싱턴 백악관의 모델이 되었다.

이 시대와 그 후 몇 백 년을 위해 화룡점정(畵龍點睛)을 찍은 것은 둥근 모형의 황금 지붕들과 궁전으로 이루어진 신기루와도 같이 영롱한 수상 도시 베네치아이다. 세계에서 유일하게 연극 무대처럼 화려하게 사주(沙柱) 위에 건설된 이 도시는 일종의 마력을 지니고 있어서, 셱스피어의 「베니스의 상인」에서부터 토마스 만의 「베네치아의 죽음」, 레온의 부인의 범죄소설들에 이르기 까지 수많은 문학 작품들의 배경이 되었다.

이 도시가 한창 번영할 때 축제 문화가 꽃을 피워 그 명성을 유럽 전체에 떨쳤다. 총독의 화려한 취임식, 여자들의 축제 가란겔로, 도시 후원자의 생일잔치, 성 마르쿠스 탄생일, 그리고 일 년 중 가장 성대한 축제인 베네치아와 바다의 결혼식에서는 끝이 제비꼬리 모양으로 갈라지거나 세모꼴로 뾰족한 긴 깃발들이 현란하게 장식된 돛대들이 있는 수천 척의 보트와 곤돌라들이 현란하게 대 운하에서, 그리고 동방 양식의 산마르코 교회와 총독 관저가 있는 광장의 앞바다에서 자태를 뽐내며 경주(競舟)를 했다. 베네치아의 사육제는 세계적으로 유명해졌다.

역사가 흐르고 오래되면 될수록, 그만큼 더 베네치아는 문학의 도시, 동경의 도시 그리고 신혼 여행지가 되었다. 베네치아는 또한 의심스런 도시적인 발명품인 게토(getto)에 대해서도 책임이 있었다. 유대인들 사는 거리를 보통 게토라고 부르는데 이 단어는 베네치아의 한 지역의 주조소(鑄造所) 이름인 게토에서 유래했다.

이탈리아의 도시들은 적어도 17세기 말부터 유럽 젊은이들의 교양여행지가 되었다. 이런 여행은 오늘 날도 권장할 만하다. 자신의 안목과 취향을 키우길 바라는 사람은 리니에서 베네치아, 피렌체 또는 로마로 이르는 해안 코스를 선택하는 것이 좋다.

르네상스의 종말

이 아름다움을 낳은 샘물이 왜 130년 후에 고갈 되었을까? 그것은 한 명의 이탈리아인과 한 명의 독일인이 그 샘을 흩어버렸기 때문이다.

- 1492년 이탈리아 제노바 사람 콜럼버스(Columbus)가 포르투갈인들과 함께 인도로 가는 해로를 발견했기 때문이다. 그 후에는 북서부 상인들이 무역 물품들을 안트웨르팬과 리스본을 통해 수출입하는 것을 선호했다. 이탈리아의 유산을 네델란드인들이 물려받게 된 것이다.
- 1517년에 아우구스티누스 수도회 수도승 마르틴 루터(Martln Luther)가 비텐베르크 성(城) 교회 문에 종교적으로 아주 부정확한 95개의 논제로 이루어진 격문을 써 붙였다. 그동안 겉으로 드러나지 않았지만 널리 팽배해 있던 교회에 대한 좋지 않았던 여론을 공개적으로 표

현한 것이다. 처음에는 졸졸 흐르던 불평, 불만이 불어나 마침내 댐을 무너트려 교회를 둘로 갈랐다. 큰물이 모두 빠지고 난 뒤에는 다음의 세 개 진영이 남게 되었다.

- 가톨릭 … 여기에 속한 사람들은 여전히 로마 교회에 충성했거나 아니면 강화된 설득에 묶여 있었다. 이런 일은 특히 스페인, 이탈리아, 프랑스, 폴란드 그리고 아일랜드에서 보수성이 강했다.
- 루터교회와 영국교회 … 루터교인들은 루터의 교리를 따랐으며, 영주의 교리를 따르는 국가교회를 형성했다. 이런 일은 스칸디나비아반도, 발트 해 연안 그리고 독일에서 일어났다. 영국 교회도 왕에게 굴복했지만, 그들은 가톨릭 예배의식 규정을 칼뱅교도의 구원 예정설과 결합했다.
- 칼뱅교의 퓨리턴(청교도) … 칼뱅교라는 명칭은 급진적 개혁론자인 칼뱅(Calvin)에서 유래했다. 칼뱅은 스위스 제네바에 원칙을 중시하는 신국(信國)을 건설했다. 퓨리턴은 영국의 극단적인 신교도를 가리키는데, 이들은 예배를 가톨릭의 모든 복잡한 의식(儀式)으로부터 정화 하려고 했다. 이 두 신생교파의 공통점은 사제와 주교들로 조직된 관직(官職)교회에 대한 혐오였다. 따라서 루터가 새로 조직한 관직교회도 싫어했다. 그들의 목표는 사제나 고위 성직자가 전혀 없는 자유민주적인 교회를 세우는 것이었다. 그들은 각자가 자신의 사제가 되어야 한다는 만인사제설을 주장했다. 이에 따라 그들은 수많은 종파로 분열되었으며, 그 다채로운 분열상을 보상하기 위해 원칙주의자의 단호함을 견지했다. 그들이 이 세력을 확장한 곳은 스위스, 네덜란드, 스코틀랜드, 영국이었으며 그 다음은 종교박해가 전혀 없는 미국이었다. 이 나라들은 다른 한편 민주주의를 발명한 나라이기도 하

다. 반면에 국가를 가장 경건하게 섬긴 나라는 독일이었는데, 이는 나중에 군국주의의 불행을 낳았다.

이상에서 살펴본 교회의 분열은, 이탈리아를 예를 들자면 그동안 무수한 납부금과 세금형태로 이탈리아를 풍요롭게 했던 돈줄이 거의 고갈 된 것을 의미한다.

아메리카의 발견과 종교개혁으로 이탈리아는 가장 중요한 재원 두 개를 잃었다. 이탈리아는 더 이상 회복되지 못했다. 유럽의 관심은 신천지로 이동했다.

15세기가 이탈리아의 것이었다면 16세기는 유럽의 나머지 국가들, 즉 독일, 스페인, 영국, 프랑스의 것이었다. 왜냐하면 이 나라들은 이제 막 태어나서, 독일은 예외이지만 자기들이 살아가기 위한 집인 국가를 건설하기 시작했기 때문이다.

르네상스가 서곡이었다면 16세기에는 본격적으로 펼쳐져서 발전하고 뻗어가는 시대였다.

10

근대 세계의 탄생

과학 혁명 : 천동설에서 지동설로

노벨상 수상자들

사상혁명 : 계몽시대

정치혁명 : 민주주의, 인권, 헌법의 발명

미국은 세계 최초의 민주공화국을 수립했다

경제혁명 : 산업혁명

사진 | 오세용 사관

과학 혁명
천동설에서 지동설로

과학 혁명은 특정 시기(16~17세기) 특정 장소(유럽)에서 일어나 세계를 뒤바꾼 과학상의 대 발견들을 가리키는 고유명사이다. '혁명'이란 급격하게 발전하고 변동하는 일을 말한다.

하늘-포돌레마이오스의 세계싱에서 코페르니구스의 세계상으로

그러나 놀랍게도 지구를 객관적으로 조망(眺望)하고자 했던 사람이 있었다. 이는 500년 전 16세기 폴란드의 니콜라우스 코페르니쿠스(Nicolaus Copernicus)이다. 망원경도 없었던 시절 40년 동안 맨눈으로 하늘의 별을 관찰하고 그는 놀라운 발견을 했다. **"태양이 돌지 않고 지구가 돈다."** "지구는 우주의 중심이 아니다."

코페르니쿠스는 가톨릭교회 참사회 위원이었다. 천문학에 관심이 많아

취미로 한 것이 결국 코페르니쿠스를 유명하게 하였다. 참사회 의원은 매일 해야 하는 일이 아니라 개인적인 시간이 많았으며 경제적으로도 괜찮았다. 그래서 코페르니쿠스는 천문학을 공부할 시간이 확보되었던 것이다. 고대 그리스인들은 기하학을 중요시했다. 플라톤이 세웠던 아카데미에서는 기하학을 가장 중요한 과목으로 생각하여 기하학을 모르는 사람은 들어오지도 말라고 하였다. 그 덕분에 고대 그리스인들은 그 당시에 천체(天體)에 관해 재미난 여러 가지 계산을 하게 되었다. 태양의 크기를 측정하거나 지구에서 달, 지구에서 태양까지의 거리를 계산해 내기도 하였다.

고대 그리스인들은 지구가 구형이라고 것을 이미 알고 있었다. 배가 멀어질 때는 아랫부분부터 사라지기 시작하여 마지막으로 돛대가 사라지거나 반대로 배가 해안을 향해 다가올 때는 돛대 끝부터 보이기 시작하여 차츰 배의 아랫부분까지 보이기 시작한다는 것을 알았다.

고대 그리스 과학자들이 알아냈던 사실들은 다음과 같다.

아낙사고라스(그리스의 대표적인 자연철학자 중 한 명)는 1600년 2월 로마 교황에 의해 화형되었다. 달은 스스로 빛을 내지 않고 태양빛을 반사하고 있다. 해안가에서 배의 관찰, 월식 때 지구의 그림자를 통해 지구는 공같이 둥근 구형(球形)이다. 월식 때 달이 지구의 그림자를 통과하는 시간을 측정하여 지구의 지름은 달의 지름의 4배이다. 아리스타쿠스는 반달 때 지구와 달, 지구와 태양을 잇는 직선이 이루는 각을 측정하여 지구에서 태양까지의 거리는 지구에서 달까지의 거리의 20배라고 하였다. 또 달과 태양의 겉보기 크기는 같으며 태양의 지름은 달 지름의 20배라고 하였다.

위에서 알아낸 것은 비례값이므로 지구나 달, 태양 어느 하나의 값만 정확히 안다면 나머지 값들은 모두 알아낼 수 있었던 것이다. 코페르니쿠스는 1543년 그가 죽던 해 '지동설'을 담은 책 《천구의 회전에 관하여 (De

Revolutionionibus Orbium Coelestium)》를 출간했고 그 해에 죽었다.

그는 천동설의 창시자인 포톨레마이오스의 자료에 근거하여 계산한 결과 우리가 지동설을 내세운다면, 즉 지구가 태양의 둘레를 도는 것이지 그 반대가 아니라고 가정한다면 행성들의 운행이 명쾌히 설명된다는 것을 알았다.

이런 생각은 아주 담대한 것이어서 그는 가까운 지인들에게만 이것을 알려 주었다. 실제로 그 시대 사람들은 그 말을 들었을 때 머리를 절레절레 흔들었다. 실제로 그 생각은 부조리해 보였으며 눈에 보이는 하늘은 그 반대를 증명하는 것처럼 보였다. 종교개혁자 루터와 멜란히톤은 '구약성서에서 여호수아가 하늘의 태양을 정지시킨 적은 있어도 지구를 정지시켰다'(여호수아 10:12,13)는 말은 없었다면서 그의 생각을 부인했다. 교회는 그런 생각을 도전으로 간주했는데, 그때까지 지구의 전체 모습을 실제로 본 사람은 없었다. 인간은 지구에 갇혀 있었고, 따라서 지구의 극히 일부만 볼 수 있었다. 세상은 냉담했다. '코페르니쿠스는 미쳤다!'고 했다. 코페르니쿠스가 들려주는 지동설 이야기이다. 지동설을 주장하여 근대 자연과학의 획기적인 전환을 **'코페르니쿠스의 전환'**이라고 한다.

그로부터 67년이 지난 1610년, 갈릴레오 갈릴레이(Galileo Galilei)는 직접 만든 망원경으로 태양계를 관찰한 후 말했다. "코페르니쿠스가 옳다. 지구가 돈다." 코페르니쿠스는 관찰했고 갈릴레이는 실험하고 증명했다. 그 때 과학의 세 가지 방법이 등장했다. '관찰'하고 '실험'한다. 그리고 '검증'한다.

이전에도 관찰은 있었다. 고대 그리스 철학자 아리스토텔레스(Aristoteles), 관찰의 대가인 그는 제자들에게 가르쳤다.

"관찰하라, 끊임없이 관찰하라."

시대의 오류에 맞서 과학의 진리를 밝히려 한 사람들이 있었다.

"신은 완벽한 세계를 창조했다." 아니다! "하늘아래 새로운 것은 없다." 아니다! "모든 행성의 궤도는 원형이다." 아니다! 그 시대의 오류를 완전하다고 맹신하는 기존의 세력 앞에 '아니다'를 외친 그들의 운명은 험난했다. 화형 당한 조르다노 부르노(Giordano Bruno) 수도사처럼 목숨을 걸고 외쳐야 할 것이기 때문이다. '코페르니쿠스가 옳을 수도 있다.'고 갈릴레이가 논평하자 교황은 그를 데리고 가서 고문실을 보여주었다. 그러자 갈릴레이는 '자신의 기초를 다시 검토해 자신이 무엇인가를 간과했으며 실제로 지구는 정지해 있다.' 종교재판대에 선 갈릴레이, 천동설이냐? 지동설이냐? 그가 어떤 대답을 하느냐에 따라 그의 목숨이 살고 죽는 것이다. 생명을 담보하는 위협 앞에 갈릴레이는 지동설을 부인하고 "천동설이 맞다"고 대답함으로 겨우 화형을 면하고 풀려날 수 있었다. 그러나 그는 쇼크에서 벗어나 나오면서 작은 소리로 중얼거렸다. "그래도 지구는 여전히 돌고 있는데…." 그들의 과학정신, 과학적 사고 그리고 그들이 확립한 과학의 방법은 과학혁명이 남긴 거대한 유산이다.

인간은 자기를 둘러싼 자연세계를 이해하기 위해 오랫동안 노력해왔다. 자연을 합리적으로 이해하고 설명하려면 자연 세계에 관한 정확한 지식이 필요하다. 자연에 대한 정확하고, 객관적이고 보편적인 지식을 얻으려는 인간의 활동이 과학이다.

이러한 지식을 얻기 위해 과학은 우리에게 무엇을 요구할까? 과학하기에 황금률이라 부를 만한 것을 추리면 다섯 가지 정도를 유념해야 할 것이다. '상식을 의심하라' '관습과 경험 감각을 넘어서라.' '호기심을 가지고 탐구하라.' '질문하고 의문을 제기하라.'

코페르니쿠스 시대의 상식은 지구가 아니라 '태양이 돈다.'는 것이었다.

코페르니쿠스는 그런 상식에 의문을 제기 했다. "정말 그런가?"

갈릴레이가 살았던 시대의 상식은 '무거운 물체는 가벼운 물체보다 빨리 낙하한다'는 것이었다. 갈릴레이는 이런 상식을 의심했다. "정말 그런가?"

상식이나 경험은 인간의 삶에서 중요한 때가 많다. 그러나 자연 세계를 탐구하는 과학은 상식과 과학의 구속을 벗어날 필요가 있다.

아인슈타인은 "상식이란 18세기까지 습득한 편견의 조합"이라 말했다. "상식을 의심하라."

역사가들은 코페르니쿠스의 《천체의 회전에 관하여》가 출판된 1543년을 과학의 혁명이 시작된 시기로 간주하고 있다. 이 책의 출판으로 아리스토텔레스에서 클라우디오스 프톨레마이오스(Klaudios Ptolemaios)를 거쳐 수천 년간 지속된 천동설의 오류가 수정되었기 때문이다.

코페르니쿠스는 단순히 하나의 과학 이론을 발표한 것이 아니었다. 우주에서 인간이 차지하고 있는 지위와 존재 의미에 관한 충격적인 진실을 제시한 것이다.

"어떤 발견도, 어떤 이론도 코페르니쿠스의 학설만큼 인간 정신에 지대한 영향을 미친 경우는 없을 것이다."라고 요한 볼프강 폰 괴테(Johann Wolfgang von Goethe)는 평가했다.

"코페르니쿠스의 태양중심설은 지구와 지구에 사는 인간이 그동안 우주에서 누렸던 특권적 지위를 박탈해버릴 수도 있는 이론이었다. 인간은 신이 사랑하는 유일한 존재가 아닐 수도 있다는 의심을 불러일으킨 것이다. 코페르니쿠스가 제시한 우주 체계는 서양 중세의 우주관, 인간관, 세계관의 뿌리를 뒤흔들어 놓을 만큼 충격적인 것이었다." 《과학 혁명의 구조》를 쓴 토머스쿤(Thomas Kuhn)의 말이다.

근대 유럽의 세계관 형성에 결정적 역할을 한 또 하나의 거인은 갈릴레오 갈릴레이다. 갈릴레이는 개량한 망원경으로 태양의 흑점을 발견했고 달의 표면이 울퉁불퉁하다는 사실도 알아냈다.

그의 발견은 신이 거주하는 하늘 세계는 완전하기 때문에 어떤 변화나 결함도 있을 수 없다고 생각했던 유럽인들을 뒤흔들어놓았다.

"성경은 하늘로 가는 길을 보여 줄 뿐, 하늘이 어떻게 운행되는가는 설명하지 않는다."고 갈릴레이는 말했다.

관찰, 실험, 검증은 근대 과학이 세운 방법이다. 그래서 프랜시스 베이컨(Francis Bacon)은 귀납적 방법으로 자연에 접근해야 한다고 주장했다.

확실한 지식은 무엇일까? 장소와 시대를 불문하고 언제 어디서나 참인 것이 과학적 진실이다. 과학적 진실을 아는 것이 과학지식, 곧 자연에 대한 확실한 지식이다. 한국에서만 진리이고 일본, 중국, 아프리카로 가면 진리가 아닌 것은 보편적인 진리가 될 수 없다.

물은 한국에서만 섭씨 0도에서 얼고 북극에서는 영하 10도에서 어는 것이 아니다. 모든 시대, 모든 곳에서 물은 0도에서 어는 것이다.

중력은 지구에만 존재하는 것이 아니다 그것은 우주 모든 곳에서 적용하는 힘이다. 이런 것이 객관적, 보편적 지식이다.

과학자들은 아주 '순진한' 질문으로부터 탐구를 시작 할 때가 많다.

'달은 왜 떨어지지 않을까?' 사과는 왜 위로 솟구치지 않고 밑으로 떨어질까?

이런 질문으로부터 뉴턴은 우리가 중력이라고 부르는 '만유인력의 법칙'을 끌어 낸 것이다. 하지만 과학자는 그런 순진해 보이는 질문으로부터 자연의 감추어진 비밀과 법칙을 밝혀내며 지식의 지평을 넓힌 것이다.

코페르니쿠스에서 시작된 과학혁명은 갈릴레이를 거쳐 뉴턴으로 이어졌다. 진리는 더 이상 교회의 권위로 결정되지 않았고, 맹목적 전통으로도 규정되지 않았다. 순응주의, 맹종, 진리 독점, 이런 것들은 과학 발전의 장애물이다.

관찰, 분석, 실험, 검증, 비판, 논박 등을 거쳐 확인된 근거가 진리를 결정한다. 근대 과학이 세운 이런 방법들은 통념, 상식, 관습의 굴레로부터 어떻게 진리를 해방시킬 것인가라는 문제에 해답을 준 근대적 '해결책'인 것이다.

1660년 영국 런던에서는 왕립학회가 창립되었다. 왕립학회는 청교도혁명 이후 늘어나기 시작한 옥스퍼드대학의 자연 과학자들이 모여서 만든 단체이다. 그들은 프랜시스 베이컨이 강조한 실험과학 정신을 따라 자연과 기술에 대한 합리적 지식 생산을 주된 목표로 삼았다.

뉴턴은 1703년 왕립학회 회장으로 추대되어 세상을 뜰 때까지 직책을 맡았다. 뉴턴이 회장으로 있는 동안 왕립학회는 영국 자연과학을 대표하는 학문 기구가 되었다. 왕립학회는 2020년에 창립 360주년을 맞았다. 학회의 변함없는 가치는 "누구의 말도 당연한 것으로 받아들이지 말라"이다.

왕립학회는 최초의 과학 공동체이다. 과학 공동체는 어떤 제국보다 안정되어 있다고 과학자 제이콥 브로노우스키(Jacob Bronowski)는 말했다. 왜냐하면 '국경 없는 공동체'이기 때문이다.

1919년 왕립학회는 뉴턴의 초상이 내려다보고 있는 방에서 뉴턴의 이론을 뒤엎는 한 젊은 물리학자의 가설이 옳다는 사실을 발표한다.

그 젊은 과학자는 알베르트 아인슈타인(Albert Einstein)이었다. 영국과 독일은 제1차 세계대전 적대국이었고 아인슈타인은 독일 국적의 과학자였다. 그렇지만 아인슈타인의 이론은 진리로 받아들여졌다. 과학 공동체가 "국경 없는 진리의 공동체"임을 보여준 사례였다.

과학정신이란 무엇일까? 탐구 정신과 진리수호가 과학의 정신이다. 진리를 캐고, 목에 칼이 들어와도 "진리는 진리다"라고 말하는 것이 과학정신이다. 그 정신은 세상의 비난, 야유, 조롱을 견디어 내었다. 과학자들이 세상의 비난과 야유와 조롱을 견디어낼 수 있었던 것은 진리 탐구와 진리 수호의 정신에 투철했기 때문이다.

과학 정신에는 또 한 가지 중요한 특징이 있다. 바로 오류 수정의 정신이다. 틀린 것은 즉각 폐기하고, 오류는 즉시 수정하는 것이 오류수정이다. 선후배 관계, 사제지간, 권위와 권력 같은 것이 오류수정의 정신을 가로 막지 못한다.

요하네스 케플러(Johannes Kepler)는 코페르니쿠스의 행성 원형구도를 타원형 구도로 수정했고 아인슈타인은 뉴턴의 이론을 수정했다. 뉴턴이론을 수정한 아인슈타인의 가설이 관측 결과 진리로 확인되고, 왕립학회가 이 사실을 엄숙히 공포한 것은 오류의 수정정신을 잘 보여준다. 그날 발표장에 참석했던 철학자 엘프리드 노스 화이트헤드(Alfred North Whitehead)는 "200년간 의심받지 않았던 뉴톤의 이론이 수정되는 순간이었다."고 찬탄하였다. 그것은 그리스 비극과도 같은 장엄한 장면이었다고 그는 말했다. 뉴턴의 권위보다 과학의 진실이 더 중요했다는 것이다.

아인슈타인의 이론은 20세기 물리학의 기적으로 평가받고 있었다. 그러나 그의 모든 이론과 주장이 완벽한 것이었을까? 아니다. 1917년 아인슈타인은 일반 상대성 이론에 근거하여 "우주는 팽창하지도 수축하지도 않는다. 우주는 안정되어 있다."는 정적 우주론을 발표했다.

하지만 1948년 러시아 출신의 젊은 과학도 조지 가모프(George Gamow)가 '팽창한 우주론'을 들고 나와 아인슈타인 생각에 도전했다.

가모프의 팽창 우주론은 그 후 많은 과학자들의 끈질긴 관측 끝에 진실임이 밝혀지고 새로운 우주 모델로 발전하게 되었다. 그 새로운 우주모델이 지금의 '빅뱅 이론'이다. 빅뱅이론이 진리로 확인되자 아인슈타인은 이렇게 말했다. "내가 완전히 틀렸어."

우주는 어떻게 창조되었을까? 우주의 나이는 얼마일까? 우주는 변화하는가, 불변하는가?

이런 질문은 과학이 결코 답하지 못할 비밀이라 여겨져 왔다. 우주 창조는 과학이 아니라 종교의 영역이며 신비의 베일에 가려있다고 사람들은 생각했다. 그러나 20세기 관측 천문학, 천체물리학, 수학의 비밀의 베일은 벗겨지기 시작했다. 그리고 빅뱅 이론이 확립되었다. 빅뱅이론은 우리에게 무엇을 가르쳐주었을까? 우주에 관한 더 정확한 지식이다. 이를 테면 이런 것들이다. "우주의 설계자는 없다."

"우주는 130억 년 전 원시원자의 대 폭발로부터 창조되었다."

"빅뱅 이후 우주는 계속 팽창하고 있다. 우주는 안정되어 있지 않다."

"우주에는 우리 은하계 말고도 수백억 개의 은하들이 더 있다."

물론 빅뱅이론이 답하지 못하는 문제들도 있다.

우주는 '왜' 창조되었을까? 원시 원자는 어디서 온 것일까? 우주가 계속 팽창한다면 언제, 어디까지 팽창할 것인가? 팽창의 끝은 없을까? 이런 질문들이 꼬리에 꼬리를 물고 대답을 요구할 것이다. 이 중에는 과학의 질문일 수 없을 듯한 것도 있을 것이다. 그러나 질문이 있는 곳에 과학이 있고, 과학 발전이 있다. 과학혁명은 계속되고 있다.

과학 발전과 관련해서 우리가 곰곰이 생각해봐야 할 중요한 질문이 하나 있다. '과학은 언제, 어느 곳, 어떤 조건에서 가장 좋은 것으로 발전할 수 있는가?'라는 질문이다.

과학 발전에 성공한 문명이 있는가 하면 실패한 문명도 있다. 무엇이 이런 차이를 낳을까?

중국 과학사를 전공했던 조지프니덤(Josep Needham)의 유명한 질문이 있다. 종이, 화약, 나침판을 발명한 중국은 16세기까지 서유럽 어느 곳보다 앞선 기술선진국이었다. 그럼에도 "중국에서는 왜 과학 발전이 일어나지 않았는가? 이것이 니덤의 질문이었다. 이 질문은 '조선의 과학'에도 같은 입장으로 말할 수 있다.

고려 문종 27년인 1073년 초신성(超新星)의 폭발을 관찰한 기록이 《고려사(高麗史)》에 실려 있다. "모과만한 밝은 별이 하늘에 나타났다." 그때까지 세계에서 단 하나뿐인 천문 관측 기록이다. 과학이 아무 때, 아무 곳에서나 가능하지 않다는 사실을 깊이 생각하게 만든 것이 니덤의 질문이다. 그의 질문은 과학 발전을 가능하게도 하고 발목을 잡기도 하는 사회적, 문화적 조건들에 주목하게 한다.

과학을 하는 데 어떤 사회적 조건들이 필요할까? 과학을 하려면 사상의 자유, 비판의 자유, 수정의 자유가 있어야 하고, 과학자의 독립성과 독창성이 보장되어야 한다. 이런 조건을 충족시키는 것이 민주주의이다.

탐구와 비판의 자유가 보장되고, 다른 사람의 관점을 존중하는 관용의 문화가 있는 곳에서만 과학은 발전한다. 이런 것이 과학 발전을 위한 사회적, 정치적, 문화적 조건이다. "사회는 먼저 과학 발전에 필요한 조건들을 만들어 주어야 한다."고 브로노우스키 교수는 말한다. 맞는 말이다. 과학적 진실을 말했다가 목이 달아나는 사회라면 과학은 불능하다.

사고의 독립을 뜻하는 '독립성'은 과학적 방법의 기초가 된다. '독립성'과 '독창성'이 과학을 위한 개인적 요구라면, '인간은 자유'를 표현하는 '비판과 이의 제기'는 과학의 공적 요구이다. 자유로운 사고, 자유로운 물음, 자유로운 발언은 과학자의 독립성을 보장하기 위한 안전장치이며 사회는 이런 장치들을 제공해야 한다.

아인슈타인의 우주 모델을 수정한 소련 출신의 과학자 조지 가모프는 당의 간섭이 싫어서 조국을 탈출했다. 소련 공산당이 마르크스·레닌의 변증법적 유물론으로 과학 이론을 판단하려 했기 때문이다. 정치적, 이념적 관점으로 과학의 진리를 결정하는 행위는 가모프 같은 과학자에게는 어리석기 짝이 없는 짓이었다.

근대 과학이 확립한 과학적 방법과 정신은 자연 과학과 공학뿐만 아니라 인문, 사회과학, 예술 등 모든 분야에 필요하다. 과학정신, 과학적 사고, 과학적 탐구 방법은 공부하는 사람에게 요구되는 기본 능력이며, 그 능력은 교양과정에서 길러져야 한다. 합리적인 사고, 표현과 사상의 자유, 비판과 관용의 정신은 모든 사회 조직과 사회 활동에 필요하다. 독립성과 관용의 가치는 과학의 방법으로부터 도출되었다.

코페르니쿠스는 단순히 하나의 과학 이론을 발표한 것이 아니었다. 우주에서 인간이 차지하고 있는 지위와 인간의 존재 의미에 관한 충격적인 진실을 제시한 것이다. "어떤 발견도, 어떤 이론도 코페르니쿠스의 학설만큼 인간 정신에 지대한 영향을 미친 경우는 없을 것이다."라고 요한 볼프강 폰 괴테는 평가했다.

"코페르니쿠스 태양중심설은 서구와 지구에 사는 인간이 그동안 우주에서 누렸던 특권과 지위를 박탈해 버릴 수도 있는 이론이었다. 인간은 신이 사랑하는 유일한 존재가 아닐 수도 있다는 의심을 불러일으킨 것이다. 코페르니쿠스가 제시한 체계는 서양 중세의 우주관, 인간관, 세계관의 뿌리를 뒤흔들어놓을 만큼 충격적인 것이었다." 《과학혁명의 구조》를 쓴 토머스 쿤의 말이다.

프톨레마이오스의 세계상을 코페르니쿠스의 세상보다 더 시적으로 여겼던 셰익스피어가 사망한 1616년에 교황은 천체의 운행에 관한 그의 저서를 금서목록에 포함시켰다. 1757년이 되어서야 금서 목록에서 빠졌다. 그 후 폴란드인들은 코페르니쿠스가 폴란드인이었다고, 독일인들은 그가 독일인이었다고 주장하고 있다. 전에는 그 반대였다.

교회는 코페르니쿠스의 지동설을 끈질기게 반대해 왔다. 왜냐하면 그것은 그들에게 익숙한 3층집의 구조를 붕괴시킬 수 있기 때문이다. 다시 말해서 위층에는 하늘이, 지층에는 지구가, 그리고 지하에는 지옥이 있다는 그들의 집이 붕괴 위기에 처했기 때문이다. 갑자기 지구가 다른 행성들과 함께 거대한 공간에 떠서 표류하기 시작했다. 이것은 강제 퇴거명령이었으며 낙원으로부터의 제2차 추방(죄를 저지른 아담과 이브가 에덴으로부터 추방당한 것이 1차 추방이었다.)과도 같았다. 사람들은 더 이상 중심부에 살고 있지 않았다. 이것은 망명을 의미했다. 인간은 고향이 없어졌다. 인간의 머리위에 살고 있던 신은? 그는 지금 어디에 있는가?

따라서 코페르니쿠스가 많은 사람들에게 인정받기까지에는 오랜 시간이 걸렸다. 16세기 전체가 프톨레마이오스 세상에 끈질기게 매달렸다. 우주적인 고향 상실감이 밀려오자 미신도 생겨났다. 하늘은 불안한 야간 지도처럼 변했다. 과거의 바빌론 달력에 단순히 기억력을 돕기 그려져 있던 별자리표가 이제는 인간에게 영향을 미치는 마법적 별들의 체계로 재해석 되었다. 명백한 부조리가 확산되었던 것이다. 사람들은 출생 시간의 별자리가 인간의 운명을 결정짓는다고 믿었다. 우리나라도 마찬가지이다. 사주팔자(四柱八字)로 운명을 점치고 궁합도 보고 대통령 출마자에게까지 영향을 미치고 있다,

점술가가 유행했고 사기꾼 마술사가 호황을 누렸다. 그 시대 점술사, 예언가로 유명했던 노스트라다무수(Nostradamus)는 프랑스의 카롤 9세에게 90세까지 살 것이라고 예언했다가 왕이, 24세에 사망하자 자신의 신통력

에 손상을 입었으나, 그에 대한 사람들의 신뢰는 여전히 확고해서 지구의 종말론이 슬며시 고개를 쳐들면서 허무맹랑한 예언으로 혹세무민(惑世誣民)하고 있다.

과학적인 사고는 과학과 과학이 아닌 것을 구분하고 비과학적 설명이나 터무니 없는 믿음의 위험성을 막아내는 데 결정적으로 중요한 것이 과학적 사고이다. 과학적 사고는 학문하는 데는 물론 우리의 일상생활과 사회 활동에서도 없어서는 안 될 필수 불가결의 합리적, 비판적 사고이다.

1961년 소련 최초의 유인 우주선 보스토크 1호가 발사됨으로 인류의 우주탐사시대가 개막되었다. 최초의 우주인 유리 알렉시예비치 가가린(Yurii Alekceevich Gagarln)은 이렇게 외쳤다. "지구는 푸르다. 멋지고 아름답다." "여기선 어떤 신(神)도 보이지 않는다."

과학이론은 상상력과 통치력의 산물이다. 상상력은 예술적 창조의 조건일 뿐만 아니라 과학 이론의 형성에도 매우 중요하다. 과학은 예술과 마찬가지로 창조적 활동이라 할 수 있다. 예술가든 과학자든 자연의 다양함 속에서 새로운 통일성을 찾아낼 때 그는 창조자가 되는 것이다.

"창조라는 개념은 질서 창조를 뜻한다. 창조행위는 예술과 과학에 동일한 의미를 가진다. 과학 혁명이 이룬 성취는 과학 분야에만 국한된 것이 아니다. 서양이 르네상스 시기를 거쳐 근대 사회로 이행하는데 원동력이 되어준 것은 과학 혁명이다.

> "과학혁명은 유럽역사상 기독교 출현 이래 어떤 사건보다 훨씬 중대한 것이었다."
>
> –허버트 버터필드–

18세기 계몽주의는 물론이고 프랑스 혁명이나 미국 독립 혁명 같은 민주주의 혁명의 바탕에는 과학혁명의 영향이 깔려 있었다. 근대사상과 근대 사회의 진정한 기원으로서 과학혁명은 서양만이 아니라 세계 전체에 깊은 영향을 주었다.

과학 혁명은 네 가지 의미의 '혁명'을 포함한다. 인간이 세계를 보고 인식하는 방식의 혁명, 자연을 이해하고 설명하는 방식의 혁명, 지식이 생산되는 방식의 혁명, 정신과 사고방식의 혁명이 그것이다. 이 일련의 혁명과 함께 세계는 그 이전의 세계이기를 중지하고, 시대는 달라지고 인간의 사고방식에도 대 전환이 일어난 것이다. 새로운 세계, 새로운 문명이 탄생한다. 역사는 이 새로운 세계의 문명을 근대 세계라 부르고 근대 문명이라고 부른다.

우리는 왜 과학혁명의 성취를 공부해야 할까? 과학의 출발점인 호기심과 질문을 공부하는 사람이라면 누구나 가져야 하는 정신 습관이다. 우리는 자유롭게 탐구하면서 편견과 오류로부터 해방되어야 한다. 근대 과학이 확립한 과학적 방법과 정신은 자연과학과 공학뿐만 아니라 인문, 사회과학, 예술 등 모든 분야에 필요하다. 과학정신, 과학적 사고, 과학적 탐구 방법은 공부하는 사람에게 요구되는 기본 능력이며, 그 능력은 모든 사회 조직과 사회 활동에 필요한 것이다. 우리가 과학혁명을 공부하는 이유는 바로 그런 기본능력을 키우기 위해서이다.

노벨상 수상자들

'좀 쉬어가자.' 휴식을 가지려는 마음에서 긴장을 풀고 느슨한 마음에서 잠시 쉬었다 가자. 노벨상 이야기를 하고자 한다.

노벨상 수상자들을(1901년부터 2019년) 국가별로 따져 본다면 미국이(266명) 제일 많고, 그 다음이 영국(87명), 그 다음은 독일(65명) 순이고 다음 인종별로 나누어 보면 2008년까지 총 수상자가 750여 명 가운데 유태계의 수상자가 무려 163명 이상이다. 유태계 인구가 차지하는 전 세계인구의 비율은 0.25%(약 1,300만 명)로, 부문별 수상자들을 보면 문학상 10명(13%), 화학상 21명(19%), 물리학상 53명(26%), 의학상 42명(28%), 경제학상 13명(0.9%), 평화상 8명(7%)이다. 이들 147명은 자타가 공인하는 유대인이고, 나머지 16명은 부모 중 한 쪽이 유대인이다.

미국 학부모 중 가장 교육열이 높은 민족이 유태인과 한국인이라고 흔히들 말한다. 2000년대 초반만 해도 왜 이민을 가는가?라고 질문을 하면

제일 많은 대답이 '자녀들 교육을 위해서'라고 말했다. 그러나 유태인은 이처럼 많은 노벨상 수상자를 배출했는데 비해, 우리는 아직까지 단 한사람의 노벨 과학상이나 문학상 수상자를 내지 못했다는 것은 우리의 교육방식에 문제가 있는 것이 아닐까?

우리는 정통적으로 선비선호사상을 가지고 있다. 과거의 우리 사상에 따르면 실험은 '쟁이'에 해당하므로 천시당하고 기피했던 것이다. 과학자가 되더라도 실험을 하는 과학자보다 이론(理論)을 하는 과학자가 되는 것을 더 우러러보는 잘못된 관념을 고쳐야 할 것이다.

참된 과학은 관찰과 그것을 증명하는 실험에 더 중점을 두고 있다. 노벨상도 이론보다 실험에 더 중점을 두고 수여하고 있다. 그와 같은 선비사상 때문에, 가까운 일본과 중국에서는 노벨 과학상 수상자가 많이 나온 반면 우리나라에는 아직 한 사람도 나오지 못한 것으로 생각한다.

노벨상의 유래

노벨상을 제정한 알프레드 노벨(Alfred Nobel)은 1833년 스웨덴의 스톡홀름에서 태어났다. 1842년 가족을 따라 러시아의 성 페테르부르크로 이사하였고, 그의 아버지는 무기인 어뢰(魚雷, topedo)에 관한 연구를 했다. 알프레드는 그곳에서 화학을 공부했다. 그는 18세 때 미국으로 가 역시 화학을 공부했다. 그의 아버지가 경영하던 회사는 한 때 무척 번창했으나 결국 실패하고 스웨덴으로 돌아 왔을 때 알프레드도 스웨덴으로 돌아와 화약에 대한 연구를 하였다. 특히 1847년에 발명되었던 니트로 글리 셀린(TNT 폭약/다이마이트)에 대한 연구를 하였다. 1864년 그의 공장이 폭발해서 공장은 완전히 파괴되고 다섯 사람이 죽었는데, 그의 동생도 그 중 한 사람이었다. 이 폭발로 인해 스웨덴 정부는 그에게 더 이상 공장을 짓지 못하게 하였기 때문에 그는 호수에 띄워 놓은 배 위에서 연구를 계속했다. 1867년 그는 안전한 다이너마이트를 만드는데 성공했다. 이 다이너마이트는 광산이나 운하를 파는 등 다양한 곳에 사용되어 그 수요가 엄청났다. 그리고 총이나 대포에 쓰는 무연 화약도 1889년도 발명하였다. 그는 스웨덴은 물론 세계 각국에 공장을 지었고 큰 재산을 모았다. 그는 결혼도 하지 않았고 물론 아이들도 없었다. 그의 건강 상태도 그리 좋은 편이 아니었다고 한다. 그리고 그가 발명한 화약 때문에 많은 사람이 전쟁에서 죽고 신음하는 것을 보고 고민을 많이 하였다고 한다.

그는 자신의 전 재산을 인류를 위해 남기기로 결심하고 1895년 유언장을 썼다. 그 유언장이 노벨상을 제정하는 근거가 되었다. 그가 노벨상을 위해 남긴 돈은 현재의 달러가치로 수백억 달러에 해당된다고 한다. 그리고 그는 상을 매년 수여하되 인종이나 국적에 관계없이 인류에게 공헌한 사람에게 수여하라는 유언을 남기고 그 이듬해인 1896년 12월 12일에 54세로 죽었다.

노벨상은 매년 12월 12일에 수여된다. 노벨상은 그의 유언에 따라 물리학, 화학, 의학, 문학과 평화에 공헌한 사람에게 주어진다. 첫 노벨상이 수여된 지 70년이 지난 1969년 그의 조카손자이자 스웨덴 은행장이던 피터 노벨이 그의 종조부의 뜻을 따르기 위해 노벨 경제학상을 추가했다. 그러나 이것은 알프레드 노벨의 뜻이 아니기 때문에 정식 노벨상으로 인정하지 않는 사람들이 많은 것 같다.

노벨상은 그 위원회가 공정하고 엄격하게 그 수상 대상자를 선정함으로써 가장 명예스러운 상으로 인정받고 있다. 우리나라에는 아직 노벨 과학상(물리, 화학, 의학)이나 문학상을 탄 예는 없으나 2000년 고 김대중 대통령이 노벨 평화상을 수상했다.

사상혁명
계몽시대

과학혁명이 과학적 사고와 방법의 혁명이었다면 계몽은 인간, 사회, 역사를 새로운 방식으로 사유하고 인간이 가진 능력으로 새로운 세계를 열어가려고 하는 용감하고 광범한 사상 혁명, 정신혁명, 태도 혁명이다. 칸트가 '계몽이란 미성숙으로부터 탈출'이라 말한 것은 계몽의 이러한 혁명적 성격을 잘 포착한다. 18세기 유럽에는 자신이 살고 있는 시대를 '어둠의 시대'라 생각하는 사람들이 있었다. 그들이 본 어둠의 시대는 무지, 몽매, 미신이 지배하는 시대로 독단, 맹신, 불평등, 차별, 불관용의 시대라고 그들은 생각했다.

'어둠의 시대'를 '빛의 시대'로 바꿀 수 없을까? 인류는 오류와 미신의 어둠으로부터 탈출할 수 없을까? 신에 의지하지 않고도 옳은 것과 틀린 것을 가려내고 남에게 의존하지 않고도 자기 머리로 생각하고, 판단하고, 행동할 수 없을까? 인간은 자기 힘으로 운명을 바꾸고, 사회를 뜯어고칠 수 없을까?

믿음이 다르고 생각이 다르다 해서 사람을 고문하고, 감방에 처넣고, 죽이는 일을 그만둘 수 없을까? 개인이 자유롭고, 죽이는 일을 그만둘 수 없을까?

개인이 자유롭고 인간이 존엄한 세계를 만들 수는 없을까? 할 수 있다! 어떻게? 어둠을 걷어내고 '빛의 시대'를 열자. 무지 몽매를 밀어내고 '이성의 시대를 열자.'

이런 생각을 가진 철학자, 경제학자, 사상가, 정치가, 과학자들이 영국, 프랑스, 독일, 네덜란드 등에서 불꽃처럼 터져 나온 시대, 그 시대를 우리는 '계몽의 시대'라 부른다. 인간, 사회, 역사의 진로를 바꾸려 했던 사람들, 자유와 인권을 주장하고 이성과 양식의 힘을 강조한 사람들, 역사는 그들을 '계몽사상가'라 부른다.

인간은 과학혁명을 통해 이성의 능력을 발견했다. 과학적 사고방식은 유럽 전역의 계몽사상가에게 전해졌다. 계몽 사상가들은 과학의 모델에 입각해서 정신혁명을 시도했다. 이성에 근거한 문화와 세계를 개조하려 했다. 정치적, 종교적, 철학적 신념의 차이에도 불구하고 계몽 사상가들은 '이성에 대한 신뢰'를 공유했다.

이런 계몽 사상가들의 신념과 열정은 자유, 비판정신, 독립성과 자율성, 관용과 진보라는 가치로 나타났다.

18세기 동프로이센의 수도 쾨니히스베르크 Konigsberg에 한 괴짜 철학자가 살았다. 그는 가을, 겨울, 봄에는 매일 산책에 나섰는데 산책 중에는 누구와도 말을 하지 않았다고 한다. 그가 좋아하는 산책의 원칙 하나는 코로 숨 쉬는 것이었다. 동네사람들은 그가 산책에 나설 때면 시계를 보지 않고도 정확히 오후 3시30분이라는 것을 알았다. 단 두 번 시간을 어졌다고 알려졌는데, 한 번은 루소의 《에밀(Emile)》을 읽다가, 또 한 번은 프랑스 혁명 소식이 실린 신문을 보다가 그랬다고 한다. 그는 경제적으로 어려웠지만, 국가가 주는 장학금을 마다하고 스스로 학비를 벌기 위해 가정교사를 했다. 독립적이고 자율적인 삶을 살기 위해 결혼조차 포기했다.

이 사람이 바로 그 유명한 철학자 임마누엘 칸트 Immanuel Kant이다. 칸트가 평생 탐구했던 주제는 '이성'이었다. 그는 인간에게 이성의 힘이 있다는 것을 깨닫고 놀라워했다.

칸트는 "곰곰이 생각해볼수록 내 머리위의 별이 반짝이는 하늘과 내 안에 도덕법칙은 더욱 새롭고 큰 존경과 경외심으로 내 마음을 가득 채운다."고 말했다. 그가 말한 '내 안의 도덕법칙'이란 바깥에서 주어진 도덕법칙이 아니라 인간의 이성이 명하는 법칙을 의미한다. 이성에게 놀라운 능력이 있다면 능력을 어떻게 사용해야 할까? 칸트는 〈계몽이란 무엇인가?〉란 글에서 답을 게시했다.

그에게 계몽이란 '미성숙으로부터 벗어나는 일'이다. 미성숙이란 무엇일까? 이성의 능력을 갖고 있지만 제대로 사용하지 못하는 것을 칸트는 '미성숙'이라고 불렀다. 미성숙의 원인은 이성이 없어서가 아니라 이성을 사용할 결단과 용기가 없기 때문이다. 어떻게 미성숙으로부터 벗어날 수 있을까? 칸트는 말했다.

"사페레 아우데!" "감히 생각하라!" "너 자신의 이성을 사용할 용기를 가져라!"

칸트는 이성의 사용을 두 가지로 구분한다.

첫 번째는 '이성의 사적 사용'이다. 이성의 사적 사용은 '시민성과 공공성의 구현'을 목표로 한다. 이성의 사적 사용은 사회 및 공동체가 이해와 관련된 질서유지와 공공의 목적달성을 위해 시민적 역할 수행을 동반하는 이성의 사적 사용이다.

두 번째는 '이성의 공적 사용'이다. 이성의 공적 사용은 인류의 진보와 인간성 구현의 조건으로 간주된다. '인류의 한 구성원' 또는 '세계 시민사회 한 구성원'이라면 누구나 이성을 공적으로 사용해야 한다고 그는 말했다. 〈계몽이란 무엇인가〉에서 칸트의 답변이 전하는 궁극적 메시지는 무엇일까? "나는 누구인가?" "나는 무엇인가?" 칸트에 따르면 '나'는 세 겹의 정체성을 갖는 존재이다. 나는 '개인'이고, '인간'이며, 동시에 '시민'이다. 이것은 근대적 정체성의 세 겹이라 할 수 있다. '인간'과 '시민'은 자유롭고 평등한 '개인들'을 결집시키는 규범적 근거이다. 각기 다른 개인들이 공유하는 '공통분모'인 셈이다.

칸트는 이성의 능력에 관해 어떤 이야기를 하고 싶었던 것일까? '이성'은 개인, 인간, 시민이라는 근대적 정체성의 세 겹 또는 세 차원을 매개할 수 있는 정신 능력인 것이다. 욕망은 세 차원 간의 분열과 갈등을 초래하지만, 이성은 이들 사이에 조화와 균형을 가져온다고 칸트는 생각했었다.

프랑스 파리의 국립묘지 '판테온(Pantheon)'에 이곳에 계몽 시대의 싸움꾼이자 반항아, 철학자이자 작가였던 볼테르가 잠들어 있다. 그의 본명은 프랑수아 마리 아루에트(Francis-Marie Arouet)였지만, 무려 160개의 필명을 갖고 있었다.

볼테르란 이름도 그중 하나이다. 우리는 이 이름이 18세기 유럽 계몽사상을 대표한다고 기억하고 있다. 프랑스 국민회의는 1791년 7월 볼테르의 무덤을 프랑스 위인들이 안장된 판테온으로 옮겼다. 볼테르 묘소에는 지금도 매일 수백 명의 참배객들이 방문하고, 파리에는 볼테르 카페도 있다. 볼테르는 어떤 인간이었고 어떤 생각을 세상에 퍼트리고자 했기에 아직도 많은 사람들이 그를 추모할까? 그의 묘비에는 이렇게 적혀 있다.

"그는 무신론자들, 광신자들과 싸웠다. 그는 관용을 고취했고, 봉건 제도의 예속에 대항하여 인간의 권리를 요구했다. 그는 시인, 역사가, 철학자로서 인간정신을 위대하게 하고 그 정신이 자유로워지는 것을 가르쳤다."

프랑스가 자랑하는 '톨레랑스(tolerance)'의 전통은 볼테르로부터 시작된 것이다. 톨레랑스는 관용을 의미한다. 볼테르는 시민계급 출신이었지만, 천재라는 이유로 상류사회의 햇볕을 즐겼다. 어느 귀족의 성에서 열린 만찬에 참석한 볼테르는 웅변과 재담을 늘어놓았다. "저렇게 큰 소리로 떠드는 젊은이는 누구지?" 한 귀족의 물음에 볼테르는 서슴지 않고 대답했다. "각하 그는 위대한 가문은 아니지만, 그의 이름 때문에 존경을 받는 자입니다." 귀족에게 말대꾸하는 것 자체가 무례였고, 터무니 없는 대답을 하는 것은 반역죄였다. 귀족은 폭력배를 고용해 볼테르를 습격하게 했다. 이 때 한마디 주의를 주었다고 한다. "그 녀석의 머리는 다치게 하지 말게, 그 머리에 뭔가 좋은 것이 나올지도 몰라."

이탈리아에는 르네상스, 독일에는 종교개혁이 있고, 프랑스에는 볼테르가 있다고 말할 정도로 그의 영향력은 컸다. 그는 추방당하고, 투옥되고, 거의 모든 저서가 교회와 국가에 의해 발행금지 처분을 당했음에도 불구하고 맹렬하게 진리를 위한 길을 열었다. 볼테르는 교회가 과학적 사실과 충돌하는 미신과 맹신을 강요해 왔다고 비판했다. 그는 유럽의 종파들이 서로 미워하고 박해하는 야만적 폭력을 유발한 것은 미신과 맹신 때문이라고 보았다. 볼테르는 이성의 빛으로 미신과 광신을 걷어내고 종파들이 서로 관용할 것을 촉구했다. "관용은 인간만이 지닌 덕목이다."

프랑스 왕 루이 16세(LouisXv1)는 "나의 왕국을 넘어뜨리는 놈은 볼테르와 루소 그 두 놈이다. 사실 볼테르와 루소가 직접 프랑스혁명을 주도한 것은 아니다. 루이16세가 그렇게 말한 까닭은 그들의 생각이 세상을 바꾸는데 결정적 역할을 했기 때문이다. 사상이 세상을 바꿀 수 있다는 것을 보여준 역사상 가장 대표적인 사건이 계몽철학이고 계몽사상이다.

계몽사상은 프랑스 혁명에 영향을 주었지만 역사가 반드시 계몽사상가들이 원하는 방향으로 진행된 것은 아니었다. 불행하게도 프랑스 혁명은 무자비한 독재와 처형으로 이어지는 자코뱅파의 '공포정치로' 귀결되었다. 30만 명이 투옥되고 1만 7천여 명이 단두대에서 목이 잘려 나갔다. 자유, 평등, 우애를 상징하는 삼색 깃발의 의미도 무색해졌다. 혁명의 이상(理想)을 땅바닥에 떨어트린 공포정치와 혁명의 실패, 그 실패와 함께 혁명의 바탕이 된 계몽사상도 죽었을까? 혁명을 실패했으나 계몽의 정신마저 소멸된 것은 아니었다. 좌절과 절망 속에서도 여전히 계몽에 의한 인간의 무한한 진보를 확신한 사람이 있다. 프랑스 최후의 계몽사상가 콩도르세이다.

1793년 자코뱅파의 '정적'으로 지목된 콩도르세에게 체포령이 떨어졌다. 콩도르세는 파리 구시가의 한 하숙집에 피신한다. 1794년 도피처가 발각되자 그는 도망치다 잡혀 시골감방에서 생을 마감한다.

8개월간의 도피생활 중에 콩도르세는 《인간 정신의 진보에 관한 역사적 개요》를 집필한다. 아무런 책도 참고자료도 없이, 오로지 냉철한 이성과 기억만으로 써내려간 저술이다. 콩도르세가 남긴 저작은 인간정신과 의지의 놀라운 성과물이었다. 그는 절망적 상황에서도 미래에 대한 낙관을 포기하지 않았다. 인간이 자기 힘으로 스스로를 바꾸고, 사회와 역사도 바꾸어나갈 것이라는 낙관적 확신은 계몽사상가들의 특징이기도 하다.

"인간은 이성의 힘으로 완전해질 수 있다. 사회도 합리적 재편이 가능하다. 그러면 범죄, 빈곤, 독재는 사라지고 감옥에는 죄수가 한명도 없게 된다." 이는 콩도르세의 저작 밑바닥에 깔려 있는 서양 '진보' 관념의 핵심 아이디어이다.

《인간정신의 진보에 관한 역사적 개요》에서 콩도르세는 인류의 진보와 이성의 역할에 대한 확고한 믿음을 보여 주었다. 뉴턴의 영향을 받은 콩도르세는 근대 과학의 방법이 인간 사회의 합리적 운영에 필요한 원칙을 제공할 것이라고 확신했다. 그는 이성을 통해 편견과 미신을 타파하고, 과학적 원리를 토대로 새로운 사회를 건설할 수 있다고 믿었다. 콩도르세는 이런 불평등을 해결하기 위해 무엇보다 '교육의 평등화'가 급선무라 생각했다. 훌륭한 법이 사회적 불평등을 치유할 수 있는 것처럼, 좋은 교육이야말로 인간 능력의 자연적 불균등을 해소할 수 있다고 생각했다.

평등이 가능해진 사회에서는 자유가 더 확대되고, 사회제도의 개선은 인간의 보편적 권리를 약속한다. 콩도르세가 믿었던 진보란 바로 '인간성의 완성'이자, 동시에 '인간의 행복의 완성'을 의미한다. "교육이 평등해지면, 재산도 평등해진다."

혁명을 좌절시킨 테러는 계몽이성 속에 내재해 있었던 것일까? 이성을 내세우는 급진 진보가 흔히 실패하는 이유는 무엇일까?

이성의 과잉은 폭력을 불러온다고 사람들은 지적한다. 영국 작가 길버트 키스체스터턴(Gilbert Keith Chesterton)은 "이성의 능력 외에 다른 모든 능력을 상실한 인간이 바로 광인(狂人)이다."고 말했다.

"평등이 가능해진 사회는 자유도 확대된다. 그러나 이성의 힘이 아니면 문명은 아무것도 성취 못한다"고 알베르트 슈바이처(Albert Schweitzer)는 말했다.

20세기 프랑크푸르트 출신의 비판철학자 맥스 호르크하이머(Max Horkheimer)는 "이성이 입힌 상처는 오직 이성의 손으로만 치유할 수 있다."는 유명한 말을 남겼다.

프랑스혁명은 아주 실패한 것은 아니다. 계몽사상도 쇠퇴한 것이 아니다. 계몽의 사상의 유산은 아직도 살아 있다. 지금의 프랑스를 있게 한 것은 계몽정신과 사상에 연면(連綿)한 힘이라 할 수 있다. 미국혁명의 정신적 뿌리도 계몽사상이다. 우리는 계몽의 아이들이다.

계몽사상의 무엇이 지금도 사람을 움직이는 것일까? 그러면 계몽이 남긴 유산과 자산은 무엇인가? 자유, 평등, 관용, 인권정신, 비판정신, 인류에 이러한 유산 목록은 지금도 세계는 물론 미래에도 인류 전체가 나누어 가질 만한 '문명의 보편적 자산'인 것이다.

중세교회와 절대 왕정은 질서에 도전하는 자들을 사지절단, 화형 같은 끔직한 처벌로 응징했지만, 18세기 들어 고문 폐지가 대세가 됐다는 것이다. 인류가 지금까지 찾아낸 최선의 폭력 제어장치는 자유언론, 법치, 관용 같은 민주주의제도이며, 폭력을 최소화하기 위해 이를 더욱 강화해야 할 것이다.

1784년 칸트는 "우리는 지금 계몽된 시대에 살고 있는가?"라고 물었다. 미성숙으로부터의 탈출은 끝났을까? 아직도 우리는 너무 무지와 몽매, 폭력, 불관용과 미성숙이 지배하는 어둡고 황폐한 사막에서 헤매고 있는 것은 아닐까?

계몽은 여전히 현재진행형이다. 근대 계몽의 이상은 지금도 인류의 이상이다. 독일 철학자 위르겐 하버마스(Jurgen Habermasrk)가 말했듯 계몽은 우리에게 아직 '미완의 과제'이다.

정치혁명

민주주의, 인권, 헌법의 발명

17세기~18세기 유럽 "절대왕정 시대"에서 왕의 권력은 신에게서 받은 것이라고 인식되었다. 성직자와 귀족들이 특권을 가지고, 가톨릭교회가 지배하는 철저한 봉건 신분사회였다.

"왕은 지상에서 신의 대리인이다. 왕권에는 제한이 없다."

– 영국왕 제임스 1세(James 1) –

왕들의 목이 떨어지고 많은 사람들이 목숨을 잃었다.

1642년 영국 청교도 혁명 절대 권력을 휘두르던 왕의 목을 베다.

"모든 신민이 왕에게 무조건 복종하는 것만이 신이 원하는 바이다."

– 프랑스왕 루이 14세(Louisx1v) –

1789년 프랑스 대혁명 루이16세를 단두대에 세우다.

한 세기 반에 걸친 봉기(蜂起), 반란, 혁명은 '근대 민주주의의 탄생'을 가져왔다. 모든 인간은 자유롭고 평등하게 태어난다. 모든 사람의 자유와 평등을 보장하는 권력만이 정당하다. 모든 권력은 국민으로부터 나온다. 모든 사람은 누구에게도 양도할 수 없는 기본적 권리를 가진다. 인권의 발명, 헌법의 발명, 민주주의 발명은 근대 정치혁명이 남긴 문명의 유산이다.

미국은 구대륙에서 차별받고 배척받던 사람들이 건너와서 세운 나라이다. 그들은 종교적 자유와 시민적 자유를 찾아 이곳으로 왔다. 미국의 상징인 자유의 여신상은 1886년 미국 독립 100주년을 기념하여 프랑스가 선물한 것이다. 자유의 여신상은 왼팔에 독립선언서를 끼고 있고, 오른손은 횃불을 높이 치켜들고 있다. 그리고 자유의 여신상 기단에는 한편의 시가 새겨져 있다.

1903년 자유의 여신상 기단을 세우기 위한 모금을 독려하고자 시인 엠마 라자루스(Emma Lazarus)가 기부한 시이다. 라자루스는 자유의 여신을 '망명자의 어머니'라 불렀다.

> 지치고 가난한자들,
> 자유롭게 숨 쉬고 싶어 하는 자들
> 모두 내게로 보내어라

대규모 이주가 시작된 1840년부터 1860년 사이에 매년 5백만명의 유럽인이 대서양을 건넜다. 그 많은 사람들이 왜 미국으로 몰려들었을까? 구대륙 유럽에서는 살 수가 없었기 때문이다.

베르사유 궁전은 1789년 대혁명 이전까지 프랑스 절대왕정의 상징이었다. 이 궁전을 짓기 위해 루이 14세는 연평균 2만 5천명의 인부와 매일 말(馬) 6천 마리를 동원했다. 그렇게 완공된 베르사유 궁전에는 450개의 방이 있었고 5천명이 거주할 수 있었다. 매년 궁전을 유지에 소요된 비용은 국가 전체 예산의 10%가 넘었다.

루이 14세는 궁전 공사비를 충당하고, 화려한 생활을 유지하기 위해 평민들의 세금 부담을 두 배로 늘렸다. 그뿐만 아니라 네덜란드, 스페인, 영국, 오스트리아 등 주변국을 상대로 일으킨 전쟁에 평민 남자 수십만 명을 강제 동원했다. 그 수는 성직자와 귀족을 모두 합친 것보다 많았다.

전쟁이 길어질수록 귀족과 성직자는 부유해진 반면 국가재정은 취약해지고 평민들의 삶은 점점 더 피폐해졌다. 1709년 1월, 한 달 동안 11만 5천여 명이 기근과 전염병으로 사망했다.

루이 14세는 무려 72년 동안 절대군주로 군림했다. 백성들은 왕의 명령에 따라 재판 없이 구금되거나 죽음을 당하기도 했다. 그들에게는 자기 목숨을 부지할 권리조차 없었던 것이다.

정치란 '사람들이 함께 모여 사는 기술'이다. 사람들이 모여 사는 곳이면 어디든지 정치가 필요하다. 정치는 인간만이 공동체의 질서를 스스로 만들거나 바꿀 수 있다.

근대 이전까지 동서양을 막론하고 일반적인 정치질서는 한 사람이 통치하는 군주제였다. 군주의 권력은 종교를 통해 정당화 되었다. 왕의 권력은 신이 준 것으로 여겨졌고, 백성은 그 신성 권력에 복종해야 했다. 동양의 전통사회에서도 왕의 권력은 하늘이 내려준 것으로 여겨졌다.

17세기 유럽의 정치 사상가들은 기존 정치질서에 과감히 도전하기 시작했다.

신이 아니라 인간 스스로 정치질서를 만들 수는 없을까? 왕, 성직자, 귀족이 아닌 평민들의 권리를 보장하는 정치체제는 불가능한가? 어떻게 하면 모든 사람이 평등하고 자유로운 정치 공동체를 만들 수 있을까?

정치 사상가들은 우선 '자연 상태'라는 것을 가정했다. 자연 상태(State of Nature)는 인간이 만든 법이나 규범, 사회제도가 없는 상태이다. 이 상태에서 모든 사람은 자유롭고 평등하다. 누구나 자신이 원하는 것을 획득할 수 있고, 자신의 행복과 이익을 추구할 수도 있다. '자연 상태에서 모든 인간은 자유롭고 평등하게 태어난다.' 이것이 '자연권' 사상이다. 자연이 준 자유와 평등의 권리는 자명한 것이며, 누구도 빼앗을 수 없는 권리라는 것이 자연권 사상이다.

에이브러햄 링컨(Abraham Lincoln)은 유명한 게티즈버그 연설에서 "미국은 모든 사람은 평등하게 태어났다는 명제에 봉헌된 나라"라고 말했다. **"국민의 국민에 의한 국민을 위한…"** 링컨은 미국 건국의 정치철학적, 도덕적 기초가 자연권 사상이라는 것을 확인해 주고 있다. 미국의 남북전쟁 승리로 이끌어 통일된 나라를 만들고 노예를 해방시켰다.

굳이 질문을 하나 한다면, 왜 자유롭고 평등한 자연 상태를 버리고 정치공동체를 만들게 되었을까? 자연 상태에서 모든 개인은 무제한의 자유를 누릴 수 있다. 하지만 인간의 욕망을 만족시킬 수 있는 물질, 재화(財貨)는 한정되어 있기 때문에 사람들은 서로 대립하고 싸우게 된다.

토마스 홉스(Thomas Hobbesrk)는 '만인의 만인에 대한 투쟁'이라든가 '인간은 인간에게 늑대다'라고 말한 것은 바로 그 자연 상태에서의 무질서를 가리키는 것이다.

이 상태에서는 생명과 자유가 위태로워지고, 재산을 지키기도 힘들다. 그래서 사람들은 무질서에 대한 공포를 벗어나 안전과 평화를 위해 그리고 자신의 생명, 자유, 재산을 보호받기 위해 공동체로 이행하게 되었던 것이다. 함께 모여 사는 기술인 '정치'가 필요하게 된 것이다. 그러나 정치 공동체에는 법과 질서가 필요하다. 법과 질서를 만들고 지키기 위해 사람들은 자연 상태에 누리던 권리의 일부 또는 전부를 국가나 공동체에 양도하지 않으면 안 된다. 이것이 사회계약이다.

정치 공동체에서 내 자유가 제약될 수밖에 없다면 개인의 자유와 공동체의 질서는 어떻게 양립할 수 있는가? 질서를 위해 자유를 희생해야 하는가? 어떤 조건이 갖추어져야 나는 내 자유의 제한을 받아들일 수 있을 것인가?

이러한 질문에 첫 번째 해결책을 들고 나온 사람이 영국의 존로크(John Locke)였다. 로크가 내 놓은 해결책은 '콘센트(Consent)' 곧 '동의의 조건'이다. 계약에는 조건이 필요하다. 나는 국가가 나의 안전과 자유, 생명과 재산을 보호한다는 조건으로 내 권리의 일부 또는 전부를 국가에 양도할 것에 동의한다. 이것이 동의 조건이다.

이렇게 되면 개인의 권리는 부당하게 침해 받는 일이 없고 국가는 개인들의 안전, 생명, 재산을 보호할 책임을 가지게 된다. 이것이 로크가 생각한 사회계약이다. 이런 자발적 동의의 계약에 따라 정부를 구성하고, 정부의 법에 복종하기로 하는 것은 내 자유를 침해받는 일이 아니라고 로크는 주장했다. 로크가 이런 해결책을 내 놓을 수 있었던 바탕에는 직접 겪은 아메리카 식민지에서의 경험이 있었다.

1620년 11월 21일 아메리카 뉴잉글랜드 해안에 조그만 범선 한 척이 도착한다. 영국 플리머스 항을 떠난 지 꼬박 두 달 만이었다. 메이플라워란 이름이 새겨진 그 배에는 종교적 박해를 피해 영국을 떠난 청교도 가족 102명이 타고 있었다. 그들은 육지에 내리기 직전 중요한 계약을 맺는다.

"질서 수립과 보존을 위하여 상호간에 계약을 체결하고 시민적 정치 공동체로 결속한다. 이에 기초하여 식민지의 일반적 복지를 위하여 가장 적합하다고 생각되는 정의롭고 공평한 법률과 관직을 수시로 제정하고 조직하기로 한다." – 메이플라워 서약(1620년) –

미국인들 스스로가 선조라고 여기는 사람들이 바로 이들이다. 그들은 이처럼 계약을 통해 자율적인 정치 공동체를 수립하는 전통을 만들었다. 그리고 이 전통은 아메리카 식민지 전체로 확산되었다.

로크가 본 17세기 초의 아메리카는 세상에 실제로 존재하는 자연 상태였고 메이플라워 서약은 최초의 사회계약이었다.

로크에게 사회계약의 가장 중요한 조건은 재산권 보호였다. 개인들은 자신의 생명, 자유, 재산을 보호받기 위해 정부를 구성하고 그에 복종하기로 동의한다. 만약 정부가 개인들의 재산권을 보호하지 못한다면 사람들은 동의를 철회하고 정부에 저항할 수도 있다.

18세기 프랑스 철학자 장 자크 루소는 또 다른 해결책을 제시했다. 그것은 '참여의 권리와 의무'이다. 루소는 스위스 제네바에서 태어나 어린 시절을 보냈다. 당시 제네바는 고대 그리스의 직접민주주의 방식으로 운영되고 있었다. 이런 경험을 바탕으로 루소는 민주적인 정치 공동체를 만들고 유지하기 위해서는 '동의'뿐만 아니라 '참여'도 필요하다고 생각했다. 참여란 스스로 공동체를 만들어가기 위한 적극적인 행위이며, 공동체를 만들어 가기 위한 적극적인 행위이며, 공동체를 만드는 사람들의 권리이자 의무이다.

루소는 공동체 구성원들의 모두 참여해서 만들어가는 공동의지를 '일반의지'라고 불렀다. 개인들은 일반의지를 형성하는데 데 참여함으로써 정치공동체를 구성하는 불가분의 서원이 되는 것이다. 루소에게 내가 복종하는 대상은 권력을 가진 누군가가 아니라 일반의지에 반영된 나 자신의 의지이다. 만약 정치 공동체가 일반의지에 따르지 않거나 내가 참여할 수 없다면, 그것은 정당한 권력이나 질서가 아니다.

이렇게 해서 국가가 무엇이며, 무엇이어야 하는가에 근대적 원칙이 마련되는 것이다. 국민은 각자의 안전과 자유를 보장받기 위해 국가의 법을 세우는데 동의하고 참여한다. 대신 국가는 국민의 안전과 자유를 보장하는 책임을 지게 된다.

동의와 참여는 근대적 시민성(citizenship)과 시민의 정체성을 정의하는 핵심이기도 하다. 로크와 루소의 사상은 미국과 프랑스에 일어난 정치 혁명에 깊은 영향을 주었다.

미국은 세계 최초의 민주공화국을 수립했다

미국은 1774년에 독립을 선언하고 세계 최초로 민주공화국을 세웠다. 하지만 그 과정은 결코 평탄치 않았다. 미국인들은 독립과 자유를 쟁취하기 위해 대영제국을 상대로 8년간 전쟁을 벌여야 했다. 이 전쟁에서 총 5만 명이 전사하거나 부상을 입었다. 그들이 피 흘려 지키려 했던 가치는 독립선언서에 명확하게 표현 되어 있다.

> "모든 사람은 평등하게 태어났으며 생명, 자유, 행복을 추구할 권리가 있다. 인류는 이 권리를 확보하기 위해 정부를 조직했으며, 정부의 정당한 권리는 인민의 동의로부터 나온다." – 미국 독립선언문(1776년)

건국 초기의 미국 지도자들은 자유와 평등이 보장되는 정치질서가 현실에서 어떻게 구현될 수 있을지 고심했다. 구대륙에서처럼 절대 권력이 출현하지 못하도록 막는 것이 가장 어려운 문제였다.

고심의 결과로 나온 것이 권력 분립, 견제와 균형의 원칙이다. 제임스 매디슨(James Madison)은 민주공화국이란 견제와 균형을 통해 모든 이해관계를 조정하는 정치체제라고 이해했다. 권력 분립, 견제와 균형의 원칙은 오늘날까지 민주주의를 구성하는 데 중요한 또 하나의 요소가 되었다.

링컨의 게티즈버그 연설은 민주주의의 정신이 무엇인지 다시 한 번 분명하게 알려 준다.

> "우리의 임무는 인민의, 인민에 의한, 인민을 위한 정부가 지구상에서 사라지지 않도록 하는 것이다."

미국의 독립혁명은 곧바로 대서양 너머 프랑스에도 영향을 주었다. 프랑스 왕실은 미국독립전쟁을 지원하면서 지출한 과도한 군사비로 심각한 재정 위기에 빠진다.

루이16세는 재정 위기를 해결하기 위해 가난한 평민들에게 더 많은 세금을 부과한다. 반면에 평민들은 미국 독립의 영향으로 자유와 평등의식이 고취되었고 새로운 세상을 만들 수 있다는 확신을 하게 된다.

1789년 7월 14일, 불평등과 굶주림에 시달리던 파리 민중의 불만이 폭발하였다. 그들은 무기를 들고 전제정치의 상징이었던 바스티유감옥을 습격했다. 이것이 프랑스 혁명의 시발점이다.

이 혁명이 추구한 가치가 〈인간과 시민의 권리선언〉에 간명하게 표현되어 있다.

> "모든 인간은 자유롭고 평등한 권리를 가지고 태어났다. 모든 주권의 근원은 본질적으로 국민이다."

프랑스혁명을 통해 인권과 시민권, 인민주권, 자연권의 수호자로서 정부와 같은 근대적 생각들이 전역으로 확산되었다.

그러나 미국과 프랑스혁명 이후에도 시민의 범위는 매우 제한적이었다. 정치에 참여할 수 있는 권리는 '일정한 재산을 소유한 성인 남자'에게만 부여되었다. 이후의 정치 역사는 가난한 자들, 여성들, 흑인들이 시민의 권리를 획득해나가는 과정이었다.

'우리가 사는 세계'의 정치적 토대는 민주주의이다. 민주주의는 자유, 평등, 정의를 유지하고 인간의 존엄성을 실현하는 데 기여한다. 그러나 성숙한 '시민'이 없다면 민주주의도 없다. 민주주의를 지키는 것은 시민의 가장 중요한 책무이다.

시민이 갖추어야 할 능력과 덕목은 무엇일까? 시민에게는 자율성, 책임감, 비판적 사고력, 관용의 정신이 필요하다. 내가 내 머리로 생각하고 판단할 수 있는 독립적 사고와 실천의 능력이 자율성이다. 책임감이란 내가 누리는 자유의 결과에 대한 책임일 뿐만 아니라, 공적 이익과 사적 이익 사이에서 균형을 이루는 책임이다. 비판적 사고력은 순응주의와 포플레이즘 Poplarism을 경계하며, 맹종을 거부하는 능력이다. 관용은 나와 다른 생각과 의견을 가진 사람들의 주장을 경청하고 그들이 그렇게 주장할 수 있는 자유와 권리를 존중하는 태도이다. 공동체의 일원이라면 누구나 "우리는 어떤 방식으로 함께 모여 살 것인가?" "우리는 어떤 사회를 만들 것인가?"라는 질문을 늘 생각하고 그 물음에 응답해야 할 책임이 있어야 한다.

민주주의는 손쉽게 성취된 것이 아니다. 그 장치들 하나하나에는 그것을 이루어내기 위해 바쳐진 투쟁과 희생의 선명한 핏자국이 들어 있다. 민주주의는 근대 문명이 그 이전 문명과 사회가 풀지 못했던 정치사회적 문제, 딜레마, 난국을 타개하기 위해 시도한 힘겨운 '돌파'의 성과다. 그 돌파를 우리는 근대 세계의 '정치 혁명'이라 부른다.

경제혁명
산업혁명

농업과 수공업 위주의 경제에서 공업과 기계를 사용하는 제조업 위주의 경제로 변화하는 과정은 18세기 영국에서 시작되어 세계 여러 지역으로 확산되었다. 산업혁명은 철과 같은 새로운 소재의 사용, 새로운 에너지원의 이용, 새로운 기계의 발명, 공장제 생산조직체의 발달 등을 통해 상품의 대량생산을 가능하게 했으며, 도시화와 노동운동의 발달을 가져왔다.

산업혁명의 영향

산업혁명이라는 용어는 프랑스의 학자들이 가장 먼저 사용했지만 처음으로 일반화된 것은 영국의 경제사가 아널드 토인비(1852~83)가 1760~1840년의 영국 경제발전을 설명하는 과정에서였으며 토인비 시대 이후 이 용어는 보다 광범위하게 적용되어 왔다. 산업혁명의 주요 특징으로는 기술적·사회경제적·문화적 측면을 들 수 있다. 기술적 변화로는 ① 철·강철과 같은 새로운 기본소재의 사용 ② 석탄·증기기관·전기·석유 및 내연기관과 같은 새로운 에너지원(연료와 동력)의 이용 ③ 방적기, 동력 직조기와 같이 인력을 더 적게 들이면서 생산을 증가시킬 수 있는 새로운 기계의 발명 ④ 공장제로 알려진 새로운 작업조직체의 발달(이에 따라 분업과 직능의 전문화가 신장되었음) ⑤ 증기기관차·증기선·자동차·비행기·전신·라디오 등을 포함한 교통과 통신의 중요한 발전 ⑥ 산업에 있어서 증대되는 과학의 응용 등이 있다.

이러한 기술적 변화는 천연자원의 사용을 엄청나게 증가시켰으며 기계를 이용한 상품의 대량생산을 가능하게 했다.

비(非)공업 영역에서도 여러 가지 새로운 발전이 이루어졌는데 ① 더욱 많아진 비농업 인구에게 식량공급을 가능하게 하는 농업생산의 개선 ② 더 널리 부(富)를 분배하는 결과를 가져온 경제적 변화, 공업생산 및 국제무역 증대의 결과로 부의 원천으로서 토지가 갖는 중요성의 감소 ③ 산업화된 사회의 필요에 상응하는 새로운 국가정책과 아울러 경제력의 변천을 반영하는 정치적 변화 ④ 도시의 성장과 노동운동의 발전, 새로운 유형의 권위 출현 등을 포함한 포괄적인 사회적 변화 ⑤ 폭넓은 사회질서의 문화적 변형 등이다. 노동자들은 새롭고 독특한 기술을 습득했다. 노동자와 노동자가 맡은 작업과의 관계가 변모했는데 이제 노동자는 손으로 다루는 연장을 가지고 일하던 방식 대신 기계를 조작하게 되었으며 공장의 규율에 예속되었다. 마지막으로 심리적인 변화를 들 수 있다. 자원을 이용하고 자연을 정복할 수 있는 인간 자신의 능력에 대한 확신이 커졌다.

산업혁명의 영향

산업혁명은 경제혁명이면서 동시에 사회혁명으로서 특히 산업 부르주아지와 임금 노동자의 두 계급을 형성시켜 전통적인 지배계급이었던 지주계급(젠트리)을 포함하여 3개의 사회 계급을 만들어냈다. 더욱이 상류 지주계급이었던 귀족과 중산계급인 부르주아지는 둘 다 유산계급이 되어 서서히 자기들의 이해관계를 일치시켜 나갔다. 또한 산업혁명은 17세기까지 총인구의 3/4을 차지하고 있던 농민인구의 비율을 감소시켜 도시 주민의 비율을 늘어나게 했다.

따라서 근대적인 두 계급의 형성과 도시화라는 현상은 서민생활에 커다란 변화를 가져왔다. 특히 공장 노동의 경우 저임금과 오랜 노동시간은 큰 문제가 되었으며 12시간 노동을 규정한 1833년의 공장법이 이를 잘 설명해준다. 또한 초기의 공장 법은 여성과 유약자의 노동을 특히 보호의 대상으로 했다. 그러나 산업혁명기에 생겨난 최대의 문제는 일정한 시간 동안 집중적인 노동을 해야 함으로 노동이 가족집단과는 전혀 다른 단위로 편성되어야 했다는 점이다. 이에 따라 생산단위로서 기능을 갖는 가족의 유대가 현저하게 약해지게 되었다.

산업혁명 이전의 농업노동이 축제나 여가생활과 혼연일체가 되어 있었던 것에 비해 이제는 자본가에게 팔아넘기는 시간과 나머지 시간과의 구분이 명확하게 된 것이다.

따라서 노동자로서는 노동시간의 단축이 당연한 요구가 되기에 이르렀다. 실질임금도 산업혁명기에는 현저히 낮았다. 산업혁명 이후 부녀자와 아동의 노동이 문제가 된 것은 노동조건이라기보다는 가족구조의 붕괴였다. 생산단위인 가족의 붕괴는 가족의 직업훈련기능이 상실됨을 뜻했다.

따라서 가정이나 공동체, 그리고 길드(guild는 중세 도시가 성립 발전되는 과정에서 중요한 역할을 한 상공업자의 동업자조직이다)는 지금까지의 가정이 가지고 있는 교육기능이 상실된 이상 공적인 초등교육 제도가 정비된 1870년까지 민중의 교육 수준은 낮을 수밖에 없었다. 산업혁명이 서민생활에 가져온 변화의 주원인은 도시화에 있다. 이것은 상징적인 의미를 갖는데, 당시의 노동자는 일반적으로 먼 곳으로 취직해 가는 경우가 별로 없었기 때문이다. 영국 전체의 인구 중심은 랭커스터와 미들랜드에 산업도시가 여럿 생겨나면서 북서부 지방으로 이동했지만 개개의 노동자는 원 공동체와의 관계를 될 수 있는 한 유지하고 싶은 마음이 작용해 고향에서 가까운 도시에만 취업하는 경향이 있었다. 반대로 신흥도시에서는 공동체적 유대가 훨씬 약했다.

주택문제, 상·하수도, 가로등, 공원, 소방, 경찰, 구빈 등의 시설·제도의 정비 이상으로 공동체적 유대의 확립은 산업혁명기 대도시의 최대과제가 되었다. 1835년에는 도시 자치법이 제정되어 도시행정의 근대화에 초석을 놓았다. 생산수단의 소유형태에도 변화가 있었다. 19세기 산업혁명의 특징을 이루는 소수 사람들의 생산수단에 대한 독점적인 소유형태는 이제 개인이나 보험회사와 같은 기관들이 일반기업들의 주식을 매입함으로써 소유권이 폭넓게 배분되었다.

유럽의 역사와 문화 1차 산업혁명은 1760~1830년에 산업혁명은 대체로 영국에 한정되었다. 남들보다 앞서 출발했다는 사실을 알고 있는 영국인들은 기계와 숙련노동자, 제조기술 등의 유출을 금했다. 그럼에도 영국의 독점은 영원히 지속될 수 없었다. 특히 유럽 대륙의 사업가들이 영국의 새로운 기술정보를 자국으로 유인하고자 시도하는 가운데, 일부 영국인들이 해외에서의 산업 활동으로 이윤을 얻을 수 있음을 알았기 때문이다. 윌리엄과 존 코커릴이라는 두 영국인이 1807년경 벨기에 리에주에서 기계를 갖춘 공장의 문을 연 것을 계기로 산업혁명이 시작되었다. 벨기에는 유럽 대륙에서 경제적으로 변모한 최초의 국가가 되었다. 영국에서와 마찬가지로 벨기에의 산업혁명도 철·석탄·섬유업을 중심으로 전개되었다. 프랑스는 영국과 벨기에에 비해 더욱 완만하고 덜 철저하게 산업화가 진행되었다. 영국이 산업의 주도권을 확립하고 있는 동안 프랑스는 혁명의 소용돌이에 휩쓸리고 있었으며 불안한 정치적 상황은 산업의 혁신을 위한 대규모 투자를 위축시켰다. 1848년 무렵 프랑스는 주요공업국이 되었으나 제2제정기의 눈부신 성장에도 불구하고 여전히 영국에 뒤져 있었다.

이 밖의 다른 유럽 국가들은 훨씬 더 뒤쳐져 있었다. 이들 나라의 부르주아 계층은 영국과 벨기에 및 프랑스의 부르주아들이 가졌던 재산·권력·기회와 같은 요소들이 결여되어 있었다. 이들 나라의 정치적 상황 역시 산업의 팽창을 가로막고 있었다. 예를 들면 독일의 경우 석탄과 철강 자원이 풍부했음에도 1870년 국가통일이 이루어지고 나서야 비로소 산업 팽창이 시작되었다. 독일에서는 산업혁명이 일단 시작되자 공업생산이 급속도로 증가했으며 그 결과 20세기의 시작을 전후하여 철강생산 부문에서 영국을 앞질렀고 세계적으로 화학공업 발전을 선도했다.

19, 20세기 미국의 공업생산력 성장은 또한 유럽이 이룩한 성과를 훨씬 능가하였다. 그리고 일본 역시 놀라운 성공을 거두면서 산업혁명의 대열에 합류했다.

동유럽 국가들은 20세기초 낙후된 상태에 있었다. 소련이 주요한 공업국이 된 것은 수차례의 5개년 계획을 실시하고 난 후의 일이었는데 이 계획을 통해 소련은 영국이 150년 걸려 이룩한 성과를 단 몇 십 년 만에 이루어냈다. 20세기 중반 산업혁명은 중국과 인도 등 그때까지 비공업화 지대에 속했던 국가들에까지 확산되었다.

근대문명은 이익과 부의 추구를 존중하고 이런 활동의 공간인 시장을 정당한 사회제도로 인정했다. 산업혁명은 전통적 삶의 터전을 파괴하며 인간에게 고통을 안겨주는 동시에 물질적 삶을 개선하는 데 기여했다. 시장경제제도는 이런 산업혁명이 단발성으로 머물지 않고 지속적 효과를 내는 강력한 원동력이 되게 함으로써 생산력을 전대미문(前代未聞)의 수준으로 끌어 올렸다.

18세기 영국 왕실의 부는 넘쳐나 왕실 창고에 쌓인 금덩어리만이 국가의 부로 간주되었다. 국민은 빈곤과 궁핍에 시달렸다. 수많은 아이들이 길에 버려지고 생명을 잃어 버렸다. 당시 왕의 관심사는 '어떻게 하면 왕실의 부를 늘릴 수 있을까?' '어떻게 하면 상업의 주도권을 왕이 가질 수 있을까?'였다.

왕권과 결탁한 중상주의 신흥 계급의 관심사는 '어떻게 상업의 이권을 상인이 독점할 수 있을까? '가난한 사람들을 어떻게 가난한 상태로 묶어 둘 수 있을까?

산업혁명 이전 1750년의 영국은 1인당 평균 소득 250달러, 남성의 기대수명이 31세, 여성의 기대수명이 33세, 유아 사망률이 65%였다.

'국민을 빈곤과 비참에서 해방시킬 방법이 없을까?' '생산을 늘리고 사회의 부를 창출할 방법이 없을까?

'1776년에 세상에 나온 한 권의 책'이 있다. 스코틀랜드 출신의 계몽주의자이자 글래스고 대학의 도덕철학 교수인 애덤 스미스(Adam Smith)의 《국부론》이다. 〈국가부의 원천에 대한 탐구〉를 말하면서 스미스는 주장했다.

"생산을 획기적으로 늘릴 방법이 있다."

"나라의 부를 증대 시킬 방법이 있다"

"국민을 빈곤에서 탈출 시킬 방법이 있다."

어떻게 하면 되는가? 그가 내놓은 세 가지 아이디어를 실현하면 된다.

분업(division of labur), 교환(exchange), 자유로운 시장(free market)

"분업은 생산을 증대시킨다. 교환은 인간의 본성적 활동이다. 공정한 경쟁과 교환을 통한 이익 추구는 부도덕 하지 않다." "시장에 자유롭고 공정한 거래가 이루어지면 교역과 유통이 늘어나고, 사람들은 잘 살게 될 것이다."

교환할 수 있는 능력 때문에 인간은 재능 차이에 따른 분업으로 서로 이익을 얻는다. 당시의 핀 제조 공장에 대한 스미스의 관찰에 따르면 한명의 노동자는 하루에 핀 20개를 채 못 만들지만, 10명이 분업을 하면 하루에 4만8천개를 만들어 낸다.

스미스는 가난한 사람들에게 깊은 연민을 가졌다. "어떻게 하면 노동자들이 아무 걱정 없이 마음 편히 먹고 살 수 없을까?"하고 생각했듯, 한 가장이 "어떻게 하면 우리 가정이 편안하게 그리고 배부르게 먹고 살 수 있을까?" 연구하고 노력해야 그 가정이 발전할 수 있는 것처럼, 모름지기 국가의 지도자들은 정치의 근본을 알고 국민을 위한 일에 충성과 헌신을 다할 것이다.

"국민 대다수가 빈곤과 비참에 시달리는 사회는 결코 번영할 수 없다. 빈민 부랑자, 고아들을 구금할 것이 아니라 자유를 주라. 모든 사람이 자신에게 이익이 되는 일을 하도록 내버려두라." 개인의 자유로운 이익추구는 사회, 이익을 확대하고, 사람들 사이의 협력을 증진시킨다.

모든 사람의 이익의 냄새를 따라 행동하는데도 사회적 협력이 일어나고, 공정한 사회질서가 유지될 수 있을까?

스미스는 이렇게 대답했다. "자유로운 시장체제는 이기적 본성을 가진 개인들이 자발적으로 협동하도록 조정한다. 인간은 사회약자를 배려하는 선의와 공감의 본성도 갖고 있다."

스미스는 옳았을까? 19세기부터 가파르게 상승한 영국의 생산량은 평균 영양상태 개선, 평균 신장률 증가, 기대수명 증가, 사산율 감소가 확연히 줄어들었다.

산업혁명 이후 200년간 세계인구 6배 증가, 세계인구 1인당 평균 소득 9배 증가, 세계 총생산 50배 이상이 증가되었다. 한 대의 아이폰을 만드는데 필요한 부품업체는 17개국의 156개 회사이다.

손안에 펼쳐지는 지구 곳곳의 정보와 지식, 국제적 노동 분업과 생산물의 교환, 국경을 가리지 않는 자원의 순환되는 곳이 자유시장이다.

한 시대의 모순을 풀고자 애덤 스미스는 그의 아이디어에서 촉발되어 세계의 경제적 삶을 바꾸어 놓은 시장경제의 출발, 빈곤으로부터 해방, 보편적 부의 창출, 인간과 사회의 생존을 확보하려는 또 하나의 근대혁명 곧 경제 혁명의 시작이다.

11

현대 전쟁의 역사와 미래

제1차 세계대전

제2차 세계대전

동아시아 태평양 전쟁

한국의 근대화

대한민국의 민주주의

한국의 안보 문제

사진 | 오세용 사관

제1차 세계대전

최초의 제1차 세계대전은 1914년 7월 28일부터 1918년 11월 11일까지 4년 4개월에 걸쳐 지속된 전쟁으로 인류 역사상 최초의 세계대전으로 평가 받고 있다.

제1차 세계대전은 1914년 6월 28일 '사라예보 사건'을 계기로 하여 독일을 중심한 동맹국(오스트리아, 헝가리, 불가리아) 등과 연합국(프랑스, 영국, 러시아, 이탈리아, 세르비아, 일본, 미국) 등 사이에 벌어진 전쟁으로 대규모 세계대전으로 발전하게 되었다.

제1차 세계대전이 일어난 이유는 발칸반도에 있는 나라 세르비아가 오스만 제국의 지배를 받다가 독립했는데, 세르비아 사람들이 발칸반도에 흩어진 민족들을 합쳐서 더 큰 나라를 세우려 하자 오스트리아가 이를 막고 나섰을 뿐 아니라 계속 세르비아를 침략하였다. 그래서 세르비아 사람들은 오스트리아를 적대시하게 되었는데, 오스트리아 수도 사라예보를 방문한 황태자 프란츠 페르디난트 대공 부부를 세르비아 청년 프란치프가 총으로 암살하는 사건이 벌어졌다. 오스트리아는 세르비아에 반 오스트리아 단체를 모두 해산시키고 이 사건의 관련자들 모두를 처벌하기 위해 자국의 관리들을 파견 시키겠다고 최후통첩을 보낸다. 그러나 세르비아는 단호하게 거부함으로 제1차 세계대전의 시발점이 되었던 것이다.

이 사건을 계기로 오스트리아는 세르비아에 전쟁선포를 하게 되었고, 세계는 자국의 이해관계에 따라 오스트리아, 독일, 헝가리, 불가리아, 터키 등으로 연합하여 동맹국이 되고 프랑스, 영국, 세르비아, 러시아, 벨기에, 루마니아, 나중에는 미국, 호주, 캐나다, 이탈리아, 포르투갈이 합류하여 연합군으로 전쟁을 하게 되었다.

독일군이 독일과 룩셈부르크 사이의 국경을 넘으면서 본격적인 전쟁이 시작되었다. 다음날 독일은 벨기에에 선전 포고도 하지 않고 공격을 개시했고, 8월 21일에는 프랑스를 공격했다. 그러자 영국이 전쟁에 참여했는데 이렇게 판이 커지자 독일의 전력 소모가 상당했다. 그러던 중 1917년 4월 6일 미국이 연합국에 본격적으로 합류함으로 독일에 선전 포고를 했고 전세는 연합군 쪽으로 기울어지기 시작했다.

전쟁은 후반인 1918년 9월에 불가리아가 항복을 하고 10월, 11월에 오스만 제국과 오스트리아가 차례로 항복하고 결국 독일이 항복함으로 전쟁은 연합국의 승리로 끝났다.

전쟁은 이성이 결국 비 이성, 곧 광기로 귀결되리라는 것을 여실히 보여주는 것이다. 완전히 계몽된 세계는 재앙으로 뒤덮인 세계가 되리라는 것을 증명해주고 있다. 사람들은 전쟁을 통해 과학이 인류에게 축복이 아니라 재앙일 수도 있다는 것을 보여주고 있다.

제1차 세계대전에서 근대 과학의 발명품으로 처음 사용된 무기들인

기관총, 장거리 대포, 비행기…. 역사가들은 '기병대의 영광스러운 돌격' 같은 것은 없었다고 증언한다. 대신 이 전쟁은 5킬로미터를 전진하기 위해 40만 명 희생된 것으로, 개전 이후 몇 분 내에 수만 명의 군인들이 기관총에 의해 죽임을 당한 것으로 유명하다. 전쟁을 경험하면서 사람들은 근대적인 가치가 인류에게 희망적이지 않음을 직감한 것이다.

연합국과 독일은 1919년 베르사유 조약을 맺게 된다. 베르사유 조약이란 제1차 세계 대전 패전국인 독일과 연합국 사이에 체결된 조약으로 독일이 소유했던 해외에 식민지를 모두 포기하고 전쟁으로 인한 피해배상금을 부과하고 그것을 받게 되는 조약이다.

제2차 세계대전

1939년 9월 1일, 독일 군대는 선전 포고 없이 폴란드를 침공함으로써 제2차 세계대전이 시작되었다. 그 일이 가능했던 것은 스탈린이 히틀러와 상호 불가침 조약을 맺었고 폴란드를 히틀러에게 나눠 주었기 때문이다. 공산주의자들과 사회주의자들은 자기들의 동기(動機)를 정당화하기 위해 그 어떤 수단과 방법을 마다하지 않았다.

사실 스탈린은 자본주의 세력들끼리 싸움을 붙이려고 했다. 왜냐하면 영국이 이미 유화정책을 종결하고 프랑스와 함께 폴란드에게 독립을 보장해 주었기 때문이다. 히틀러를 정지시키기에는 때가 너무 늦었다. 그래서 영국과 프랑스는 히틀러의 침공이 있고 나서 독일에 선전 포고를 했다. 히틀러는 깡패처럼 전쟁을 시작했다. 즉 갑작스런 침공을 했다. 이 침공은 공습 및 기계화 부대의 신속한 기동력이 결합함으로써 가능했다.

프랑스는 아직 제1차 세계대전에 머물러 있었으며 마지노선 라인에 따라 참호를 파놓고 있었다. 드골 장군은 탱크부대의 필요성을 역설했으나 받아들이지 않았다. 그래서 독일이 벨기에와 폴란드로 우회해서 돌진해 왔을 때 프랑스군은 속수무책이었다. 1941년 6월 22일까지 히틀러는 서부 유럽과 북부 유럽 전체(스페인 스위스 스웨덴은 제외), 그리고 유고슬라비아 그리스를 공격했다.

예상 밖으로 영국의 새 총리 처칠은 프랑스가 패배한 후에도 평화 조약을 맺기를 거부했다. 영국에 공습을 퍼부어 협상 테이블로 이끌어내려는 시도를 했지만 '브리튼 전쟁'에 실패했다. 그러자 히틀러는 1941년 6월 22일에 독소불가침 조약을 깨고 '바르바로사(Barbarossa) 작전,' 즉 러시아 침공을 시작했다.

1941년 10월에 겨울 맹추위가 닥치면서 독일의 공격은 모스코바 클레믈린 궁전 앞 20마일 지점에서 멈칫했다. 히틀러는 군대에 방한복을 지급하지 않았는데, 그것은 병사들이 가을에는 다시 고향에 돌아 올 수 있다고 믿게 하려는 작전에서였다. 그러나 맹추위에 더 이상 진격을 할 수 없었다. 그 후 전쟁은 새로운 국면에 접어들었다. 같은 1941년 12월 7일에 일본이 태평양 진주만의 미국 함대를 기습공격을 했기 때문이다. 그리고 나흘 후에 히틀러는 미국에 선전 포고를 했다. 이로써 전쟁은 제2차 세계 대전이 되었다.

1942년에 히틀러의 사수 명령에 따라 독일은 러시아 공격을 재개했으나 제6군단이 1942년 12월 스탈린그라드에서 완전 독안에 든 쥐가 되어 갇혔고 짐승같이 사투를 벌이다가 전멸했다. 이때부터 독일의 전세는 날로 기울어져 갔다. 독일군은 퇴각하면서 적의 군수품 조달을 막기 위해 국토를 황폐화시켰다.

1943년 7월 10일에 영국군과 미국군이 이탈리아에 상륙했으며 1944년

6월 6일 노르망디 상륙작전의 D-day였다. 미국군과 영국군은 서부에 프랑스에 상륙해서 제2전선을 열어 놓았다.

독일의 패망은 이미 오래 전에 드러났다. 하지만 고급 장성들 중에 히틀러를 체포하고 전쟁을 종식시켜야 한다고 생각한 사람은 한 사람도 없었다. 그들은 병사들을 계속 희생시켰다. 그들은 병사들의 목숨보다 히틀러에 대한 자신의 충성 맹세가 더 중요하다고 믿었다. 이는 군사국가 전사계급의 본능으로 감정의 이상이 거꾸로 된 형상에 빠져버린 것이다. 마침내 그들은 독재자를 암살하는 일을 외눈박이 외팔인 하급 장교인 슈타우펜베르크 대령에게 넘겼다. 그러나 1944년 7월 20일에 저격이 실패하자 공모자들과 정부 내 반대파들의 처형이 뒤따랐다.

덧붙여 말하면 독일은 러시아가 베를린을 점령할 때까지 계속 싸웠다. 4월 30일 히틀러는 자신의 벙커에서 총으로 자살했다. 그리고 5월 8일에 되니츠(Donirz) 제독이 무조건 항복에 사인했다. 독일인들은 마지막까지 히틀러와 한마음이었으며 그의 몰락할 때까지 뒤 따라갔다. 독일의 통치자 히틀러만큼 인기 있던 사람은 없었다. 그리고 그에게 사로 잡혀 있었고 거기에 결속력이 생기고 세계가 공포에 떨도록 대규모 범죄를 저질렀던 것이다.

범죄

이 범죄의 근원은 제1차 세계대전의 4년 동안 저질러진 대량학살에 있다. 이 범죄가 인간의 이성을 망가뜨렸고 과도한 심리적 부담을 주었으며 많은 사람들에게 불인지심(不忍之心, 차마 어떤 것을 하지 못하는 마음)을 빼앗아 갔다. 제1차 세계대전의 패배를 없었던 일로 되돌리려는 나치의 지성들조차 자기들이 세계전쟁을 좀 더 인정사정없이 치르지 못했기 때문에 패배했다고 생각할 정도다.

그때 그들은 그 패배를 만회하려 했다. 생존을 위한 투쟁 속에서 강자가 살아남는다고 가르치는 다윈주의적 인종론은 단순한 그들의 눈으로 보기에는 만행을 정당화하는 이론으로 비쳤으며 그들의 양심을 잠재웠다. 문명화된 인간의 역사에서 독일인처럼 야만적으로 전쟁을 치른 민족은 결코 없었다.

유대인 말살

오늘날 쇼아(Shoah, '파괴'를 뜻하는 히브리어) 또는 홀로코스트(Holocaust) 개념이 지칭하는 것. 즉 아우슈비츠(폴란드), 트레블링카(독일), 마이다네크(폴란드) 그리고 소비부르(독일) 사형수용소들에서 유대인을 공장에서처럼 체계적으로 살해하는 것을 눈앞에 그려보는 일은 인간의 상상력을 초월한다. 투입부대가 죽인 사람들까지 합치면 여기에 죽은 사람들은 유대인 약 600만 명 이상이었다. 목표는 이스라엘 민족의 말살하는 것이었다.

그 범죄의 규모는 사람을 가위 눌리게 하는 차원이어서 그것을 파악하는 것은 불가능하다. 모든 이성의 피안(彼岸, 강 언덕)에 있기 때문에 그에 대한 숙고는 종교적 성격을 지닌다. 그러나 역사학자들이 그 문제를 다룰 때 두 가지 학설이 대립하고 있다.

- 의도설에 따르면, 히틀러는 유대민족 말살을 항상 원했고 처음부터 계획했다.
- 가능설에 따르면, 민족말살은 자신의 조치들이 단계적으로 첨예화

된 결과로 발생했다. 그것은 독일인들이 거주 공간을 확보하기 위해 유대인들을 게토로 끌고 갔지만 먹여 살릴 수 없게 되자 그들을 살해하게 되었다.

독일의 재통일(獨逸의 再統一—독일어: Deutsche Wiedervereinigung)

독일은 1990년 10월 3일 과거 독일 민주 공화국에 속하던 주들이 독일 연방 공화국에 가입하는 형식으로 이루어졌다.

동유럽 국가들의 민주화 움직임 속에서 동독에서도 경제 불황과 공산당 일당 독재를 비판하는 시위가 계속되었다. 그러던 중 헝가리가 동독 국경 일대의 철조망을 제거하자 약 20만 명 이상의 동독인들이 오스트리아를 거쳐 서독으로 탈출하기 시작하였다. 이를 계기로 동독 내에서는 대규모 반정부 시위가 본격화하였고, 시위대에 의해 동서 독일의 경계선과 베를린 장벽이 무너졌다. 장벽이 붕괴된 후 실시된 자유 총선거에서 공산당 일당독재가 무너지고 신속한 통일을 주장하는 독일 연합이 압승을 거두었다(1990). 그리고 동독이 서독에 흡수되는 형태로 독일 통일은 실현되었다. 통일한 독일의 전작권을 인정받았다. 유럽 공동체(지금의 유럽 연합)와 NATO의 회원국으로 인정됐다.

독일은 1차 세계대전, 2차 세계대전을 일으킨 전쟁 전범 국가였다. 옛 사람들은 독일이 통일을 이루면 또 '전쟁을 일으킬 위험소지가 크다'라고 많은 염려를 한다.

동아시아 태평양 전쟁

1941년 1월 일본의 연합함대 사령관 야마모토 이소로쿠는 미국의 태평양 함대의 총본산인 하와이 진주만 기습을 주장했다. 일본 군 내에서 찬반이 엇갈리는 상황을 겪었지만 우여곡절 끝에 결국 작전 승인이 떨어졌다. 치밀한 준비를 한 합동 기동부대는 드디어 12월 7일 날씨도 화창한 일요일 선전 포고도 없이 새벽에 세로 선두기, 99식 함상폭격기, 97식 함상공격기 등으로 구성된 183대의 제1차 공격대로 미국함대를 공습했다. 그리고 1시간 15분 뒤에 167대의 공격대가 2차 공격을 퍼부었다. '가미카제라는 말은 '신의 바람'을 뜻이다. 가미카제 비행기는 대부분 경폭격기였고, 비행사는 자살특공대로 폭격기와 함께 산화된다. 폭탄과 여분의 연료탱크를 실은 뒤 이륙하여 목표물에 비행사와 포탄은 함께 충돌했다.

동시에 포드섬 해군 기지, 하컴 육군 비행장, 카네오네 해군비행장 등을 공격했다. 두 번의 공습에 걸린 시간은 110분이었다.

평온하던 진주만은 예고 없이 시작된 일본의 무차별 폭격으로 삽시간에 불바다가 되었다. 아침 7시 53분, 일본 해군 공중공격대 지휘관은 공습이 성공했음을 연합함대 사령관에게 타전했다. 일본군의 피해는 항공기 29대, 특공 잠수정 5척, 사상자 65명에 불과했다.

반면 미 해군의 피해는 이루 말할 수 없이 컸다. 기습 개시 2시간 만에 미국이 입은 피해는 침몰된 구축함 5대, 중파된 전함 3척, 파괴된 항공기 188대, 손상된 항공기 191대였다. 인명피해는 전사자 3,300명, 부상자 1,200명으로 예상치 못한 공격에 막대한 피해를 입은 미 태평양함대는 전투력의 80~90%를 상실했다. 미국이 자랑하는 태평양 함대는 항해를 하고 있던 항공모함 3척을 제외하고 모조리 초토화되었다. 진주만에 정박 중이던 USS는 두 동강이 난 채 침몰한 애리조나 호에서는 1,177명의 장병이 그대로 수장되었다. 그야말로 결정적인 타격이었다. 오늘날 그 자리에는 전몰 추모관이 건립되어 있다. 관광객에게 잊을 수 없는 그날의 참상을 그대로 보여주고 있다.

이렇게만 보면 일본은 대 승리를 거둔 것 같다. 하지만 전략적인 측면에서 보면 일본은 세계 최대의 대국 미국을 태평양 전쟁으로 끌어들여 스스로 망하는 꼴을 자초(自招)했다. 미국은 보복을 다짐하며 즉시 일본에 선전 포고를 했다. 태평양 전쟁의 시작이었다. 미국의 참전 제2차 세계대전은 새로운 국면으로 접어들었고, 유럽을 중심으로 형성되었던 전선도 아시아 전체로 확대되었다.

진주만 공습 전부터 미국과 일본의 관계는 좋지 않았다. 일본이 중국을 침략하고 있었던 당시 미국은 장개석(蔣介石, 장제스)의 국민당 정부를 지원하고, 일본에 대해 석유와 고철 등 주요 물자의 수출을 금지했다. 일본은 중국 대륙을 정복하고 인도차이나를 아울러 소위 '대동아공영권'을 완성하여 아시아의 패자(霸者)가 되고자 했다. 이런 일본의 이상을 실현하는 길목을 가로막고 있는 가장 큰 걸림돌은 미국이었다. 아시아를 일본 아래 복속시키기 위해서는 미국이라는 벽을 넘어야 했다. 미국은 대륙 침략을 위한 전쟁물자 공급을 가로막고 있었을 뿐 아니라 인도차이나에 있는 연합국 식민지로의 진출을 가로막는 가장 큰 장애물이었기 때문이다. 전쟁은 단지 시간문제였다. 사실 미국은 1941년 11월 일본의 암호문(도라,도라,도라)을 입수해 일본의 침공이 목전에 다가왔음을 미리 파악하고 있었다. 다만 암호를 정확히 해독하지 못해 공격 지점을 정확히 알 수 없었다. 일본이 그렇게 빠르고 기습적인 공격을 감행할 것을 예상하지 못했는지도 모른다.

미군은 피해 규모를 크게 줄일 수도 있었다. 공습 당일 하와이의 포트새프터(Fort Shafter)에 주둔한 미 공군 통신대대의 레이더망에 많은 비행물체가 빠르게 접근하고 있다는 신호가 포착되었던 것이다. 그것은 바로 일본군 전투기와 폭격기였다. 그러나 보고를 받은 당직 장교 커미트 타일러 중위는 이를 대수롭지 않게 넘겼다. 당시 실전에 쓰인 지 얼마 되지 않았던 레이더를 전적으로 믿을 수 없다는 판단 때문이었다. 게다가 미국 본토에서 출발한 폭격기들이 하와이 기지에 착륙할 예정이기도 했다. 역사에 가정은 없다지만, 타일러 중위가 긴장을 늦추지 않고 미리 경계경보를 보냈다면 미군 수병들은 최소한 자다가 참변을 당하지 않았을지도 모를 일이다.

휴일에 이루어진 이 끔찍한 기습 소식을 전해 들은 미국인들은 분노와 충격에 휩싸였다. 폭격 이후 소집된 의회에서 루스벨트 대통령은 이렇게 말했다.

"어제 미국은 일본 해군과 공군의 계획적인 공격을 받았습니다. 하지만 미국은 이 전쟁에서 기필코 승리할 것입니다. 신이여, 우리에게 가호를 내려 주십시오."

미 의회에 모인 389명의 의원 중 단 한 명을 제외한 전원이 일본과의 전쟁에 찬성표를 던졌다. 그리고 12월 11일, 미국은 일본의 동맹국인 독일과 이탈리아에 대해서도 전쟁을 선포했다. 독일도 미국에 선전 포고를 했다. 이탈리아도 뒤를 따랐다.

미국이 제2차 세계대전의 한가운데로 뛰어드는 순간이었다. 엄청난 비극 앞에 미국의 참전을 반대하던 반전론자들은 입을 다물 수밖에 없었다. 진주만 공습은 울고 싶던 미국의 뺨을 때려 준 것과 같았다. 전쟁을 반대하는 여론으로 적극적이지 못했지만, 이제는 미국은 전 국민을 하나로 묶고, 제2차 세계대전에 참전할 명분을 얻게 된 것이었다.

일본으로서는 잠자는 사자의 코털을 건드린 셈이었다. 그러나 군국주의의 광기에 사로잡혀 있던 일본의 전시 내각은 자신들이 얼마나 무모한 짓을 저질렀는지 깨닫지 못했다. 태평양 전쟁 초반의 전세는 일본에게 유리했다. 미국에게는 진주만의 피해를 수습하고 전력을 가다듬을 시간이 필요했기 때문이다. 이 틈을 타서 일본은 말레이 반도 해역에서 영국의 신예 전함 2척을 격침해 제해권을 장악했다. 일본 육군은 말레이 반도와 필리핀에 상륙하여 싱가포르, 수마트라 섬, 자바 섬을 점령했다. 극동의 영국군과 네덜란드 군이 손 한번 써 보지 못하고 일본군에 궤멸되었다.

1910년 이후 식민지 조선의 안정적 관리, '중일전쟁'(1937년)의 성공적인 수행, 특히 미국과의 태평양전쟁(1941.12.7.) 승리를 위한 '물자 공급원' 확보를 절감한 일본은 동남아시아의 전략적 가치를 새롭게 인식하기에 이르렀다. 선점한 프랑스를 대체하여 베트남을 침공(1940.9.22.)해 강점하기 시작한 일본은 뒤이어 필리핀·말레이시아·싱가포르·버마 등지에 대한 남진을 단행(1941.12.8.)하였다.

친일시인 '가야마 미스로(香山光郎)'로 창씨개명까지 한 춘원 이광수가 쓴 친일시(1941년 12월 8일)를 들어보자.

> 태평양은 우리의 바다다. … 비율빈, 보르네오, 자바, 스마트라, 셀레베스(인도네시아)가 아마 사구라(벗꽃)가 피기 전 우리의 일장기 밑에 들어오려니와 그리되면 태평양은 거의 전부 일본 바다가 되는 것… 호주의 양모(羊毛)와 비도(필리핀)는 우리의 옷감이요, 보르네오는 석유, 마래(馬來_ 말레이)의 고무와 주석(錫)은 우리의 무기와 일용품이다. 겨울이 되면 하와이, 뉴질랜드에 피한(避寒)가는 것이 유행이 될 날도 멀지는 않다.
>
> – 이광수, 『태평양이여』, 『매일신보』, 1942.1.3

일본군은 기세를 몰아 미얀마와 캄차카 부근의 알류산 열도까지 손에 넣었다. 그러나 태평양의 점령지가 많아진 것은 그만큼 보급로가 넓어진다는 것을 의미했다. 덩치에 비해 너무 많은 섬과 바다를 거느리게 된 일본은 광활한 보급로 유지에 쩔쩔 매기 시작했다. 결정적으로 중국 국민당과 공산당이 국공합작을 이루면서 대륙에서의 싸움이 장기전에 돌입하게 된 것이 일본의 발목을 잡았다.

결국 1942년 6월 미드웨이 해전을 전환점으로 전세가 바뀌었다. 일본은 이 해전에서 대패하고 패전을 향해 달려가기 시작했다. 진주만 공습 이전과 달리 미군은 이번에는 일본군의 암호를 정확히 해독할 수 있었다. 미국은 일본의 공격 목표가 하와이 북서쪽 미드웨이 섬이라는 것을 미리 파악하고, 적의 공격에 철저히 대비했다. 일본군은 미리 기다리고 있던 미군에게 전멸에 가까운 참패를 당했다.

일본군은 항모 4척, 순양함 1척, 항공기 332대와 3,500명의 수병을 잃었지만 미군은 항모 1척, 구축함 1척, 항공기 147대와 300명의 전사자를 냈을 뿐이었다.

미드웨이 전투 이후 일본은 태평양의 제해권을 완전히 상실했다. 영국의 한 저널리스트는 일본의 미드웨이 해전 패배는 16세기 조선의 이순신 장군에게 당한 패배 이후 일본의 첫 패전이라고 적고 있다. 이 건곤일척(乾坤一擲)의 전투가 태평양 전쟁의 종결을 1년 이상 앞당겼다는 견해도 있다.

1942년 후반 일본은 최남단 주둔지인 솔로몬 제도의 과달카날 섬에서도 대패한 것이다. 과달카날 섬에 7,000명의 미 해병대가 상륙하여 전투를 벌인 끝에 섬에 남아 있던 일본군이 산 속으로 숨어들면서 일본은 과달카날의 수렁에 빠지고 말았다.

일본은 이들을 구하기 위해 수차례 증원 병력을 보내 상륙 작전을 시도했지만 매번 미군의 완강한 방어로 실패했다. 일본에 대한 연합군의 첫 번째 공세이자 제2차 세계대전의 결정적인 전쟁이 벌어졌다. 대패한 일본군의 시체가 해변에 즐비했고, 섬 안으로 숨어들어간 잔류군들 역시 모두 굶어 죽었다. 11월 12일 일본군은 최후의 대공세를 시작했으나 결과는 최악의 참패였다. 섬에 다가간 수송선 7척은 미군 폭격기에 의해 수장되었고, 그나마 육지에 상륙한 병력도 미군의 공격에 전멸되고 말았다. 섬에 고립되어 있던 일본군은 대부분 굶어 죽었다.

여기서 태평양 전쟁을 일으킨 일본의 무모한 침략행위로 미국을 끌어들여 바둑판에서 자충수(自充手)를 두고서 망하는 것처럼 참혹한 광경을 잠깐 살펴보고자 한다.

1941년 12월 7일에 일본이 태평양 진주만의 미국 함대를 기습공격을 했기 때문이다. 당시 대다수의 미군은 각 부대의 훈련 상황으로 알고 이를 지켜만 보고 있었다. 하지만 곧 이것은 훈련이 아니라는 실전임을 알게 되는데. 이 사실을 알았을 때는 이미 진주만 상공을 일본 전투기들이 지배하고 있었다.

제2차 세계대전 당시 동아시아를 지배하려는 일본은 미국과의 대결이 불가피하다는 결론을 얻게 된다. 일본은 진주만을 공격하기에 앞서 중국과 전쟁을 벌이는 중이었고, 국제사회는 이런 일본의 무력침략을 비난하며 강도 높은 경제제재를 결정한다.

국제사회에서 고립된 일본에게 가장 강도가 높았던 제재는 석유와 고철 수출금지였다. 일본은 이제 자국의 힘으로 그 위기를 헤쳐 나가야 했다. 하지만 어이없게도 일본의 지도자들은 이에 굴하지 않고 더 강력한 침탈로 동아시아의 자원을 확보하는데 매진하자고 주장한다. 침략을 통한 자력갱생을 꿈꾸고 있던 것 같았다. 석유 대부분을 미국과 인도네시아에서 수입하던 일본이 이에 대한 수입 길이 막히자, 동남아시아 지역의 유전확보가 시급했던 것이었다. 전쟁을 통한 피해가 막심했던 일본은 얼마나 다급했던지 어린 초등학생들까지 동원하여 소나무 관솔에 많이 달라붙어 있는 송진을 채취하여 석유를 대신하는 대체연료로 사용하는 등 최후 발악적인 전쟁을 치루고 있었다. 일본은 청일전생에서 반드시 승리하거나 전쟁을 포기해야 하는 선택의 갈림길에 서게 된다.

일본은 이런 야욕을 달성하기 위해 '남방계획' 또는 '남방작전'이란 것을 펼치게 된다. 남방작전에는 당시 미국의 식민지였던 필리핀과 괌도 포함이 되어 있었기 때문에 미국과의 전쟁은 당연한 선택이었을 것이다.

여기서 우리가 알아두어야 할 것은 이때 일본 전투기의 공격방법이다. '가미카제'라고 하는 급강하 폭격 즉, 자살공격으로 수많은 인명피해를 만들어 냈다.

이 가미카제에 동원된 전투기 조종사들은 우리나라를 비롯하여, 동아시아의 죄 없는 무고한 청년들도 동원되었다는 사실이다. 일본으로 차출되어 합류된 가미카제 대원들이 어떠한 이유로 차출되었는지는 아직까지 알려지지 않은 가운데, 테러 형태의 공격방법은 잔인한 수단이었다.

다시 말하지만, 당일은 일요일이었고 하와이에 거주하는 사람들은 평온한 휴일을 맞이한 날이었다. 민간인이나 군인이나 모두 똑같이 말이다. 이 선제공격은 미국을 자극하는 기폭제가 되었고 제2차 세계대전 참전을 놓고 망설이던 미국을 국제사회 전쟁을 주도하도록 인도하게 된 것이다.

처음 진주만 공격을 시작으로 미국과 본격적인 전쟁을 시작한 일본은 기세가 등등했다. 밀리고 밀리는 전투가 계속되는 가운데, 미국과 일본 양국은 엄청난 군사무기를 만들어 내며 태평양 전역에서 전쟁을 벌이게 된다. 일본이 의외의 선전을 하며 미국을 위협하자 미국은 좀 더 효과적이고 효율적인 공격이 필요했다.

하지만 전쟁이 반발하기 직전에 오토 한(Otto Hann)과 프리츠 슈트라스만(Friz Strassmann)은 핵을 분열시켜 엄청난 에너지를 얻어내는 방법을 발견했다. 그것이 무엇인지 아는 물리학자는 몇 명 없었다. 이들은 거의 모두가 전쟁 전에 괴팅겐에서 연구를 하던 동료들로 친했다. 그들은 오토한, 바이츠제커, 페르미, 보어, 텔러, 오펜하이머 텔러, 아인슈타인(Einstein) 등이다. 이들 중의 다수가 아인슈타인처럼 나치를 피해 미국으로 망명 왔던 자들이다. 이 때 보어는 코펜하겐에서 바이츠제커와 환담하던 중에 독일 물리학자들이 히틀러에게 폭탄을 만들어 주고 있다는 인상을 받았다는 이 이야기를 텔러가 전해 듣고 아인슈타인을 만나서 루즈벨트 대통령에게 미국이 독일보다 선수를 쳐야 한다는 말을 전하도록 했다. 아인슈타인은 대통령에게 편지를 썼고, 대통령은 포탄을 제조하라는 지시를 내렸다.

로스 알라모스의 황야에 물리학자들의 시험구역이 설치되었고 오펜하이머의 지휘 아래 히틀러 공격용 원자 폭탄을 제조했다. 그렇게 제조된 원자폭탄은 이미 독일은 항복하고 그 대신 일본을 응징(膺懲)하는데 사용하게 된 것이다. 그렇게 전투가 지속되는 가운데, 미국 제393 폭격비행대대 소속의 B-29 7대가 티니안섬의 북쪽 비행장에서 이륙하여 일본열도를 향해 비행하기 시작했다.

이 중 3대에는 역사를 바꿀 비장의 무기인 '리틀보이'와 '펫맨'이라는 이름을 가진 무기들이 실려 있었다.

미국 일본 히로시마에 원폭투하

1945년 8월 6일과 8월 9일 미국의 폭격기들은 일본에 잠입하는데 성공하고 리틀보이와 펫맨은 히로시마와 나가사키에 원자 폭탄을 떨어트린다. 바로 원자폭탄 두 방으로 일본은 미국에 무조건 항복을 선언하며 모든 전쟁터의 일본 병사들에게 투항을 권고하기에 이른다. 그렇게 길고도 길었던 제2차 세계대전은 미국을 비롯한 서방국가들의 승전국으로 종결된다.

두 차례의 세계 전쟁을 경험하면서 이성이 결국 비 이성, 곧 광기(狂氣)로 귀결되어 완전히 재앙으로 뒤덮인 세계가 되고 지구 전체로 확대되었다. "전쟁은 과학 기술적 변화에 가속도가 붙은 것, 바로 그것이다" 사람들은 전쟁을 통해 과학이 인류에게 축복이 아니라 재앙일 수도 있다는 것을 목격하게 했다. 근대적인 가치가 인류에게 항상 희망적이지 않음을 직감한 것이다.

당시 히로시마 원폭피해 상황

1. B-29 폭격기가 히로시마 시내 중심부 다리에 투하
   폭탄은 최초 예상지에서 50m를 빗겨가 지상 10m 상공에서 폭발.
   폭발 직후 인류 역사상 가장 강력한 빛이 생겨남.
2. 폭탄 투하 후 1초 이내 섭씨 6000도 열기로 반경 1㎞ 이내 인간 산화 증발
   화염폭풍 후 시속 320㎞의 충격파 발생, 5만여 명 사망
   최초 폭발 후 10초 만에 8만 명 사망, 폭발 30초 후 후폭풍 시작.
   원폭으로 인한 총 사망 14만여 명, 부상자 10만여 명 이상.
   – 총 사망자 중에서 조선인은 약 2만 5,000명 사망.

세계 최초로 원자탄 폭격을 당해 본 나라는 유일하게 일본이고 또한 폭격에 맞아 죽은 사람들이 수십만 명이고 핵 폭 피해자가 50년 넘게 고통 중에 놓여 있던 나라도 일본이다. 일본은 태평양 전쟁을 일으킨 전범국가임에도 뉘우침이 없어 보인다.

일본은 우리나라와 가장 가까운 곳에 있는 이웃나라이다. 이웃을 사촌(四寸)이라고 부르는 우리나라 정서와 다르게 가장 가까우면서도 먼 곳에 있는 나라다. 일본은 자기들이 저지른 잘못을 인정도, 사과 할 줄도 모르는 나라이다. 같은 2차 세계대전 패전국인 독일은 연합국에 수없이 용서를 구하는 참회를 하고 최선을 다해 배상을 했다. 독일은 특별히 유대인을 참혹하게 살상한 전쟁범 나치들을 철저하게 찾아내어 재판에 회부(回附)하고 형벌을 받도록 했다. 그리고 이스라엘 독립을 위해 참회하는 마음으로 막대한 금액을 지원했다.

그러나 일본을 보라, 소위 대동아공영권(大同亞共榮圈) 건설을 빌미로 한

국 및 중국 동남아시아 지역을 휩쓴 태평양전쟁에 몰아넣어 수많은 국가들에게 잔인한 만행을 저질렀음에도 과거사에 조금도 고개 숙이지 않고 있다. 태평양 전쟁에 결코 항복할 줄 모르는 일본과의 전쟁을 이제는 종결 시켜야 하겠다는 결심에 미국은 원자폭탄을 던진 것이었다. 이제까지 전쟁사에 전혀 찾아볼 수 없고 후에도 있어서는 안 될 핵폭탄의 사용이 일본에 치명타를 가하고 미국의 양심은 한없이 괴로웠을 것이다. '인류 역사상 핵폭탄 처음 사용한 나라가 미국이다.' 그래서 일본의 전후 복구를 위해 미국은 책임 있는 행동을 하려고 했다.

1950년 6월 25일 한국전쟁이 일어났다. 북한의 공산군이 남침하여 한국을 초토화 시킬 때에, 전혀 전쟁의 준비가 되어 있지 않은 남한은 전적으로 미국의 힘을 의존할 수밖에 없는 상황이었다. 미국은 태생적으로 공산주의를 싫어하고 또 공산당이 더 이상 남한으로 남진해서는 안 된다는 판단 아래 유엔군을 창설하고 본격적으로 한국전쟁을 주도하였다. 한국전쟁을 필승하기 위해 필요한 전쟁 무기를 비롯한 물자를 생산, 공급할 장소로 태평양을 건너 본토는 너무 멀고 불편함이 있다 생각되어, 택한 곳이 바로 한국에서 가장 가까운 곳에 있는 일본이었다. 일본에서 한국전쟁에 필요한 모든 물자를 공급하기로 계획하고 이 막대한 군수품 사업을 일본에 맡겨준 것이다.

일본은 한국 전쟁을 통해 경제 부흥의 기틀이 잡혀지고 나가서 베트남 전쟁에서도 미국이 주도하는 전쟁에 한국군이 참전하고 똑같은 프레임으로 베트남 전쟁에서 미국, 한국군이 전쟁의 피를 흘리는 동안 일본은 이 전쟁의 수혜를 입고 엄청난 경제부흥을 이루기 시작했다. 일본은 경제부국으로 미국 다음으로 세계 2위의 자리에 오르게 된 것이다.

그러나 경제 부국이 되었음에도 과거사에 막대한 피해를 입힌 나라에 보상하려는 마음을 가져보지 못하고, 어떤 도움도 주지 못하면서 사과조차도 하지 않는 옹졸한 국가로 전락하고 말았다. 일본은 세계 경제순위 G2자리를 중국에게 내어주고 지난 30년을 '잃어버린 30년'이라고 스스로를 자탄하고 있다. 경제 침체의 수령에 빠져 있는 것이다. '일본은 늙어가고 있다.' 소비가 있어야 경제가 살아나는 간단한 현대 경제의 공식을 모르는 것 같다.

일본의 문화와 일본의 국민성을 좀 더 깊이 알고자 하는 마음에 국화와 칼(The Chrysanthemum and the Sword: Patterns of Japanese Culture)이란 책을 소개한다.

미국의 문화인류학자 루스 베네딕트가 일본문화에 대해 연구 분석하여 쓴 책이다. 제2차 세계대전이 막바지에 달한 1944년 6월에 미국 정부의 의뢰를 받은 루스 베네딕트는 일본문화에 대해 연구한 후 『일본인의 행동 패턴(Japanese Behavior Patterns)』이라는 보고서를 작성하였는데, 이 보고서의 내용을 다시 정리하여 일반 대중을 위하여 1946년에 읽기 편한 책으로 출판하였다. 미국인들이 이해하기 힘든 일본인의 행동 및 성격을 문화인류학적인 관점에서 접근하여, 일본인이 가지고 있는 극단적인 이중성을 날카롭게 해부했다.

전후 일본과 일본인에 대해 가장 잘 설명한 대표적인 책으로 널리 알려져 있으며 일본문화나 일본에 대해 알고자 하는 서양인들이 반드시 읽어야 하는 고전으로 분류되기도 한다.

제2차대전(태평양전쟁)의 전세가 미국에게 유리하게 기울자 미국은 일본의 항복을 이끌어내기 위한 향후 전쟁수행 전략과 종전 후 일본 관리 정책을 수립하기 위해 일본에 대해 연구를 의뢰한 것이다. 내용에 대한 비판이 있기는 하지만 미국의 대일본 전략과 정책 수립에 큰 영향력을 발휘

했던 것만은 사실이다.

루스 베네딕트는 일본문화를 대표할 수 있는 상징물로 '국화'와 '칼'을 꼽았다. 국화는 평화를 상징하고 칼은 전쟁을 상징한다. 차 한 잔을 마시는 데도 도(道)를 운운하는 일본인들은 섬세한 미학적 세계를 추구하고 평화를 좋아하지만 때로는 잔인하게 상대를 살상하는 야만성, 즉 전쟁과 폭력을 선호하기도 한다. 루스 베네딕트는 이를 설명하고자 했으며, 평화와 전쟁만큼 극단적 수준의 양면성과 모순을 동시에 가지고 있는 민족성과 일본 문화를 다각도로 탐색하였고, 집단 지향적이면서 일본 특유의 수직적 문화인 '계층제도' 그리고 온(恩), 기무(義務), 기리(義理) 등을 설명함에 있어서 문화인류학적인 접근을 통하여 깊이 있게 탐구, 분석하였다.

전문가는 때로 융통성 없는 편협한 견해를 고집하기 쉽다. 또한 새로운 발전이나 아이디어가 자신의 전문 지식을 위협하는 것을 불편하게 생각한다. 예를 들어 태평양 전쟁 이전에 주일 대사로 도쿄에 머물렀던 조지프 그루(Joseph Grew)는 일본인들은 본질적으로 불합리한 민족이며 따라서 결코 민주주의에 적응할 수 없을 것이라고 말했다. 반면 베네딕트의 가장 큰 장점 중 하나는 이런 인종적·문화적 편견에 철저히 저항했다는 점이다. 그녀는 무엇보다 열린 마음으로 자신의 연구에 임했다.

일본이 문호를 개방한 이래 75년간, 일본인에 대해 쓴 모든 저작물에는 일찍이 세계 어느 국민에게도 쓰인 적이 없는 '그러나 또한(but also)'이라는 기괴한 표현이 자주 나온다. 정직한 관찰자가 일본인 이외의 다른 국민에 관해 기술할 때 만약 '그 나라 국민이 유례없이 예의 바르다면', "그러나 또한 그들은 불손하며 건방지다"라고 반대적인 말을 덧붙이지는 않는다. '어떤 국민이 너무나 고루하다'면서, "그러나 또한 그들은 새로운 일에도 쉽게 순응한다."라고 덧붙이지는 않는다.

또 '어떤 국민이 유순하다'면, "그러나 또한 그들은 상부의 통제에 좀처럼 따르지 않는다."라고 설명하지는 않는다. 그들이 충실하고 관대하다, "그러나 또한 그들은 불충실하며 간악하다"라고 표현하지는 않는다. 그들이 참으로 용감하다면, 겁쟁이임을 부연해서 설명하지는 않는다.

현대 일본에서 자살은 봉건시대의 역사물에 나오는 자살에 비해 더욱 자학적이다. 이런 이야기 속의 사무라이는 명예롭지 못한 처형으로부터 몸을 지키기 위해 공적 명령으로 스스로 목숨을 끊었다. 그런데 근대의 자살은 죽음의 선택이다. 사람은 때때로 다른 사람을 살해하는 대신 자기 자신에게 폭력을 가한다. 봉건시대에는 용기와 결단의 최후 표명이었던 자살 행위가 오늘날에는 스스로 선택한 자기 파멸이 되었다. 최근 50~60년간, 일본인은 '세상이 뒤집어졌다'고 느꼈을 때, '방정식의 양변'이 맞지 않는다고 느꼈을 때, 더러움을 씻어 내기 위해 '아침 목욕'이 필요하다고 느꼈을 때, 타인을 해치는 대신 스스로를 해치는 일이 점점 더 많아졌다.

서양인을 놀라게 하는 일본 남성의 행동적 모순은, 그들이 어린 시절에 받았던 훈육의 불연속성에서 생겨난 것이다. '덧칠'을 한 다음에도 그들의 의식에는 그들이 자신의 작은 세계에서 작은 신이었던 시절, 마음대로 투정을 부릴 수 있었던 시절, 어떤 소망이든 이루어질 수 있다고 생각했던 시절의 깊은 흔적이 남아 있다. 이처럼 마음속 깊은 곳에 이원성이 심어져 있기 때문에, 그들은 어른이 된 후 로맨틱한 연애에 빠지는가 하면 갑자기 손바닥을 뒤집듯 가족의 의견에 무조건 복종한다. 쾌락에 빠져들고 안일을 탐하는가 하면, 극단적으로 의무를 다하기 위해 어떤 일이라도 해치운다.

"일본에 관한 가장 객관적인 책으로 손꼽히는 고전"으로 이 책이 영원한 고전인 이유는 저자의 지적 명확함과 유려한 문체가 돋보이기 때문이다. 베네딕트는 위대한 인간성과 영혼의 관대함을 지닌 작가다.

『국화와 칼』은 일본 문화의 핵심적인 요소들인 계층적 위계질서 의식, 수치와 죄책감의 문화, 은혜에 관한 개념 등을 최초로 명확하게 분석함으로써 차후의 일본 문화 분석에 아주 기본적인 기준이 되었다. 일본인은 '죄의식이 없는 대신에 수치의식을 지니고 있다.'고 했다. 죄는 개인의 마음 속에서 일어나는 문제라면, 수치는 주위의 평가에 의해 생겨나는 것이다. 일본인에게는 일찍이 무사들이 가지고 있던 명예심에서 개인인 자기의 책임을 묻는 죄의식에 자살도 주저하지 않는 행동이 아닐까? 일본을 다룬 다른 책들보다 더 큰 객관적 의미를 갖는 이유는 승전국의 한 인류학자가 가질 법한 우월의식을 스스로 견제하면서 일본에 단 한 번도 방문하지 않고도 일본에 대한 뿌리 깊은 서구적 편견과 선입관을 극복하고자 했던 루스 베네딕트의 고뇌가 엿보이기 때문이다. 일본을 직접 방문하지 않고 수많은 기록들과 문헌, 미국에 거주하는 일본인을 조사하는 것으로 연구를 진행했기에 함께 생활하면 생기게 되는 주관적인 관점 없이 오히려 객관적일 수 있었다.

『국화와 칼』은 일본인의 독특한 행동, 가치관을 그들의 입장에서 올바로 이해했다는 평가를 받고 있으며, 이로써 루스 베네딕트는 인류학에서 중요한 위치를 점하게 되었다.

일본 도시의 거리는 항상 깨끗하다고 한다. 거리에 누가 지갑이나 어떤 물건을 잊어버렸다면 이것을 주어 가는 사람이 없다고 한다. 행여 (우리나라 사람들)처럼 주워서 파출소에 가져다주면 "근무자는 왜?, 이 물건을 가지고 왔느냐? 그대로 두지," 칭찬하지 않고 책망하듯, 말한다는 것이다. 일본이 얼마나 정직한 나라인가를 말해주는 듯 하는 소리로 들린다. 그러나 일본 정부의 고위 관료들의 부정이 아직까지 세계에서 제일이라고….

국화(평화)를 사랑하면서도 칼(전쟁)을 숭상하는 일본인의 이중성을 날카롭게 해부한 문화인류학의 고전을 통해 일본을 알자.

이 책의 제목이 암시하는 것은 일본 국민의 이중적·모순적 특성이다. 극도로 섬세한 미(美)감을 지님과 동시에 칼의 냉혹함을 숭배하는 것이 베네딕트가 간파한 일본 국민이었다. "그러한 모순은 모두가 진실이다. 일본인은 최고도로 싸움을 좋아하면서도 동시에 얌전하며, 군국주의적이면서도 동시에 탐미적이며, 불손하면서도 예의 바르고, 완고하면서도 적응성이 풍부하며, 충실하면서도 불충실하며, 용감하면서도 겁쟁이이며, 보수적이면서도 새로운 것을 즐겨 받아들인다."

그는 '전쟁 중의 일본인' 등 책의 초반부에서 일본인 특유의 모순적 성격, 즉 공격적이며 동시에 수동적이고, 호전적이면서 심미적이며, 무례하고도 공손하고, 충성스러움과 동시에 간악하며, 용감하면서 비겁하다. 이러한 양립할 수 없는 듯 보이는 행동 양상을 보이는 민족성을 위계서열 의식, 은혜와 보은, 그리고 의리에 대한 독특한 도덕 체계, 죄와 악에 대한 의식이 결여된 대신 수치심을 기본으로 하는 일본의 문화 체계로 설명하면서 '손에는 아름다운 국화, 허리에는 차가운 칼을 찬 일본인'으로 결론짓는다.

한국의 근대화

이 책의 말미를 한국의 근대화를 생각해 보고자 한다.

한국 사회는 지난 150년 동안 전무후무한 변화를 겪었다. 경험의 고유성만이 아니라 정도의 면에서도 비교할 만한 다른 예를 찾기 힘들다. 그러나 변화의 과정은 아직 끝나지 않았다. 근대 문명과 처음 맞부딪힌 19세기 말 조선의 지식인들이 느꼈던 위기감과 고민은 지금도 여전히 풀어야 할 문제로 우리에게 남아 있다.

변화는 더 이상 선택의 문제가 아니다. 19세기 동아시아 지역에 밀려온 서구 열강 세력의 거대한 소용돌이에 휘말린 조선. 더욱이 조선 곁에는 동아시아의 다른 나라보다 발 빠르게 서구식 근대화를 추진하며 제국주의 야망을 키우고 있는 일본이 있었다.

조선에 주어진 길은 둘 중에 하나이다. 스스로 변할 것인가? 외부의 변화에 끌려 갈 것인가? 선택의 여지가 조선에게는 없었다.

조선은 불행하게도 변화를 준비할 수 있는 시간이 그리 많지 않았다. 이처럼 열악한 정세 속에 19세기 말 조선은 싫던 좋던 근대화로의 험난한 여정을 시작하게 된 것이었다. 조선의 근대화는 다양한 세력들에 의해 여러 가지 방식으로 진행되었다. 이런 세력들이 각기 다른 지향을 가지고 조선을 변화시키려 한 것이다. 조선의 근대화 과정은 이 세력들이 서로 얽히고, 갈등하고, 투쟁하면서 만들어져갔다.

우리 조선의 왕 고종의 근대화 노력이 있었다. 어린 나이에 즉위한 고종은 아버지 흥선군의 그늘에서 오랫동안 벗어나지 못했지만, 성인이 되자 자신이 직접 조선을 통치할 결심을 하고 1873년 친정(親政)을 선포했다. 고종이 친정을 시작하고 가장 열정적으로 추진한 사업이 조선의 근대화였다.

일본의 제국주의 세력도 조선의 근대화 과정에 개입했다. 일본이 제국주의국가로 발돋움하기 위해서 가장 먼저 해야 할 일은 조선을 속국으로 삼는 것이었다. 이를 위해 일본은 자신들의 이익에 부합하도록 조선 사회의 개조를 시도했다.

한편에는 일찍부터 서구문화를 경험하고 그들을 동경했던 조선인들이 있었다. 이들은 조선을 변화시키기 위해 혼란한 정국의 중심에 뛰어 들었다. 당시에는 일본의 앞잡이이라는 격렬한 비난을 받기도 했지만 사적인 이익 때문에 일본에 협력한 친일파 인사들과는 분명 구별되는 인물들이었다.

이들이 열망한 것은 조선의 '개화(開化)'였다. 근대의 여정들을 나누어 '고종이 추구한 근대화', '일본이 강요한 근대화', '개화파가 시도한 근대화'로 구분지어서 생각해볼 수 있다. 19세기 말 조선이 겪었던 근대로의 여정들을 순서대로 하나씩 살펴보도록 하자.

고종의 근대화 노력

1882년 조선은 여러 선진 국가 중 처음으로 미국과 조미수호통상 조약을 체결했다. 이듬해 미국공사 루시우스 푸트(Lucius H. Footerk)가 조선에 부임했고 이에 대한 답례로 고종은 대규모 사절단을 미국에 파견했다. 사절단은 전권대신 민영익, 부대신 홍영식, 종사관 서광범, 수원 유길준, 고영철, 변수, 현흥택, 최경석 등과 통역을 위해 동행한 미국인 퍼시벌 로엘(percival Loweell)까지 모두 11명으로 구성되었다.

사절단의 중요 목적 가운데 하나는 서구사회를 확인하는 것이었다. 그때까지 중국, 일본, 이외에 다른 세계와 별다른 접촉을 갖지 않았던 조선이 간접적으로나마 전해 들은 서구 근대 세계의 실태를 직접 눈으로 보고 싶었던 것이었다. 쇄국 정책을 주장했던 흥선 대원군과는 달리 고종은 서구 세계에 관심이 많았다. 아침마다 커피를 즐겼고 서양인 고문관들을 측근에 두어 여러 조언을 들었다. 무엇보다 고종은 서양의 근대 문물을 도입해 조선을 부강한 나라로 만들고 싶어 했다. 1882년 조미수호통상 조약과 1883년 미국에 파견된 사절단은 바로 고종의 이러한 의지가 반영된 결과이다.

고종의 최측근이었던 전권대신 민영익이 이끄는 사절단은 일본 요코하마에서 배를 타고 샌프란시스코에 도착한 후, 기차를 타고 미국 대륙을 횡단하여 뉴욕으로 갔다. 뉴욕 피프스 애비뉴 호텔에서 체스터 아서(Chester A. Arthur) 미국 내통령을 접견하고 고종의 국서와 신임장을 전달했다. 한복을 입고 갓을 쓴 조선 사절단이 미국 대통령에게 큰 절을 올리는 모습은 《뉴욕타임스》에 보도될 정도로 미국인들에게 신기한 광경이었다.

사절단은 미국에 체류하면서 박람회·공업체조회관·병원·신문사·우체국·방직공장·농장·육군사관학교 등을 방문 시찰하였고, 미국의 정치와 농사 개량에 대한 지식도 배웠다. 사절단의 가장 큰 관심을 끈 것은 전기였다. 특히 밤에도 대낮같이 환하게 빛을 비추는 백열등은 조선 사절단들의 경탄을 자아냈다.

고종은 미국을 방문하고 돌아온 사절단의 보고를 듣고 서양 문물을 본격적으로 도입하기로 결정했다. 우선 외교와 통상을 담당할 인력이 필요했다. 고종은 이러한 인력을 육성하기 위해 1886년 국가주도의 근대식 교육기관인 '육영공원'을 설립했다. 육영공원에는 15세에서 20세 사이의 양반 자제들과 젊은 관리들이 입학했으며 프리스턴대학과 다트머스칼리지를 졸업한 미국인 교사들이 초빙되어 모든 수업을 영어로 가르쳤다.

또한 고종은 내탕금(임금의 사비)을 들여 조선 사회에 서구의 근대 기술을 적극적으로 도입했다. 1887년 경복궁에 전기 조명(백열등)을 설치, 1886년 덕수궁에 전화 개설, 1899년 한양에 전차 개통, 1899년 경인선 개통, 1900년에 한강 철교를 완공했다..

> "인천은 기차타고 가시오. 지붕과 유리창이 달린 방안에서 의자에 앉아 사방 풍경을 즐기며 이야기 하다 보면 어느새 인천항, 비가 오나 눈이 오나 다 남의 일, 마포나 용산 갈 시간이면 인천까지, 동대문에서 남대문까지 인력거 탈 돈이면 인천을 왕복." –경인철도 회사 광고 –

> "… 화륜거 구르는 소리는 우레와 같아 천지가 진동하고 기관거의 굴뚝연기는 반공에 솟아오르더라. 수레를 각기 방 한간씩 되게 만들어 여러 수레를 철구로 연결하여 수미상접하게 이었는데, 수레 속은

상중하 3등으로 수장하여 그 안에 배포한 것과 그밖에 치장한 것은 이루다 형언 할 수 없더라. 수레 속에 앉아 영창으로 내다보니 산천 초목이 모두 활동하여 닿는 것 같고 나는 새도 미처 따르지 못하더라…."

– 독립신문 1900년 9월 19일 기사 중 –

하지만 이러한 노력에도 불구하고 일본은 1905년 을사늑약을 체결하여 조선의 외교권을 강탈했고, 1910년에는 조선을 일본의 식민지로 병합했다. 부강한 근대국가를 지향했던 고종의 꿈은 실패로 끝났다.

고종의 근대화 프로젝트는 왜 실패한 것일까? 복잡한 내부의 정치상황과 일본제국주의 세력의 개입도 주요한 원인이었지만 무엇보다도 고종은 근대를 제대로 이해하지 못했다. 단순히 서구 문물을 도입한다고 조선이 근대 사회가 되는 것은 아니었다. 사회구성원들의 의식, 사회제도, 정치의 체제, 경제구도 등의 근본적인 변화가 필요했지만 고종은, 전화, 전차가 곧 근대라고 잘못 생각한 것이다. 결국 조선은 스스로 변화하지 못하고 일본의 식민지로 전락하고 말았다.

일본에 의해 강요된 근대화

1895년 명성황후 시해사건 직후 김홍집 내각의 주도로 을미개혁이 추진되었다. 을미개혁은 조선 사회에 커다란 변화를 가져왔지만 그 배후는 일본이었다. 조선을 지배하기 위한 사전작업으로 진행되었던 것이다. 따라서 을미개혁은 조선 근대화의 중요한 계기였지만 그 방향은 조선의 발전이 아니라 일본의 이익에 부합하는 식민지 사회의 건설에 맞춰졌다.

을미개혁의 주요 내용은 군제의 개혁, 태양력 사용, 종두법 실시, 우체국 및 소학교 설치, 단발령과 서양식 의복 착용 허용 등이었다. 위로부터 강압적으로 진행된 을미개혁은 조선인들의 거친 반발을 불러왔다. 개혁의 부당함을 주장하는 상소가 여러 차례 올라 왔지만 받아들여지지 않았다. 개혁을 밀어붙이는 친일 내각과 그 배후의 일본 세력을 몰아내기 위해 전국 각지에서 의병들이 일어났다. 전국적인 봉기에 놀란 조정은 의병의 해산을 권고하는 조칙을 내리고 군대를 파견하여 의병을 진압하는데 주력했다.

한국근대사에서 단발은 중요한 의미를 가지고 있다. 머리모양은 전통적으로 정체성의 상징으로 간주되어 왔기에 을미개혁의 여러 조치들 가운데서도 단발령은 조선인들에게 가장 큰 충격으로 받아들여졌다. 강압적 단발령은 조선인들의 저항을 폭발시키는 가장 중요한 계기였다. 또한 그러한 의미 때문에 단발령은 을미개혁에서 가장 중요한 사항이기도 했다. 단발은 전통사회와의 단절을 사람들에게 확실히 각인시킬 수 있는 수단이었기 때문이다. 단발령을 공포하고 일본은 먼저 고종에게 단발의 시범을 보일 것을 강조했다. 성난 민심을 우려하여 일본군이 궁성을 포위하고 대포까지 설치한 상태에서 내부대신 유길준의 주도로 고종의 단발이 이루어졌다. 다음으로 유생들의 단발을 시행하기 위해 당대 유림의 거두 최익현을 잡아들여 강제로 단발을 시도했지만 그는 "내 머리는 자를 수 있어도 머리털은 자를 수 없다."며 끝까지 저항했다.

백성들의 저항이 워낙 거세지자 잠시 단발령이 보류되기도 했지만 조선의 식민지화가 진행되는 과정에서 단발은 결국 받아들일 수밖에 없는 현실이 되었다.

1920년대 말 식민지 조선에서 또다시 사회를 뒤 흔드는 주요한 이슈로 떠오른다. 그것은 미국 유학중이던 신 여성 김활란(해방 후에 이화여대 총장)

이 단발머리를 한 것이다. 이를 둘러싸고 격렬한 논쟁이 벌어졌다. 신 여성들에게 단발은 단순히 미의 문제가 아니었다. 구습의 사슬을 끊는 상징적 행위였다.

김활란은 단발이 "여성 해방의 유일한 조건"이며 더 나가서는 "일반이 단발을 하게 된다면 남녀가 다 일체 같을 것이요, 장유(長幼) 신구(新舊)의 충돌도 없어질 것이다."라고 주장했다. 당시 한 여학생은 남성들이 여성의 단발에 대해 이러쿵저러쿵 말하는 것 자체가 "여성을 남성들의 노리갯감으로 보기 때문"이라고 비난하면서 편리하고 합리적인 것을 막는 남성들의 태도가 오히려 자신에게 일종의 반항심을 일으켜 단발을 단행하게 되었다고 고백했다. 남성들의 거부감에도 불구하고 여성들 사이에서 단발은 유행처럼 퍼졌고 머리를 짧게 자른 단발 낭(斷髮娘)은 신 여성, 모던 걸과 같은 뜻으로 불리게 되었다.

개화파가 시도한 근대화

1876년 일본과의 강화도조약 체결 이후 조선은 세 차례에 걸쳐 일본에 수신사를 보냈다. 김기수, 김홍집 박영호 등이 수신사로 다녀왔는데 이들은 서구식 근대화를 진행 중인 일본사회를 경험하고 크게 감명을 받았다. 이들이 주도한 1881년 조사 시찰단이 다시 일본에 파견 되었다. 김옥균, 윤치호, 유길준 등이 포함된 시찰단은 약 4개월간 도쿄와 오사카에 체류하면서 일본의 정치제도, 사회체제, 산업현황 등을 시찰했다. 수신사와 조사 시찰단의 활동은 고종이 1882년 조미수호통상조약을 체결하고 1883년 미국을 사절단을 파견하는데 큰 영향을 미쳤다. 수신사와 조사시찰단에 포함된 인물들은 한국 근대사에서 '개화파'라고 불리는 세력을 형성하게 된다.

이들은 일본의 근대화를 조선이 따라야 할 본보기로 삼았다. 따라서 개화파는 일본에 우호적일 수밖에 없었고 일본 역시 제국주의적 야심을 위해 이들을 적극적으로 이용했다.

1884년 김옥균, 박영효, 서재필 등은 일본 공사관의 도움을 얻어 갑신정변을 일으킨다. 일본의 메이지 유신을 모방하여 조선 정부의 수구파를 처단하고 급진적인 정책을 추진할 새로운 정부를 구성하려 했던 것이다. 그러나 도움을 약속했던 일본군의 배신으로 정변은 실패하고 만다. '삼일천하'로 끝난 갑신정변의 주역들은 일본으로 망명해 버린다.

급진 개화파의 갑신정변은 실패했지만 10년 후 김홍집, 유길준 등의 온전 개화파가 다시 일본의 후원을 등에 업고 갑오개혁을 추진한다. 갑오개혁은 1894년 7월부터 1896년 3월까지 총 3차에 걸쳐 진행 되었으며 조선사회를 단기간에 가장 큰 변화를 시킨 중요한 사건이었다.

갑오개혁을 이끈 개화파들은 청나라에 대한 조선의 전통적인 사대 정책에 반대하고, 서양과 일본 사회를 모델로 하는 반봉건적인 혁신을 지향했다. 그러나 한반도에 약 7천 명의 병력을 주둔시키고 있었던 일본은 여기에 만족하지 않고 개화파를 앞세워 조선을 완전히 자신들의 속국으로 만들려는 속셈을 가지고 있었다.

1차 개혁은 청국과의 사대관계를 단절, 국왕의 권한을 축소 및 제약과 문벌·반상제도와 문무존비 구별의 폐지, 노비매매의 금지. 연좌제 폐지, 조혼 금지. 과부 재가 허용 등 조선 사회의 폐단으로 지목된 여러 제도와 관습의 혁파를 추진했다.

2차 개혁은 의정부를 내각으로 고치고 7부로 구성했으며 지방장관으로부터 사법권과 군사권을 박탈해 지방행정 체제를 중앙에 예속시키는 근대적 관료 체제를 도입했다.

3차 개혁은 을미개혁이라 부른 것인데, 을미개혁은 일본이 조선을 '보호국'으로 만들기 위한 직접적인 조치들로 구성되어 있었다.

개화파는 조선의 근대화를 실현하기 위해 노력했지만 그 노력은 일본의 식민화로 귀결되었다. 결과적으로 일본이 조선을 지배하도록 기반을 만들어 주는 역할을 한 것이다.

왜 이런 결과가 나왔을까? 가장 먼저 개화파의 일본 의존도적 태도를 지적할 수 있다. 갑신정변에서 갑오개혁에 이르기까지 개화파는 항상 일본에 도움을 요청했고, 제국주의 야심을 품고 있던 일본은 개화파를 조선의 일본식 개화의 수단으로 이용했다.

그렇다면 개화파는 왜 항상 일본에 의존했던 것일까? 그들은 근대화를 '개화'라 불렀다. 이 때 개화는 사회진화론적 의미를 띈다. 개화파는 사회진화론을 신봉했으며, 그들에게 '진화'는 항상 선(善)을 가리켰다. 이것이 앞선 일본을 근대화의 본보기로 삼고, 의존하게 된 이유이다.

사회진화론은 모든 사회가 동일한 과정에 따라 발전한다고 본다. 그렇기 때문에 단일한 발전 노정 속에서 앞선 나라와 뒤쳐진 나라를 구분할 수 있으며 앞선 나라는 뒤쳐진 나라의 미래라고 할 수 있다. 사회진화론은 19세기 유럽에서 생겨나 일본을 거쳐 조선에 들어왔으며 특히 개화파에게 큰 영향을 주었다.

일본 메이지 유신 시기에 정부 요인이 아닌 민간인으로서 가장 큰 영향력을 행사한 지식인 한 사람이 있었다. 그가 바로 일본 근대화의 아버지라 불리는 후크자와 유치로(福澤諭吉)이다. 그는 일본화폐 1만 엔 권의 초상 인물이기도 하다. 후크자와는 일찍부터 서세동점(西勢東漸)의 기류를 받아들여야 한다고 주장했다. 그는 건의 사절로 미국과 유럽을 순방하고 돌아온 뒤 《서양사정(1866년)》이란 견문록을 집필하여 일본이 서양문물을 받아들여 문명국의 길로 나서야 된다고 주장했다. 그는 최초의 사립대학을 만들어 근대화를 이끌어 갈 후학을 기르는 데 힘썼다. 후쿠자와는 문명은 야만에서 미개로, 미개에서 문명으로 발전한다는 문명사관을 주장했는데, 훗날 이 주장은 조선 침략의 근거가 되기도 했다.

사회진화론의 시각에서 보자면 서구 열강은 가장 발전된 국가들이며 서구식 근대화를 도입하고 제국주의까지도 받아들인 일본은 아시아에서 유일하게 제대로 발전하고 있는 국가라 말할 수 있게 되었다. 따라서 근대화란 다른 것이 아니라 일본처럼 되는 것이다. 그렇기 때문에 개화파는 일본이 걸었던 역사 과정을 그대로 따라가고자 했고 이를 위해 끊임없이 일본에 의존했다.

심지어 일본이 조선을 식민지로 만드는 것조차 저항 없이 받아들였다. 일본의 제국주의 역사 발전상 당연한 과정이며 조선은 일본처럼 발전하지 못해 식민지로 전락할 수밖에 없다는 인식이었다. 사회진화론은 조선의 근대화를 일본의 식민지화로 이끌었을 뿐만 아니라 해방 이후 대한민국의 현대사에도 중요한 영향을 미쳤다. 1960년대 '조국 근대화'의 기치 아래 진행되었던 경제개발 계획은 '후진국'에서 '선진국'으로 발전하기 위해 서구의 산업화 과정을 단계적으로 좇아가는 프로그램이었던 것이다. 그것이 오늘날 '3만 불 사회', '4만 불 사회'와 같이 1인당 국민소득으로 사회발전 단계를 구분하는 것 역시 사회 진화론의 영향이라 할 수 있다.

개화파 유길준은 이렇게 말했다.

> "개화란 인간 세상에 천만 가지 사물이 지극히 선하고 아름다운 경지에 이르는 것을 말한다."

"세계의 어느 나라를 돌아보든지 개화가 극진한 경지에 이른 나라는 없다. 그렇지만 대략 그 등급을 구별해보면 개화한 자, 반개화 한 자, 미개화한 자 등의 세 가지로 나누어볼 수 있다."

"힘쓰고 노력하기를 그치지 않으면 반개화한 자와 미개화한 자라 하더라도 개화한 자의 근처에 이를 수가 있다."

– 유길준 〈서유견문기(西遊見聞記)〉 중에서

대한민국의 민주주의

대한민국헌법 제1조

대한민국은 민주공화국이다. 대한민국의 주권은 국민에게 있고 모든 권력은 국민으로부터 나온다.

대한민국 헌법 제10조

모든 국민은 인간으로서의 존엄과 가치를 가지며, 행복을 추구할 권리를 가진다.

국가는 개인이 가지는 불가침의 기본적 인권을 확인하고 이를 보장할 의무를 진다.

민주주의 Democracy demos 인민+kratos 주권

인민이 주권을 가지는 정치체제이다.

그러나 20세기 초까지 한국인의 대부분이 민주주의라는 말조차 들어보지 못했다.

1910년대 망명지 상해임시정부에서 한국 독립운동가들이 고민했던 문제는 무엇이었을까?

"국권을 되찾으면 어떤 나라를 세울 것인가?"

왕조의 복구인가, 민주주의 국가인가….

"민주주의로 가야 한다."

대한제국에서 대한민국으로, 신민(臣民)에서 국민(國民)으로 명칭이 바뀌었다. 1948년 대한민국은 탄생했고 상해 임시정부 헌법을 계승했다.

한반도에 민주공화국이 수립된 지 이제 겨우 70여 년. 1945년 8월 15일 라디오를 통해 흘러나오는 일본 천황의 떨리고 절망하는 듯, 넋이 빠진 듯한 '항복(降伏)선언' 으로 우리민족은 갑자기 뜻밖에 '해방'을 맞았다.

함석헌이 절묘하게 비유하기를, 실로 이 나라의 해방은 도둑 같이 뜻밖에 들이닥쳤던 것이다. 꼭 77년 전의 일이다.

> 이 나라의 지사(志士)·종교가·교육자·지식인·문인(文人) 외에 또 해외에 '유랑을 하는 사람이나 소위 자칭 잘나간 사람이나 몇 십 년' 미국인 심부름꾼 노릇을 하며 세력다툼을 하던 사람들이라도 알기는 무엇을 알았단 말인가? 이 나라가 해방될 줄을 미리 알고 있는 사람은 하나도 없다. …
>
> 해방 후 참 분하고 참담한 일은, 이 해방의 기쁨을 도둑질해 가려는 놈들이 많은 것이었다. 그것은 그들이 이 일을 자기네가 이루어 낸

것처럼 거짓말로 패거리를 만들고 애국자인양 떠들고 다녔다.

(함석헌, 『뜻으로 본 한국역사』 1974)

이미 함석헌의 글에서도 암시되어 있듯, 해방 후의 혼란과 갈등은 이미 예정된 것이었다. 그 감격과 환희를 미처 실감할 겨를도 없이 곧장 남북 분단으로 이어져 이 나라의 해방된 기쁨과 감격을 누릴 '해방공간'은 아주 잠시였다.

우리가 우리 주권으로 이루어 나갈 방도를 찾기도 전에, 남북한에 점령군으로 미국과 소련의 점령군을 각각 사이에 두고 3.8선을 긋고 남북으로 분단국가를 만든 것이다. 상호간의 민족국가 건설을 위한 "힘의 재편성 과정"은 혼탁하기 이를 데 없었다. 결국 한반도는 남한의 이승만 '단독정부'(1945 8.15)로, 북한은 김일성 체제로(1945.9.9)로 양분되었다.

그러나 해방기의 혼란은 분명 '의미 있는 혼란', 바로 그것이었다. 외형상 그것은 좌우익의 첨예한 대립, 계급적 이해와 상충 등의 극심한 난맥상을 연출하였지만, 내용적으로 민족사의 전진적 구심점을 모색하기 위한 민중의 비상한 열정과 고투로 점철된 격동의 시대였기 때문이다. 일제로부터의 해방이 우리의 주체적 역량으로 이루어진 것이 아니라 전후 세계질서 재편 과정에서 주어진 것이었음으로 불가피하게 또 다른 제국주의 세력의 개입을 허용하게 되고 결국 민족 분단을 자초 하였으나 이 역사적 혼돈을 걷어내고 통일된 자주적 민주국가 건설을 위하여 일로매진 하지 못한 때가 바로 해방기였다.

북한은 소련 점령군과 심각한 마찰 없이 북한 정국을 기민하게 장악한 김일성 체제와 견줄 때, 이러한 국면은 특히 남한의 경우 매우 복잡다단한 우후죽순과도 같이 정치·사회단체들이 난립하여 국가적으로 혼란한 지경에 이르렀다.

우리가 분명 알아야 할 것은 세계 어디에서도 민주주의는 공짜로 오지 않았다. 남북이 분단되고 1950년 6,25 남북전쟁을 치르고 미처 전쟁복구도 제대로 이루지 못한 폐허 속에 미국의 도움으로 민주주의란 이름으로 남한 정부가 세워졌다. 한국 민주주의의 길은 험난하기만 했다.

1960년 이후 30년 넘게 **계속된 민주화 투쟁.**

1960년 4.19혁명

1961년 5월 16일 군사쿠데타(박정희 육군 소장)

1979년 10월 부마항쟁

1980년 5월 광주항쟁

1987년 6월 민주항쟁 …

한국의 근대화 이후의 근대화

오늘날 우리는 더 이상 근대화 이야기를 하지 않는다. 1970년대 이래로 한국 사회는 전 세계에서 유례를 찾아보기 어려울 정도로 빠른 경제 발전을 거듭해 왔다. 그 결과 서구의 웬만한 나라들과 견주어도 뒤지지 않을 만큼 물질적으로 풍요로운 사회를 만들어 냈다. 그래서 사람들에게 근대화는 더 이상 절실한 과제가 아닌 것이 되어 버렸다.

그렇지만 우리는 정말 근대화 된 사회에 살고 있을까? 각종 경제 수치는 자랑스럽지만, 그 이면에 도사리고 있는 여러 사회 문제는 우리에게 심각한 고민거리로 산적해 쌓이고 있다. 무엇보다도 물질적 풍요에도 불구하고 사람들은 행복하다고 느끼지 못하고 있다. 그러면서도 돈의 가치에 대해서는 지나치게 높은 신뢰를 가지고 있다. 불과 몇 십 년 전에는 한국은 인력 수출국이었다. 베트남 전쟁에 소위 자유 수호를 명목으로 수 십 만 명의 장병들이 파병되었고, 서독 광부로, 간호사로, 중동 건설 현장으로, 엄청난 인력이 파송되어 한국의 경제 부흥의 기틀을 마련한 것이었다. 지금은 거꾸로 경제 부흥을 이루어지고 3D 업종이 등장하여 우리나라 젊은이들이 기피하고, 대신해서 세계 여러 나라에서 인력을 수입하는 나라가 되었다.

과거 한 때, 미국이 우리나라 젊은이들 꿈꾸는 '드림(Dream) 천국'이었던 것처럼 요즈음 우리나라를 찾아오는 젊은이들에게 꿈을 이루어주는 한국이 되어야 할 것이다. 몇 년 전부터 '헬(hell) 조선'이라는 용어가 떠돌았다. '헬 조선'의 뜻은 '한국이 매우 살기 힘들어 지옥 같은 나라다.'라는 뜻이다. 지금의 한국 사회를 끔찍이 살기 어려운 곳이라 여기고 가능하면 다른 사회로 떠나고 싶어 한다. 요즈음 공대를 나와도 취업이 힘들고 집값도 많이 올라 서울시민들은 평생 내 집 사기가 힘들어 어쩌면 '헬'(hell) 같기도 하다.

외국인 노동자가 200만 명이 넘는다고 한다. '단일민족'이란 말은 이미 옛말이 되었다. 한국출산율(OECD국가 중 저 출산율로 1위)이 점점 작아지고, 노령인구는 점점 늘어나고 있다. 이제 우리의 장래의 희망을 외국인들이라도 적극적으로 영입해서 이들에게라도 희망을 걸어야 할 때가 온 것이 아닌지…. 이전 포스팅에서 영국 옥스퍼드대 데이빗 콜먼 교수가 다음과 같이 이야기했다. 인구변화 예측을 통해 '한국은 저 출산 문제로 300년 뒤 지구에서 소멸되는 첫 번째 국가가 될 것이다.'라고 한국을 지목했다. 5천만 명 인구가 2305년이면 5만 명밖에 남지 않는다는 것이다.

국내 기관 예상도 다르지 않다. 2004년 국회 입법조사처가 당시 합계출산을 1.19명으로 예측한 결과 우리나라 인구는 2074년 3,000만 명, 2136년 1천만 명으로 줄어든 뒤 2256년에는 1백만 명으로 급감하는 것으로 나타났다. 결국 2750년도에는 나라자체가 소멸된다는 것이다. 2022년 현재 합계출산율은 당시보다 더 떨어졌다. 얼마 전 감사원도 1백년 후 우리나라 인구는 1천5백여 만 명으로 축소될 것으로 추산하고 있다.

진정한 근대화는 무엇일까? 서구화? 물질적 풍요? 어쩌면 19세기 구한말의 근대화의 고민은 여전히 풀리지 않고 이어지는 문제인지도 모른다.

한국의 안보문제

우리가 사는 지구는 오늘도 어느 곳에선가 인류의 평화를 뒤엎는 전쟁이 일어나고 있다. 지금까지 전쟁은 정치적으로나 경제패권 장악을 위해서, 또는 자국의 안보를 강화하려는 목적으로 일으키는 침략전쟁이 대부분이었다. 인종 문제, 영토 문제, 종교적인 갈등, 이념사상 문제 등으로 전쟁을 일으켜서 고귀한 인명이 살상되고, 피를 흘리는 참혹한 전쟁사로 세계를 얼룩지게 했다. 우리나라도 국가가 형성된 삼국시대부터 약 3,000년 역사 속에 지형(地形)적으로 불리한 여건을 안고 강대국에 둘러싸여 그들의 침략으로 생존의 위협을 받는 전쟁을 불가피하게 치렀던 역사를 안고 슬픔과 고통 속에 살아 왔다.

어떤 역사가는 그동안 우리나라는 삼국시대부터 전쟁 회수가 600회 이상 이었다고 말하였다. 3,000년 역사에 600회 이상의 전쟁이라면 평균 5년에 한 번은 전쟁이 이 한반도에서 일어났다는 말이다. 최근 일어난 한국

전쟁은 민족상잔(民族相殘)의 6·25 남북전쟁이 일어나지 70년이 지났지만 엄밀히 말하면 이 전쟁은 공산주의와 민주주의, 강대국의 군사력으로 세계를 지배하려는 제국주의 패권(覇權) 싸움으로 한국의 통일의지와 상관없이 무수한 인명이 살상되는 참혹한 전쟁이었다.

지금도 잠정적으로 휴전상태이지 전쟁이 끝난 것은 아니다. 북한의 경제빈곤, 핵무기 소유로 '대한민국에 전쟁이 다시 일어나지 않을까?'하는 불안을 안고 우리는 살고 있다. 그래서 우리나라는 안보문제가 국가 정책의 최우선이 되고 있다.

지난 2021년 9월 22일 제76차 유엔총회에서 문재인 대통령이 기조연설 중 남북미 3자 또는 남북미중 4자가 모여 한반도 비핵화 및 종전선언을 하자고 제안하였다. 대통령 임기가 이제 8개월 밖에 남지 않은 우리 대통령의 외침이 부디 허공에 흩어지는 소리가 아닌 온 세계에 울려 퍼지는 소리로, 인류의 비극을 남기는 전쟁이 종식될 수 있는 평화를 이루는 초석이 되기를 간절히 소망한다.

현대 전쟁은 일방적인 승패가 따로 없다. 수없는 인명이 비참하게 목숨을 잃고 삶의 터전이 무너져 폐허가 된다는 것이다. 막말로 말한다면 너도 망하고 나도 망하는 모두가 망한다는 것이다.

| 산방(山房)에서 지혜의 길을 묻다 |

산방일기 2

보통사람의 지혜

발 행 일 | 2022년 5월 25일
지 은 이 | 박래훈
펴 낸 이 | 박희정
펴 낸 곳 | 출판기획에디아
등록번호 | 제2-2217호(1996.7.30)
등록된곳 | 04557 서울시 중구 퇴계로37길 14 기종빌딩 6층
전　　화 | 02-2263-6321
팩　　스 | 02-2263-6322
ISBN • 978-89-87977-43-0 03810

지은이 연락처 |
29155 충청북도 영동군 양강면 신기1길 17-12(괴목리) 애천가
T. 043-742-1071/010-6261-1829